인재 채용 지침서

채용의 교과서

채용의 교과서

개정판 1쇄 발행 2024년 7월 10일

지은이 이병철
펴낸이 장길수
펴낸곳 지식과감성#
출판등록 제2012-000081호

교정 및 편집 지식과감성#
마케팅 김윤길, 정은혜

주소 서울시 금천구 벚꽃로298 대륭포스트타워6차 1212호
전화 070-4651-3730~4
팩스 070-4325-7006
이메일 ksbookup@naver.com
홈페이지 www.knsbookup.com

ISBN 979-11-392-1970-8(13320)
값 18,000원

- 이 책의 판권은 지은이에게 있습니다.
- 이 책 내용의 전부 또는 일부를 재사용하려면 반드시 지은이의 서면 동의를 받아야 합니다.
- 잘못된 책은 구입하신 곳에서 바꾸어 드립니다.

지식과감성#
홈페이지 바로가기

개정판

인재 채용 지침서

채용의 교과서

| 이병철 지음 |

채용원칙이 바로 서야 좋은 인재가 모인다!

잘못된 채용은 회사를 피폐하게 해 사업의 근간을 흔든다.
이 책은 채용원칙 수립으로 일관성 있는 선발을 할 수 있는
길잡이 역할을 한다.

지식과감정#

목차

프롤로그 • 8

채용의 목적과 중요성

- 왜, 회사는 사원을 채용하는가?   14
- 회사는 이익을 내지 않으면 망한다   14
- 회사가 사람을 채용하려고 하는 통상적인 이유   15
- 사람을 채용한다는 것은 큰 투자이다   16
- 채용에 실패하면 큰 손실을 낳는다   17
- 채용에 성공해도, 비용은 똑같이 든다!   19
- 눈에 안 보이는 진정한 손실이란   20
- 면접관이나 인사담당자의 손실도 생각하자   21
- 기회의 손실   22
- 제1장의 정리   23

회사를 변화시키는 첫걸음 채용

- 채용이란?   26
- 채용은 중·장기적인 시점을 가지지 않으면 안 된다   29
- 타협하여 채용하고 있지는 않은가?   30
- 채용 과정에서 발생하는 6가지 오류   31
- "뽑아 준다"고 하는 Stance를 버려라   33
- 지원자도 기업을 선택하고 있다는 것을 인식해라   34
- 인재가 조기 퇴사하는 진정한 이유는 무엇인가?   35
- 존중 없는 회사의 비용과 손실   36
- 퇴직자로부터 퇴직의 이유를 물어보자   37
- 채용담당자가 자주 하는 다섯 가지 변명   38
- 채용오류의 연쇄 악순환에서 탈출하려면   41
- 불황을 타지 않는 기업의 공통점은   42
- 좋은 인재가 모이는 인사 시스템   43
- 좋은 인재가 모이는 채용 시스템   44
- '변화'라는 단어   46
- 채용활동의 변화   47
- 제2장의 정리   48

조직의 미래를 책임지는 면접관

- 면접과 기업 이미지 — 52
- 면접관의 마음가짐 — 53
- 채용담당자로서 부적격한 인물이란 — 57
- 채용담당자는 거만하지 않고 비굴하지도 않아야 한다 — 57
- 면접관 수준 이상의 인재는 채용할 수 없다 — 58
- 면접관이 '어떻게 보이는지' 객관화해라 — 59
- 선택하는 것은 기업이 아니라 지원자라는 것을 명심해라 — 59
- 면접관의 요건 — 60
- 면접관의 역량 — 61
- 면접관 교육 — 65
- 제3장의 정리 — 71

채용원칙 중심의 전형설계

- 채용광고를 준비하는 것이 아니라 사내 시스템을 정비한다 — 74
- 자사만의 고유한 메시지를 전달한다 — 75
- 채용 프로세스를 검증한다 — 76
- 타사를 꺾을 만한 자사의 강점을 파악한다 — 77
- 채용기준과 연동한 전형 프로세스를 수립한다 — 78
- 전형 프로세스 수립의 4단계 — 79
- 채용 계획 수립 — 80
- 채용 프로세스의 이해 — 81
- 채용 프로세스 설계 — 81
- 적합성을 확인하라 — 84
- 적합성의 유형 — 86
- 기업이념을 확인하라 — 88
- 여러분의 회사는 무엇을 위해서 존재하는가? — 91
- 자사의 인재 이미지를 미리 설정하라! — 92
- 기업에 맞는 선발 기준 선정 — 94
- 함께 일하고 싶지 않은 인재란 — 95
- 자사의 고객과 맞는 인재인지 확인하라 — 98
- 회사를 발전시키는 중소기업형 인재의 조건 — 99
- 어떤 자질을 가진 인재를 찾아야 할 것인가 — 100

☑	경력자 채용의 실패 이유	102
☑	채용기준을 확립한다	103
☑	채용을 위한 직무기술서를 개발하는 이유	103
☑	채용원칙을 수립한다	114
☑	채용에 성공하고 싶으면 채용하지 않는다	115
☑	제4장의 정리	116

적합한 인재 유인하기

☑	실패하는 채용 성공하는 채용	118
☑	구인광고 및 지원자 모집 프로세스	118
☑	중소기업이 타깃으로 하는 인재층은?	120
☑	매력적인 '중소기업의 장점'을 생각한다	120
☑	기업도 이력서를 써라	122
☑	여러분의 회사는 어떤 곳인가?	122
☑	우리 회사의 강점은 무엇일까?	123
☑	사원들이 선호하는 사내 복지는	127
☑	타사를 꺾을 만한 자사의 강점을 파악한다	129
☑	지원자들을 유인하는 몇 가지 방법	130
☑	지원자에게 충분한 정보를 주지 않으면 안 된다	131
☑	지원자 수가 많으면 좋다는 고정관념을 버려라	132
☑	지원자의 마음을 사로잡는 구인광고란?	133
☑	구인광고 개발	135
☑	효과적인 구인광고 작성을 위한 지침	136
☑	구인광고 샘플	136
☑	사람 냄새가 나는 구인광고가 인재를 끌어들인다	140
☑	구인광고 사실을 알리는 올바른 수단 선택하기	141
☑	홍보 방법별 주요 특징 비교	143
☑	인터넷 채용이 가장 저렴하고 효과도 있다?	144
☑	인터넷 채용사이트의 활용현황	144
☑	회사의 홈페이지 채용페이지를 보고 지원한 사람은 입사의욕이 강하다	145
☑	공격적인 채용을 실시한다	146
☑	인재 채용에 대해 흔들리지 않는 일관된 기준	147
☑	제5장의 정리	149

PART 06 선별 도구로서의 입사지원서

- 서류전형의 기준을 확립한다 — 152
- 서류전형의 개요 — 154
- 서류전형 개발 프로세스 — 155
- 서류전형 확인 포인트 — 164
- 지원서 확인 포인트 — 170
- 신규채용 지원서의 확인 포인트 — 174
- 제6장의 정리 — 184

PART 07 체계적이고 과학적인 면접

- 면접의 중요성 — 186
- 면접의 5가지 목적 — 187
- 준비된 면접은 준비된 인재를 선발한다 — 188
- 기존의 면접방식이 효과적이지 못한 이유 — 189
- 귀사의 면접 체계는? — 191
- 면접의 종류 — 193
- 면접, 무엇을 측정할 것인가? — 196
- 시너지 평가모델 ATOM — 198
- 면접전형 개발 — 200
- 면접을 Role play 해 보자 — 204
- 면접 Role play 시나리오 — 205
- 면접전형 프로세스별 체크리스트 — 212
- 질문하는 기술을 사전에 공부한다 — 214
- 인재를 알아보는 면접기법 — 224
- 감춰진 본심을 알아낸다 — 225
- 감춰진 본심을 드러내게 한다 — 225
- 면접평가표 작성은 왜 중요한가 — 226
- 면접평가표를 사용하지 않는 면접이 왜 위험한가? — 226
- 면접평가표가 있다고 모든 것이 해결되는 것은 아니다 — 228
- 4점짜리 척도를 이용하는 이유는 무엇인가? — 231
- 단어그림 — 231
- 제7장의 정리 — 235

부록 • 237
참고문헌 • 279

프롤로그

인재가 최고의 자산인 시대가 도래했다!

오늘날처럼 끝없는 변화가 일어나고, 세계화되고, 기술발전에 대한 지속적 적응이 요구되는 경영환경에서는 인재를 확보하고 유지하는 일이 기업 경쟁력 확보의 관건이 되고 있다.

스포츠팀이 최고의 선수를 영입하기 위해 매우 적극적인 활동을 펼치는 것과 마찬가지로, 기업도 최적의 인재를 확보하고 유지하기 위해 적극적으로 경쟁해야만 하는 시대가 도래한 것이다.

새로운 경쟁현실의 주요 특징은 제품과 원가 면에서의 경쟁력은 큰 차이가 없는 반면, 경쟁기업보다 지속적으로 더 나은 성과를 내는 조직을 창출하는 것으로부터 경쟁우위가 발생한다는 것이다. 앞으로 지속성장이 가능하고, 가장 인기 있는 기업 또는 경영자는 전 세계를 대상으로 제품과 서비스를 창출하고 유통시키는 데 필요한 인적자본을 보유한 조직이 될 것이다.

무엇보다 정보가 적은 분야, 그것이 채용이다!

예로부터 '人事가 萬事'라고 했다.
채용이라고 하는 분야는 기업의 미래와 근간을 좌우하는 중대한 일임에도 불구하고 지금까지 우리는 잘못된 채용방식을 고집해 왔다.

채용전략이나 채용원칙을 수립하지 않고 그저 과거의 방식이나 상사, 선배들이 해 오던 방식대로 운영하고 있는 것이 현실이다. 이렇게 기업들이 '채용오류의 연쇄'라는 것을 인식하지 못한 채 잘못된 채용으로 기업에 엄청난 손실을 안겨 주고 있다는 사실이 안타까울 따름이다. 앞으로의 회사 경영은 이런 주먹구구식의 채용으로는 성공할 수 없다. '사람은 많지만 쓸만한 사람이 없다'는 것은 회사가 원하는 인재를 올바르게 정의하지 못한 채 기존의 방식대로 머릿수 채우는 데만 급급했기 때문이다.

현재 우리나라 기업에 제대로 된 채용전략이나 매뉴얼이 갖춰진 회사는 얼마나 될까? 아마 갖추어져 있다고 해도 면접프로세스나 어디에서든 구할 수 있는 면접 질문 정도가 아닐까 생각한다. 채용이라고 하는 것은 신입사원, 경력사원, 정사원, 계약직, 파견사원, 아르바이트, 기술직, 영업직, 사무직 등 고용형태나 직종에 관계없이 기업 대부분이 행하는 것임에도 불구하고 그 정보량은 절대적으로 부족하다. 잘못된 채용은 회사를 피폐하게 해 사업의 근간을 흔든다. 회사란 업종, 직종, 규모, 지역, 매출을 불문하고 채용 활동을 실시하고 귀하가 이 책을 읽고 있는 이 순간에도 우리나라는 물론 온 세상에서 행해지고 있다. 귀하도 아르바이트나 인턴사원 혹은 현재의 회사의 구성원이 될 때, 한두 번 정도는 면접시험을 보았던 경험이 있을 것이다. 그렇지만 면접을 보았던 경험은 있어도 적합한 인재를 정의하거나 제대로 채용할 수 있는 방법을 가르쳐 주는 곳은 거의 없다고 생각하지 않는가?

실제로 인터넷(포털사이트, 취업포털, 유튜브) 및 chatGTP 등 AI 검색에 채용의 방법 또는 채용 관련 정보를 검색하면, 대부분 일반기업의 채용방법(전형방법-일부 기업에서 채용방법과 전형방법의 차이를 구분하지 못한 결과)이 검색되거나 스테핑 서비스 회사의 홈페이지가 나온다. 유감스럽지만 그러한 기업의 목적은 자사 구인광고의 선전이거나 스테핑 서비스 회사의 홍보성 광고가 대부분이다.

또한, 기업을 위한 면접이나 채용에 관한 정보는 거의 찾아볼 수 없다. 반면 구직자를 위한 면접 관련 정보는 일일이 헤아리기 힘들 지경이다. 지원자는 채용이나 면접을 철저히 학습하여 채용에 대처하고 있는데 회사 측은 채용이나 면접에 대해 어떠한 공부도 하지 않고 있는 것이 현실이다. 다시 말하면 기업의 채용담당자가 채용의 본질에 대해 그 정보를 얻을 수 있는 곳은 아주 드물다는 것이다.

그러니 이 책의 내용과 같이 실질적인 채용활동에 대한 정보는 거의 없는 것이 사실이다. 다시 말하면 일반적인 기업의 채용담당자가 채용의 본질에 대해 그 정보를 얻을 수 있는 곳은 아주 적다는 것이다.

사람을 채용한다는 것은 큰 투자이다

한 사람을 채용하여 정년까지 평균 유지비용은 연간 1억 8백만 원(한국납세자연맹 자료)이고 28년간 30억이 든다. 특별한 기술직이나 전문직이 아니고 그저 평범한 보통 사원을 고용하는 것만으로 이만큼의 비용이 드니까 회사로서는 어떠한 사원을 고용하는지에 따라 그 운명을 결정짓는 큰 갈림길이 되기도 한다.

그런데 만약 그 채용에 따른 원가cost뿐만 아니라 조직에 마이너스가 될 것 같은 사람을 고용해 버린다면? 매년 신규 졸업자 채용을 계획하고 있다면? 사람이 부족하기 때문에 경력 사원을 적당하게 고용하고 있다면? 이러한 사람에 따라 각각 다르게 발생하는 적자는 분명 경영을 압박해 갈 것이다. '채용의 목적은 회사가 더 높은 이익을 내는 것이다.'라고 하는 목적Goal을 항상 의식하고 있는 것만으로도 회사에서의 전형이나 면접방법은 바뀐다. 또한 경영자를 포함해 채용에 관련되는 모든 사람이 이 목적을 잊지 않는 것만으로도 채용이 바뀌고 채용이 바뀌면 회사가 바뀌고 이 책을 읽고 있는 당신의 운명까지도 바뀐다. 사람을 채용한다는 것은 큰 투자이다.

채용업무는 사내에서 가장 비싼 투자임이 틀림없는데 정작 올바른 방식을 공부할 기회는 거의 없고 인사담당자나 최고경영자는 단순히 '채용활동 = 구인모집'이라고 하는 잘못된 인식을 갖고 채용활동을 실시해 대부분 실패하고 있다. 또 고용의 미스매치Mismatch는 기업 측만이 아니고, 지원자도 불행하게 만들어 버린다. 즉, 회사가 올바른 채용 활동을 하지 않아 우리나라의 구직자도 수십 번의 탈락을 경험하게 되어 그들을 불행하게 만들어 버리고 있다. 필자는 이런 우리나라의 현상을 조금이라도 바꾸고 싶다는 생각에 이 책을 집필하기로 하였다.

채용원칙을 수립하라!

채용 과정에 참여하는 사람이 여러 명이면 일관성을 유지하기 어렵다. 조직은 모든 참가자들이 일관된 입장을 견지할 수 있도록 최선을 다해야 한다. 일관성을 높이기 위한 기본적인 방법 하나가 일련의 채용 원칙들을 개발하고 전파하는 것이다. 원칙은 사람들이 특정 상황을 어떻게 처리해야 할지 긴가민가할 때마다 되짚어 볼 수 있는 길잡이 역할을 한다.

다행스럽게도 지금까지 많은 기업들이 필자의 생각에 공감해 주어 자사의 채용활동을 변화시켜 조직, 직무, 동기에 적합인재를 채용할 수 있는 채용원칙을 만들어 왔다. 자, 이제 다음은 귀하의 회사의 차례이다. 메모를 하면서 이 책을 몇 번이고 다시 읽어 귀하의 회사에서 채용활동을 변화시킬 수 있는 부분을 찾아 곧바로 적용해 보길 바란다. 이렇게 만들어진 채용원칙은 적합한 인재를 선발할 수 있는 올바른 길잡이가 되어 줄 것임을 확신한다.

이 책은 처음부터 차례대로 읽으면 회사가 채용에 임하는 자세나 채용원칙, 전형준비, 적합인재유인, 서류전형, 면접전형 등을 차례로 알 수 있도록 구성되어 있다. 귀하가 채용방법을 학습하는 것만으로도 귀하의 회사는 이미 성장하고 있는 것이다.

끝으로, 채용활동은 역으로 생각하면 구직활동이다

구직자로서 취업을 희망하는 회사의 채용 시스템을 안다는 것은 바로 문제의 정답지를 보는 것과 같은 느낌일 것이다. 이 책은 이러한 대한민국의 수많은 구직자들에게 한발 빠른 취업을 위한 등대와 같은 역할도 할 것이라 확신한다.

2024년 7월
시너지컨설팅 대표컨설턴트 이병철

PART 01
채용의 목적과 중요성

인재 채용 지침서
채용의 교과서

PART 01 채용의 목적과 중요성

💬 왜, 회사는 사원을 채용하는가?

'회사가 사원을 채용하는 목적'이 무엇이라고 생각하는가?

귀하가 회사의 창업자이고 회사를 만들어 자신의 비즈니스를 시작했다고 가정하자. 사업은 순조롭게 궤도에 올라, 결산은 흑자가 되고 계속 번창하여 회사에는 이제 귀하 혼자서는 처리할 수 없는 일들이 많아졌다. 귀하는 지금이 사원을 뽑아야 할 때라고 생각하고 인터넷이나 신문에 구인광고를 낼 결심을 한다. 그런데, 귀하는 무엇을 목적으로 사원을 채용하려고 하는지 생각해 보았는가? 많은 회사가 처음에는 귀하와 같은 소규모회사였다.

그럼 한 번 더, 자신에게 스스로 질문해 보자.

회사가 사원을 채용하는 목적이 무엇이라고 생각하는가?

이 질문을 진지하게 생각해 보고, 그 이유를 명확하게 알아야, 채용의 진정한 목적 Goal 이 보일 것이다. 단순히 책을 읽지만 말고, 반드시 깊게 생각해 보자. 자, 나름의 대답을 찾았는가?

💬 회사는 이익을 내지 않으면 망한다

채용의 진정한 목적이 무엇인지 찾았는가? 조금만 깊이 생각을 해 보았다면 해답을 쉽게 얻을 수 있었을 것이다. 조금 직설적인 표현일지는 모르겠지만 대답은,

회사는 이익을 내지 않으면 망한다.
망하지 않기 위해서는 반드시 더 높은 이익을 내야 한다는 것이다.

예를 들어, 일손이 부족하다는 것은 업무량에 비해 사내에 인재가 부족한 상황이며, 결과적으로 업무가 제대로 진행되지 않는다는 것이다. 이런 경우는 회사에 어떠한 영향을 미치는 것일까?

고객에 대한 충분한 대응을 할 수 없기 때문에 불만족과 클레임이 발생하고,
추가로 일을 수주할 수 없는 등 기회의 손실이 발생하게 되고,
또한, 사원 일인당 업무부하가 높아져서 잔업이 증가해 업무 효율성도 떨어진다.

이러한 것들은 당연히, 이익 감소에 큰 영향을 미치게 된다. 이익이 줄어드는 상황을 멍하니 지켜보며 기다리는 경영자는 없을 것이다. 당연히 업무에 과부하가 발생하기 전에 인재를 채용하려고 할 것이다. 채용이라는 것은 기본적으로는 인원의 증가이지만, 최종 목적은 이익을 올리는 것이다. 이와 같이 회사는 더 높은 이익을 내기 위해 사람을 채용한다. 그러나 현업에서는 언제부터인가 '채용' 그 자체가 목적이 되어 버린 경우를 자주 볼 수 있다. 채용 시기가 아니기 때문에 기다리는 회사가 있는가 하면, 적정한 인원수를 확보하기 위해서 인재상에 부합하지 않은 인재를 내정하거나 합격을 시킨다. 이러한 고용의 미스매치 Mismatch는 결국 회사뿐만이 아니라 구직자에게도 불행한 일이 되고 마는 것이다.

💬 회사가 사람을 채용하려고 하는 통상적인 이유

매출 증가로 인하여 업무량이 과다하여 일손이 부족한 경우를 제외하고, 회사가 사람을 채용하려고 하는 이유는 퇴직자가 생겨 결원을 보충하거나 서비스의 질을 올리기 위한 내부 시스템의 강화를 위한 경우일 것이다.

먼저 결원보충의 경우를 살펴보면 퇴직(휴직)한 사람이 했던 일을 기존의 다른 누군가에게 모두 인수인계를 하면 그 사람은 추가된 일로 인해 기존 업무에 차질이 생길 가능성이 높아진다. 결과적으로 앞에서 설명한 것과 같이 회사의 이익이 줄어들게 되므로 그것을 회피하기 위해서 채용을 결정하는 것이다. 결원을 보충하지 않는 것이 '인건비를 절약할 수가 있어 오히려 이익이 증가하는 것은 아닐까?'라고 생각하는 경우도 있을 것이다. 하지만 사람은 감정의 동물이라고 하지 않는가? 세 명이 하던 일을 둘이서 할 수 있다고 판단해 결

원을 보충하지 않으면 과다한 업무와 심적 부담의 증가로 일이 원활하게 돌아가지 않게 될 수도 있고, 그들의 내적 불만은 점점 커져 연쇄적으로 퇴직하겠다고 말하는 최악의 상황도 일어날 수 있다.

그럼 서비스의 질을 올리기 위한 경우의 채용은 어떻게 할까?
이 경우에는 일의 양에 관심을 가지고 있는 것이 아니라 일의 질에 관심을 가져야 한다. 사내에 새로운 기술을 가진 인재를 채용해 수적, 질적으로 여유를 갖게 하는 방법이나, 업무의 자동화 도입과 기술개발 등으로 환경개선이나 매뉴얼화 등으로 일의 질을 올릴 수 있다.

이렇게 인원 확보와 환경개선으로 업무의 질을 높이는 궁극적인 목적은 무엇일까?

그렇다. 바로 이익을 최대화하기 위해서이다.

적정인원을 보유하고 싶다거나 결원보충 그리고 서비스의 질을 강화하고 싶다고 하는 것은 채용의 본래의 목적이 아니다. 이것들은 채용의 진정한 목적을 달성하기 위한 수단과 방법이며 눈앞의 이정표에 지나지 않는다.
그런데 대부분의 기업에서는 이 수단과 방법을 채용의 최종 목적으로 잘못 판단하고 채용 활동을 하고 있다. 이 경우 원래 목표설정이 잘못되어 있으니까 채용에 실패하는 것은 당연한 일이다.

💬 사람을 채용한다는 것은 큰 투자이다

먼저 이 책을 읽고 있는 분들에게 밝히고 싶은 것은, 이야기 초반부터 회사가 사원을 채용하는 목적은 더 높은 이익을 내기 위해서라고 설명을 하고 있지만 필자가 사원을 '돈이나 비용의 일부로 보시오.'라고 말하고 싶은 것은 아니라는 것이다. 그렇지만, 본래의 채용 목적인 '회사에 이익을 내고 싶기 때문에 사람을 채용한다.'라는 목적goal을 수립하고 실시하기 전까지는 회사에 진정으로 공헌할 수 있는 사람을 채용하기란 쉽지 않다.

매년 신규 졸업자 채용을 하고 있기 때문에……

단지 사람이 그만두었기 때문에……
새로운 부서가 생겼기 때문에……
바쁘기 때문에……

회사에는 이와 같이 다양한 이유에서 사람을 채용할 기회가 있다.
그러나 위에서 설명한 경영자적 입장에서 바로 본 원래의 채용 목적과는 다르지 않은가?

사람을 고용한다고 하는 것이 얼마나 큰 투자인가?
또 잘못된 투자를 하는 것으로 얼마나 많은 낭비나 기회손실을 보고 있는가를 이 책을 통해 생생하게 느껴 주길 바란다.

사람을 채용한다고 하는 것은, 큰 투자이다.
한 회사가 한 사람의 사원을 신규 졸업자로 채용하여 정년까지 계속 고용하면, 무려 23억 4천만 원 정도의 인건비가 지급된다. 특별한 기술직이나 전문직이 아니고 그저 평범한 보통 사원을 고용하는 것만으로 이만큼의 비용이 드니까 회사로서는 어떠한 사원을 고용하는지에 따라 그 운명을 결정짓는 큰 갈림길이 되기도 한다.

그런데 만약 그 채용에 따른 원가cost뿐만 아니라 조직에 마이너스가 될 것 같은 사람을 고용해 버린다면? 매년 신규 졸업자 채용을 계획하고 있다면? 사람이 부족하기 때문에 경력사원을 적당하게 고용하고 있다면? 이러한 사람에 따라 각각 다르게 발생하는 적자는 분명 경영을 압박해 갈 것이다. '채용의 목적은 회사가 더 높은 이익을 내는 것이다.'라고 하는 목적Goal을 항상 의식하고 있는 것만으로도 회사에서의 전형이나 면접방법은 바뀐다. 또한 경영자를 포함해 채용에 관련되는 모든 사람이 이 목적을 잊지 않는 것만으로도 채용이 바뀌고 채용이 바뀌면 회사가 바뀌고 당신의 운명까지도 바뀐다.

💬 채용에 실패하면 큰 손실을 낳는다

필자가 세미나나 강연 등에서 자주 하는 질문이 있다.

"채용에 실패하면 금전적으로는 얼마나 손실이 난다고 생각하십니까?"

이렇게 질문하면 많은 사람들은 금전적인 손실은 채용한 사람의 급여와 보험료만큼 손해가 난다고 대답한다. 그러나 이것은 큰 실수이다. 이는 단순히 인건비와 보험료 정도의 금액이라면 원래 흑자를 내고 있던 회사라면 큰 손실 없이 곧바로 회복할 수 있다. 중도 퇴사로 인해 회사가 적자로 전락하는 등의 일은 거의 없다. 그렇다면 귀하는 어떻게 생각하고 있었는가? 채용의 실패는 금전적으로 얼마의 손실을 내고 있는지 진지하게 한번 생각해 보자.

사원을 채용하는 것으로 회사에 발생하는 비용은 급여만이 아니다. 예를 들어, 월 300만 원의 급여를 받는 사원을 채용하면 연간 300만 원 × 12개월 = 3,600만 원의 비용이 든다. 그러면 급여 외에 추가로 어떠한 경비가 들까? 간단하게 설명하면 아래와 같다. (비율은 2023년 기준)

国민연금(급여 × 사업주부담 4.5%) = 1,620,000
건강보험(급여 × 사업주부담 3.545%) = 1,276,200
장기요양(건강보험 × 사업주부담 6.405%) = 81,740
고용보험(급여 × 사업주부담 0.9%) = 324,000
산재보험(급여 × 사업주부담 0.7%) = 252,000
종업원 할 사업소세(급여 × 사업주부담 0.5%) = 180,000
장애인부담금(급여 × 사업주부담 0.7%) = 252,000
퇴직급여 (급여 × 사업주부담 100%) = 3,000,000

여기에 복리후생비, 여비교통비, 통신비, 소모품비, 도서인쇄비, 지급임차료, 운반비, 접대비, 교육훈련비, 잡비 등이 추가되면 추가로 발생하는 비용은 거의 40%에 육박한다. 게다가 국민연금, 건강보험, 고용보험 등과 같이 사회보장보험에 대해서는 고령화 사회가 발전함에 따라 앞으로 한층 더 올라 부담은 증가할 예정이다. 연봉 3,600만 원의 사원을 고용했을 경우 급여 외 추가로 발생하는 비용을 합산하면 회사는 약 4,998만 원의 비용을 지불하는 것이다.

💬 채용에 성공해도, 비용은 똑같이 든다!

앞에서 설명하였듯이 채용을 결정하는 순간, 급여 이외에 보험료나 기타 제경비가 추가로 필요하다는 것은 이해할 수 있었으리라 생각한다. 급여 이외 추가 비용은 연봉액이나 회사의 업종에 따라 보험료가 달라지므로 정확하게 금액으로 이야기할 수는 없지만 대략적으로 급여의 140% 정도이며, 그 이상 되는 경우도 있다.

여기에 신규입사자인 경우에는 사원에게 직접 제공되는 사원증, 컴퓨터, 문구류, 사무집기, 식대지원, 자기개발비, 회사에 따라 휴대폰비용, 출장비, 여비교통비, 차량유지비 등의 비용과 간접적으로 발생되는 사무실임대료, 전기수도광열비, 전화·FAX, 복사기, 도서인쇄비, 컴퓨터유지보수비, 소모품비, 채용광고비용, 면접비용 등의 비용이 기본적으로 발생한다. 만약 채용에 실패하여 입사한 사람이 곧바로 퇴직했을 경우, 이러한 비용은 모두 소용이 없게 되고 금액적으로도 수백만 원을 손해 보게 되는 것이다.

이제는 인사담당자도 회계는 기본적으로 알고 생각을 하면서 일을 해야 한다. 위에서 보는 급여의 산정기준이나 발생되는 비용에 대해서 복합적으로, 회계적으로 고려하여 원가를 산출할 수 있어야 한다. 이 중에서 인사담당자에게 가장 주요한 급여를 생각할 때에도,

- 총급여(기준연봉+기타수당+인센티브)
- 광의의 임금(총급여+간접비+복리후생)
- 총보상(총급여 +광의의 임금+교육 및 개발, 근무환경 등)

등으로 세심하게 알아야 한다.

하지만 위와 같은 금전적으로 계산하기 쉬운, 즉 눈에 보이는 숫자는 진정한 손실이 아니다. 채용 실패에 의한 진정한 손실은 겉으로 드러나지 않고 보이지도 않는 아주 중요한 그것이다.

그럼, 이 보이지 않는 진정한 손실은 도대체 어떤 것일까?

눈에 안 보이는 진정한 손실이란

사원을 채용하면 근로자명부 작성이나 직원카드 등록 및 고용보험, 건강보험 등의 각종 보험 취득 수속이 발생한다. PC의 준비나 명함 등 비품 발주 등도 그렇다. 이러한 수속업무를 하는 사람은, 그 일을 하는 동안 다른 일을 할 수 없기 때문에 매출의 감소로 연결된다. 또 회사에 입사해 곧바로 일을 할 수 있는 사람은 존재하지 않는다. 반드시 경영자나 상사, 선배사원이 일을 가르칠 필요가 있다. 선배사원은 회사의 매출을 깎아 먹으면서 신입사원을 교육하고 있다. 매출을 떨어뜨리지 않기 위해서 선배사원이 후배사원의 교육과 더불어 자신의 업무를 처리해야 하므로 부족한 시간은 잔업을 할 수밖에 없게 된다. 그 결과 선배사원에게 업무의 과부하가 걸리고 스트레스는 증가해 생산성이 떨어지게 되고 따라서 인건비도 증가한다. 게다가 혼신을 다해 가르친 사람이 3개월 만에 퇴직하게 되면 어떻게 될까? 그 후 대신할 사람이 입사해도 또다시 처음부터 같은 것을 가르치지 않으면 안 된다. 그리고 그 사람이 또 곧바로 퇴직하면 상사나 선배사원은 경영자로부터 부하사원 육성능력에 대해 의심을 받게 되기에 더욱더 신경을 쓸 수밖에 없다.

중소기업은 한 번에 많은 사원을 채용할 수 없다. 왜냐하면 채용한 신규입사자 한 사람 한 사람에게 교육이 필요하고 그 교육을 담당한 선배사원은 당연히 업무의 증가로 기존 업무를 제대로 처리할 수 없게 되어 매출에 영향을 미치기 때문이다. 100명 밖에 없는 회사에서 한 번에 10명 정도의 신규 입사자를 채용하면 교육 프로세스로 영향으로 회사의 경영에 큰 영향을 미친다. 채용에 대해 특히 교육 및 담당자의 부담도 항상 생각해 두자. 채용을 실패해 모처럼 채용한 사람이 곧바로 그만두었을 경우, 퇴직에 관련된 수속도 발생하기 때문에 이러한 입·퇴사는 시간과 돈 모두 회사에 피해를 주는 것이다. 그것만이 아니다. 돌이킬 수 없는 손실도 있다. 그것은 바로 기존 사원의 모티베이션Motivation이 저하 되는 것이다. 입사한 사람이 자사를 곧바로 그만두는 것을 보면서 모티베이션이 오르는 사원은 있을 리가 없다. 자신이 몸담고 있는 회사가 어쩌면 좋지 않은 회사, 미래가 없는 회사라고 생각이 드는 것은 당연한 일이다. 이렇게 떨어진 모티베이션을 회복시키는 것은 매우 어려운 일이다.

💬 면접관이나 인사담당자의 손실도 생각하자

채용한 사람이 곧바로 퇴직했을 경우 전형에 소비한 비용과 시간이 모두 소용없게 된다. 게다가 그 채용에 소비한 시간에 본래 벌어들였던 매출도 손실된다. 잃은 시간 안에는 경영자나 면접관이 소비한 인건비도 들어가 있다.

구인광고에 얼마나 사용했는가?
적성검사에 얼마나 사용했는가?
면접비는 얼마나 사용했는가?
지원자와의 면접에 어느 정도 시간을 사용했는가?

채용에 실패해 사원이 중도 퇴사하였을 경우 위에서 언급한 그것들은 두 번 다시 되돌아오지 않는다. 그뿐만 아니라 재모집 시 다시 한번 같은 금액과 시간이 들어간다.

모집전형비용 × 면접관의 인원수 × 시간단가 × 전형시간을 계산해 보자.

놀라운 금액이 된다. 또 고객에 대한 손실도 꼭 생각해야 한다. 실패한 채용으로 이상한 사람을 채용하였을 경우 사내·외에서 트러블을 일으키거나 저급한 대응으로 고객이 떨어져 나간다. 예를 들면, 음식점 등 접객업의 경우 사원의 부족한 대응에 눈앞의 손님만 줄어드는 것이 아니다. 그 손님은 친구나 아는 사람에게도 직접 이야기하거나 인터넷 카페, 블로그, 트위터와 같은 SNS 등 다양한 전달 방법을 사용하여 여기저기에 나쁜 평판을 올린다. 나쁜 소문은 파급력이 크고, 전달 속도가 빠르며, 미래의 예상 고객도 사라지게 만든다.

객(고객)단가 × 평균 업데이트 횟수 × 친구 수 × 재직기간이라고 하는 손실이 발생한다.

객(고객)단가 나름이지만 일 년에 곧바로 수천만 원에서 수억 원의 손실이 발생한다. 반대로 적합한 인재를 채용할 경우에는 같은 계산 방법으로 수천만 원에서 수억 원의 플러스를 가져온다. 이와 같이 채용에 고객의 대한 손실을 계산에 넣는 것이 바른 생각이다. 귀하의 회사라면 어느 쪽 사람을 채용하고 싶겠는가?

💬 기회의 손실

마지막으로 기회 손실의 이야기를 해 보자.

한정된 인원수의 채용에 대해 A씨를 채용하면 사원모집을 종료시키기 때문에 그 후에 구직 활동을 시작한 우수한 B씨에게는 자사의 구인을 알릴 수가 없게 된다. 채용에 실패하여 재모집을 시작했을 때 B씨는 이미 동종업계 또는 경쟁사에 빼앗겼을지도 모른다. 우수한 B씨가 들어온 타사는 자꾸자꾸 이익을 올려 가고, A씨를 채용한 귀하의 회사는 이익이 오르지 않고 있다. 그래서 재모집을 실시해 채용한 C씨는 A씨와 B씨보다 뒤떨어질지도 모른다. 게다가 빈번하게 구인모집 광고를 내면 지원자들은 '저 회사는 사람들이 곧바로 그만두는 회사' 또는 '사람을 소중히 여기지 않는 회사'라는 좋지 않은 인식을 구직자에게 줄 수 있다. 그것이 수습기간을 통해 자사에 맞는 인재를 찾아야 한다는 대의명분이라 하더라도 잦은 채용은 회사의 브랜드력을 현격히 떨어뜨리고 인재를 소중히 여기지 않는 회사라는 이미지를 틀림없이 주게 된다. 이러한 일의 반복으로 더욱더 채용의 어려움을 겪게 되고 좋은 인재가 지원하지 않게 되는 등 채용활동의 부정적 악순환에 들어가게 된다. 특히 요즘처럼 사회적 네트워크가 일반화되어 있는 시대에는 더욱더 채용에 어려움을 겪을 수 있다.

떨어진 채용 브랜드력의 손실은 얼마나 할까?
브랜드력은 돈으로는 살 수 없기 때문에 가격을 매길 수 없다. 그러나 가격을 예상한다면 수백억의 가치가 있을 것이다. 이와 같이 채용활동의 진정한 손실을 생각하면 채용활동과 채용을 더욱 신중히 해야 한다는 필요성은 충분히 공감했을 것이다. 깊게 생각하지 않고 채용활동을 하고 있는 회사라면 경영이 잘되지 않는 것은 당연한 일이다. 신규 졸업자를 채용하여 정년까지 인건비만으로 23억 3천만 원이 든다. 그러나 진정한 손실은 이보다 더욱 많다는 것을 명심해야 한다.

사람을 물건에 비유하는 것은 좋지 않지만, 아무 생각 없이 23억 원짜리 물건을 적당히 구매하는 회사나 사람은 절대 찾아볼 수 없을 것이다.

제1장의 정리

① 회사는 무엇을 위해서 사원을 채용하는지, 그 이유를 글로 작성해 보자.
② 회사가 사람을 채용하는 것은 더 높은 이익을 내기 위해서이다.
③ 결원보충이나 서비스 체제 강화도 사실은 회사의 이익을 내기 위해서다.
④ 잘못된 채용으로 발생하는 적자는 회사 경영을 압박한다.
⑤ 원래 흑자라면 인재에 의한 적자의 가능성도 생각해 보자.
⑥ 사원을 채용하는 것으로 들어가는 비용은 급여만이 아니다.
⑦ 채용을 실패했다면 지불한 급여만이 손실이 되는 것은 아니다.
⑧ 채용에 실패하면, 회사의 매출과 기존사원의 모티베이션도 함께 떨어진다.
⑨ 나쁜 인재를 채용하면, 기존의 고객에게도 타격과 손실을 준다.
⑩ 채용한 사람의 인건비는 진정한 손실에 비하면 미비한 것이다.

PART 02
회사를 변화시키는 첫걸음 채용

02 PART 회사를 변화시키는 첫걸음 채용

💬 채용이란?

우리들은 흔히 '기업은 사람이다', '경영이란 사람이 전부다'라고 말한다. 이는 기업에 있어서 모든 일은 사람이 행하며 개인 또는 조직이 최선을 다함으로써 비로소 기업이 발전할 수 있다는 것을 의미하는 것이다. 따라서 기업의 성패는 구성원인 사람에 의하여 좌우된다고 말할 수 있으므로 그 기업에 어떠한 사람이 들어오느냐는 가장 중요한 문제인 것이다.

채용이란?
채용 = 모집 + 선발의 과정이다.

1 모집의 의의

모집이란 자격을 갖춘 개인에게 고용의 기회를 제공하고 양질의 인력을 유인하는 과정을 말한다. 즉 모집은 인력수급계획에 의하여 장래에 필요한 인력의 수, 모집절차, 모집인원, 모집시기의 결정 등을 기초로 조직 내외에서 유능한 인력을 확보하려는 것이라 할 수 있다.

1) 사내모집 방법
사내Pick-up, 사내공모 등.

2) 사외모집 방법
구인광고, 인재추천업체(채용대행, 헤드헌팅), 사내추천, 교육·훈련기관, 노동부 관련 사업 추천, Intern사원제, 채용박람회, 취업설명회, 연고자, 계약직 고용 등.

3) 모집 이외의 방법으로 인력을 조달할 수 있는 방법
직무분석 및 인력수급계획에 따라 비록 추가인원이 필요하더라도 모집·선발에 따른 비용과 채용으로 인한 교육·훈련비, 인건비등 예산을 감안하여 긴급하게 꼭 필요하지 않을 경우에는 모집 이외의 방법으로 인력을 조달할 수 있는 방법을 강구해 보아야 한다. 사원을 초과근로 시키든지 아웃소싱으로 업무를 분담하거나 Part time 활용, 또는 인력파견을 의뢰하는 방법일 것이다.

2 선발의 의의

모집은 채용할 직무에 적합한 인재를 모으는 과정이지만, 선발은 채용할 직무가 요구하는 기술, 능력, 적성을 가진 자 중 가장 적합한 자를 뽑는 과정이다. 즉 선발이란 모집된 지원자 중 직무요건에 가장 적합한 자격을 갖추었다고 인정되는 사람을 선택하는 과정을 말하는 것이다.

표 2-1 일반적인 선발 단계

선발단계	목적	기술·연구개발직	사무직
서류 전형	• 지원자들의 최소 지원요건 파악 (자격 사항 등) • 필기전형을 위한 심사 Screening 절차 실시	• 지원자가 적고, 작성 내용에 대한 질적 평가가 중요하기 때문에 정성적 평가 중심 운영	• 지원자가 많아 정량적 평가 중심 운영
필기 전형	• 효과적인 업무 수행에 요구되는 인성적 또는 능력적 차원에 대한 검증	• 인성검사 • 적성검사	• 인성검사 • 적성검사 • 지식검사
면접 전형	• 효율적인 채용 전형별 운영 방안의 수립 • 공정하고 신뢰할 수 있는 전형별 평가 절차 마련	• 구술 면접 • 연구 주제 발표 면접 • 세미나 면접	• 구술 면접 • 시뮬레이션 면접
신체 검사	• 업무 수행에 치명적인 영향을 줄 수 있는 질병 보유 여부 점검 • 기업 및 업무 특성에 따라 신원조회를 통해 신분을 명확하게 검증		

3 채용은

- 사람을 뽑는 것이다.
- 회사의 가장 중요한 재산을 취득하는 것이다.
- 회사의 경쟁력을 좌우하는 행위이다.

- 고객을 획득하기 위한 가장 중요한 경쟁 무기를 확보하는 것이다.
- 잘못하면 회사에 손실을 끼칠 수 있는 위험한 일이다.
- 우수인재를 탈락시키면 경쟁사에 가서 우리를 위협하는 존재가 될 수도 있다.
- 우리의 미래를 맡기는 중요한 일이다.

채용은 인재를 뽑는 일이다. 많은 경영자들이 '비즈니스 = 사람'이라는 이야기를 자주 한다. 그러나 정작 결정을 내려야 할 중요한 시기에는 그렇게 행동하지 못한다. 그 이유는 중요성은 인식하지만 어떻게 해야 할지 모르기 때문이다.

채용에 실패하는 기업들의 특징으로,
첫째, 유행에 따라 움직이고
둘째, 수요자 중심시장에 안주하고
셋째, 대학명이나 학력 등의 안이한 채용기준에 의하고
넷째, 불투명한 채용방법에 대한 시장평가의 악화를 들 수 있다.

반면 채용에 성공하는 기업들은,
첫째, 지원자를 철저한 고객으로 보고 있으며
둘째, 전문면접관이나 고성과자에 의한 면접을 실시하고
셋째, 정확한 인재에 대한 분석 및 파악을 사전에 실시하며
넷째, 충분한 면접시간을 확보하고
마지막으로, 향후 업무에 대한 명확한 비전이나 이미지를 제시하였다.

채용은 기업에서 가장 중요한 자원을 취득하는 일이다. 회사의 경쟁력을 좌우하는 일이며, 잘못하면 회사에 큰 손실을 끼칠 수 있는 위험한 일이다. 인재를 알아보지 못하고 탈락시키면 경쟁사에 가서 우리를 위협하는 일이 벌어질 수도 있다. 그래서 채용은 우리의 미래를 좌우하는 중요한 일이다.

채용 절차 이해
채용 절차는 크게 세 단계로 구분할 수 있으며 각 단계가 유기적으로 연계될 수 있도록 명확한 계획과 방안을 수립하여 선발 과정의 효율성을 향상시켜야 한다.

표 2-2 채용 절차

채용 절차	단계별 목적	단계별 주요 활동
채용 계획 수립	• 조직의 예산 및 전략을 고려하여 채용 방향과 일정 등을 설정	• 신규 충원 인원 파악 • 채용 수요 조사 • 채용 인원 산정 • 채용 계획 수립 • 채용 계획 확정
채용 공고 및 모집	• 효과적·효율적인 채용 활동을 위한 구체적인 실행 계획 수립 • 지원자 확보를 위한 구체적 방안 수립 • 평가 절차 및 요소에 대한 정의	• 채용 전형 설계 • 채용 공고문 개발 • 입사지원서 개발 • 채용 홍보 실시 • 지원서 접수
선발 결정	• 효율적인 채용 전형별 운영 방안의 수립 • 공정하고 신뢰할 수 있는 전형별 평가 절차 마련	• 서류전형 준비·실시 • 필기전형 준비·실시 • 면접전형 준비·실시 • 신체 검사 안내 • 전형별 합격자 안내

💬 채용은 중·장기적인 시점을 가지지 않으면 안 된다

채용은 1~2개월 후의 상황을 생각해서는 안 된다. 눈앞의 일을 생각해 채용 활동을 하면 채용활동에 신중을 기할 수 없다. 그렇게 되면 자칫 인원수 채우기 채용을 해 버리기 쉽다. 채용이라고 하는 것은 6개월, 1년, 3년, 5년 후와 같이 중장기적인 시점에서 볼 필요가 있다.

제1장에서 이야기했듯이 '채용의 목적은 회사가 더 높은 이익을 내는 것이다.' 만일 눈앞의 일이 시급하다면 인재파견이나 위임, 위탁, 도급 등을 활용하면 좋을 것이다. 이와 같이 채용의 시점을 눈앞이 아니고 좀 더 중장기적인 관점에 초점을 맞추고, 회사가 희망하는 인재상이나 전형내용 등을 체계적으로 수립해서 회사의 채용 활동을 변화시켜야 한다.

신규로 채용하자마자 일을 잘할 수 있는 사람은 흔치 않다. 경력자 채용이라 해도 반드시 교육이라는 시간이 필요하다. 즉시 전력이 되는 사람을 채용하고 싶은 기분은 알고 있지만 업무를 능숙하게 해내려면 기업문화나 일을 배우는 것뿐만 아니라, 회사 내부나 거래처와의 인간관계도 중요하다. 기업문화나 일을 배우는 시간과 인간관계를 구축하는 기간이 필요하기 때문이다. 경험과 전문 지식이 풍부한 경력자를 채용하여도 새로운 직장에서 즉시 전력이 되지 않는 이유가 여기에 있다. 상대의 성격이나 감정을 무시한 인간관계로 일을 처리하면 결코 그 일은 잘되지 않는다. 그러므로 채용 후에는 반드시 교육 기간이 필요하고 그 교육 기간을 생각하면 채용활동에도 어느 정도의 시간이 필요하다. 경력자가 채용되어 입사하더라도 분기나 반기 정도가 지나야 겨우 어느 정도의 일을 할 수 있게 된다. 더욱이 신입사원 채용이면 비즈니스 매너부터 배울 필요가 있으므로 일을 할 수 있게 되기까지는 한층 더 시간이 걸린다.

타협하여 채용하고 있지는 않은가?

채용활동에 있어서의 최대의 적은 타협이다. 타협하여 채용한 사람 중 좋은 인재가 없다고는 말할 수 없다. 그러나 채용 후에 실패했다고 후회하는 경영자의 대부분이 타협한 것을 인정하고 있다. 타협으로 인해 채용을 실패하게 되면 회사뿐 아니라 지원자도 불행하게 된다. 채용기준이나 기업이념에 맞지 않는 지원자를 타협하여 채용해 버리면 그 사람은 곧 퇴직해 버릴지도 모른다. 이 책임은 모두 타협하여 채용한 회사에 있다. 지원자나 회사를 위해서도 타협은 절대로 해선 안 된다는 것이다. 자주 있는 실패의 예로, 구인광고 후 지원자 중에 서류전형 합격자가 10명이 있었다고 하면 대부분의 회사에서는 그 10명 중에서 채용을 해야만 한다고 생각을 한다. 이런 생각은 회사가 바라던 인재상과는 상관없이 타협하여 채용하기 쉽다. 10명 중에 회사가 바라는 인재가 없으면 추가 비용이 들더라도 추가 모집을 하는 용기가 필요하다. 실패한 채용은 더 큰 손실을 본다는 것을 알고 있다면 추가 구인광고 비용은 오히려 더 저렴한 편이다.

타협의 함정은 그 밖에도 여러 가지 있다. "뭐 이 정도면 괜찮지 않을까?" 하고 안이하게 채용을 결정해 버리는 경우, 일손이 부족하기 때문에 빨리 채용하지 않으면 안 되는 경우, 이런 때가 타협의 함정에 한쪽 발을 넣으려는 상태이다. 항상 객관성을 확보하고 채용내정을 할 때, 이번 채용은 타협은 아니라고 확신을 가질 수 있을 때, 그때 비로소 합격을 결정해야 한다. 그것이 회사를 지키는 방법이다. 이 책을 읽고 나서 채용을 진행할 경우 타협하는 채용을 실행할 가능성은 낮아지겠지만 그럼에도 불구하고 초심으로 돌아가 항상 룰$_{Rule}$을 지켜야 한다. 그만큼 타협에 의한 채용은 실패가 많기 때문이다.

'포춘'지가 선정한 2009년 '일하기 좋은 100대 직장'에서 23위를 차지한 자포스의 토니 시에 경영자는 아래와 같이 이야기한다. "우리 회사가 가장 강조하는 모토는 '겸손하자'입니다. 10가지 모토 중에서 마지막 항목에 배치했지요. 반드시 기억하자는 의미에서요. 똑똑하고 능력은 많지만 자기 이익만 챙기는 사람이 면접을 보러 왔다고 가정합시다. 우리는 이런 사람은 채용하지 않습니다. 그런 사람을 뽑는다는 건 타협이거든요. 계속 타협하다 보면 기업의 정신이 흔들리게 되어 있습니다." 대부분의 회사들은 사원을 뽑을 때 기업의 인재상과 부합되는지 여부보다는 똑똑한지, 능력이 뛰어난지를 집중적으로 본다. 성격이 좋지 않아 다른 사람을 짜증 나게 하더라도 실적만 뛰어나다면 회사에는 이득이 될 거라고 판단하기 때문이다. 토니 시에 경영자는 똑똑하지만 기업문화에 맞지 않는다면 채용을 하지 않는다고 말한다. 그런 사람이 많아질수록 회사의 경영이 기울게 된다고 경고한다.

채용 과정에서 발생하는 6가지 오류

적절한 채용전략이나 합리적인 채용 프로세스 운영 없이는 제대로 된 인재 선발이 있을 수 없다.
그리고 잘못된 채용결정은 조직에 많은 비용을 가져온다. 채용 과정에서 발생할 수 있는 대표적인 오류들을 살펴보고 동일한 오류를 범하지 않도록 채용전략과 프로세스를 정비해야 할 것이다. 합리적인 채용은 회사를 강하고, 건강하고, 생산적이며 경쟁적인 조직으로 만든다.

오류 1 선발과정에서 채용원칙을 수립하지 않는다.
서류전형, 필기전형, 면접전형 등 채용 과정에 참여하는 사람이 여러 명이면 일관성을 유지하기 어렵다. 따라서 조직은 채용에 관여하는 모든 참가자들이 일관된 입장을 견지할 수 있도록 최선을 다해야만 한다. 일관성을 높이기 위한 기본적인 방법 하나가 일련의 채용원칙들을 개발하고 전파하는 것이다. 원칙은 사람들이 특정 상황을 어떻게 처리해야 할지 긴가민가할 때마다 되짚어 볼 수 있는 길잡이 역할을 한다. 각 조직은 자신에게 맞는 채용원칙을 세워 구조화된 전형을 실시해야 한다.

오류 2 지원자들에게 현실적 직무안내 realistic job preview 를 하지 않는다.

'현실적 직무 안내 realistic job preview'는 해당 직무의 요구 사항과 직무 관련 실제적 정보(임금·복리후생, 일상적 업무 일과, 업무 관련 애로 사항, 해당 업무의 보람, 동료·고객 관계 등)를 제공해 주어, 지원자가 직무와 자신 간의 부합도를 보다 실제적으로 평가하게 하는 것이다. 이를 통해 지원자는 스스로 자신과 회사의 적합도를 판단해 볼 수 있기 때문에 신입사원 초기 이직률을 낮출 수 있다.

오류 3 면접관을 준비시키지 않는다.

면접의 경우 면접관의 주관이 많이 개입되기 때문에 객관적이고 공정한 평가를 위해서는 면접관 교육이 필요하다.

핵심인재의 중요성에 대한 인식이 높아지고 있기에 자사에 적합한 인재 선발을 위해서 면접관 교육을 강화해야 하는 것이다.

면접관 교육에 대한 필요는 2008년부터 높아지기 시작해서 지금은 국내 많은 기업이 시행하고 있다.

채용의 목적과 지원자 중심 면접의 중요성, 면접관의 자세, 면접의 핵심질문 도출 방법, 심층면접의 핵심질문 적절성 평가 방법, 지원자의 직무적합성, 동기적합성, 조직적합성, 의사소통능력 평가 기법 등 실무적인 면접 기법을 교육하여 면접관들의 평가 스킬을 향상시키는 데 집중하고 면접선발의 성공률을 높이려 하는 것이다.

오류 4 구조화된 평가도구를 사용하지 않는다.

면접 중에 후보자들은 입사제의 job offer 를 받기 위해서, 즉 면접을 합격하기 위해서 면접관들이 듣고자 하는 자신의 생각을 말한다. 그러므로 면접이라는 선발도구에만 의존하는 것이 아니라 지원자를 정확하게 평가할 수 있는 다른 방법들을 개발할 필요가 있다.

오류 5 선발도구를 고도화하지 않는다.

지원자를 다각도로 정확하게 평가하기 위해서 면접은 다양하게 구성될 필요가 있다. 단순히 면접관들이 질문하고 면접자들이 답하는 면접, 혹은 집단 토론 면접, 발표면접 외에도 다양한 형식으로 구성될 필요가 있다.

면접 시 질문은 면접자를 선발하고자 하는 직무에서 요구하는 역량을 평가할 수 있도록 상세하게 구성하여 정교한 평가가 이루어지도록 해야 할 필요가 있다. 동일한 질문이지만 평가요소에 따라서 다른 평가가 될 수도 있다. 예를 들어, 지원자가 회사로 면접을 오는 도중 겪은 상황에 대해서 질문할 수도 있다. 창의력이 요구되는 직무에서는 해당 질문에 대해 얼마나 재치 있고 독창적으로 대답하는지를 평가할 수 있으며, 정직과 신뢰가 핵심가치로 여겨지는 회사에서는 해당 질문에 대한 대답의 진실성으로 평가할 수 있을 것이다.

제조회사의 경우는, 제품 제조 프로세스를 어떻게 향상시킬 것인지에 대해서 질문하여 평가할 수도 있을 것이다.

이러한 말하기 위주의 평가 이외도, Hands-on 능력을 볼 수 있는 부품·성분 분해와 같은 과업을 수행하도록 한 후, 작업 프로세스 중 하나에 대해서 단계를 설명하도록 하는 면접도 가능할 것이다. 그리고 특정 과업을 얼마나 빠르게 학습했는가를 평가할 수 있다. 그다음엔 프로세스의 질을 향상시키기 위해 어떻게 접근할 것인지를 물어보는 것이다.

단순히 면접관이 질문하고 지원자가 질문에 대한 답을 하는 형식이 아닌 이와 같은 방식으로, 과업 수행과제를 포함하여 테스트하는 것으로 다양한 역량을 평가할 수 있게 된다.

오류 6 측정지표를 균형 있게 사용하지 않는다.

면접관들은 자신과 유사한 사람을 채용하는 경향이 있다. 자신과 유사한 지원자들을 볼 때에 자신과 유사한 특징을 가지고 있으므로 가장 편안함을 느끼게 되고 자연스럽게 후한 점수를 줄 수 있다. 그러므로 성격이 아닌 채용 시 요구되는 인재의 특성에 집중하여 평가하고 선발하도록 해야 한다. 물론, 어떤 경우에는 성격이 핵심역량이 되는 경우가 있다. 고객을 응대하는 고객접점의 직무에 있어서 밝고 활발한 외향적인 성격은 핵심역량이 된다. 그럴 경우에는 성격에 집중하여 평가하고 선발해야 한다. 그러나 그런 경우가 아니라면 성격이 아닌 채용 시 요구되는 직무 기술과 경험에 집중해야 한다.

💬 "뽑아 준다"고 하는 Stance를 버려라

회사 측에 채용여부의 결정권이 있다는 생각으로, "뽑아 준다"는 자세로 면접을 실시하는 면접관이 있다. 채용여부의 결정권은 기업 측에 있는 것은 확실하지만, 내정 후 입사할지 아닐지는 지원자가 결정하는 것을 잊지 말아야 한다. 눈을 내리깔고 지원동기, 퇴직 이유 등의 질문을 성의 없이 해 버리는 면접관은 조직에 적합한 인재를 채용할 수가 없다. 이러한 면접관은 가만히 있어도 인재를 뽑을 수 있는 시대에서 못 벗어나는 사람이고, 채용의 주도권이 면접관에 있다고 생각하고 있다.

지원자는 면접관을 통해 기업의 문화와 분위기를 판단한다는 것을 생각하면, 거만한 태도의 면접관은 결코 호감을 주지 못한다.

"지원자가 미리 좋은 답변을 준비해 오기 때문에, 면접으로는 판단할 수 없다."라고 하는 말을 어느 사장에게 들은 적이 있는데, 이러한 생각을 가지고 있으면, 판단은커녕, 지원자가 면접으로 인해 입사의욕을 잃어버릴 수도 있을 것이다.

면접을 통해 지원자와 대화의 캐치볼을 할 필요가 있다. 대화의 캐치볼이란, 지원자의 답변에 흥미를 갖고, 면접관이 다시 질문을 하는 상황으로, 일방적으로 지원자가 답변만 하는 것과는 다르다. 대화의 캐치볼을 하기 위해서는, 면접관은 지원자의 얘기를 진지하게 듣고, 흥미 있는 내용에 대해서는 더욱 자세히 물어보는 자세가 요구된다. 지원자는 면접관이 다시 질문함으로써, 답변에 흥미를 갖고 있음을 실감하면서 자신의 얘기를 하게 된다. "뽑아 준다"고 하는 자세를 고쳐, 면접관이 지원자에게 흥미를 갖고, 진지하게 얘기를 듣는 태도와 표정을 보여 주는 것이 지원자의 마음을 움직이는 것이다.

💬 지원자도 기업을 선택하고 있다는 것을 인식해라

신규 졸업자 채용에서는 취업활동이 장기화되기 때문에 합격 내정을 받아도 좀 더 좋은 기회를 찾기 위해 취업활동을 계속하는 학생이 많다. 또한 경력자 채용에서는 다음 직장을 실패하고 싶지 않다는 마음 때문에 자신에게 맞는 기업을 찾기 위해 기업선택에 신중해진다. 인터넷으로 간단히 채용정보를 얻을 수 있는 것도 구직자가 기업을 선택하는 시대가 된 요인 중의 하나다. 취업 사이트뿐 아니라 기업 홈페이지, 공식 blog, 트위터 혹은 취업준비 카페에 올려져 있는 정보를 토대로 기업을 판단하고 있다.

전직이나 이직이 당연해진 시대가 되어 구직자는 오래 근무할 수 있는 기업을 구하면서도 "회사가 싫어지면 옮기면 된다."라는 생각을 가진 사람도 많아지고 있다. 자신에게 맞는 기업이 어딘가에 존재한다고 하는 파랑새를 쫓는 구직자도 있다. 지원자는 입사 지원 당시의 채용담당자의 대응, 면접으로 내사했을 때의 분위기, 그리고 무엇보다 면접관의 언동으로 기업을 판단하고 있다. 기업을 선택하는 기준은 구직자에 따라 다르지만, 지원기업에서 일하는 사원과 면접관에게 온화함이 없고, 인간미가 없는 기업은 공통적으로 경시되는 경향이 있다.

신규 졸업자 채용에서는 회사설명회나 캠퍼스세미나를 통해 기업문화나 기업 내용에 대해 알 수 있지만, 경력자 채용에서는 면접이 지원기업을 직접 파악할 수 있는 유일한 기회다. 지원자가 기업을 더욱 알고 싶다는 마음을 짓밟고, 면접관이 일방적인 질문을 하기만 하는 면접이라면, 자신에게 맞는 기업인지 아닌지를 알 도리가 없어 입사 후의 불안이 커지게 된다.

지원자는 당신의 회사만을 지원하지는 않는다. 동 업종 타사와 비교해 회사를 선택한다는 것을 인식하고 면접을 실시해야 할 것이다.

표 2-3 **지원자가 기업을 선택하는 기준**

지원자가 기업을 선택하는 기준
• 모집요강, 인터넷 블로그, 카페 등의 SNS정보
• 지인이나 가족의 정보
• 채용공고의 친절함
• 채용단계의 구조화
• 지원 시의 기업의 대응
• 면접으로 방문했을 때의 대응
• 면접으로 방문했을 때, 안내 및 회사 입구의 분위기
• 면접으로 방문했을 때, 사원의 분위기
• 면접관의 태도·표정·설명
• 채용여부 결정까지의 기간

💬 인재가 조기 퇴사하는 진정한 이유는 무엇인가?

"괜찮은 사원이 입사하면 얼마 후 퇴사해 버려 곤란합니다.", "장기근속이 가능하거나 그만두지 않는 사람을 채용하고 싶습니다.", "어떻게 하면 퇴직률을 낮출 수 있습니까?" 필자는 고객으로부터 이러한 질문을 자주 듣게 된다. 당신의 회사는 어떠한가?

신입사원이 조기 퇴사하는 데는 아래의 다섯 가지 이유가 있다.

1. 모집 시의 정보와 실제의 근무조건이 다르다.
2. 인간관계가 나쁘다.
3. 근무환경이 나쁘다.

4. 급여조건이 나쁘다.
5. 회사가 사원을 존중하지 않는다. '이 회사에 있어도 성장할 수 없다.'라고 사원이 느끼면 퇴사할 마음을 먹는다.

그러나, 채용활동만으로 개선할 수 있는 것은,
첫 번째, '모집 시의 정보와 실제의 근무조건이 다르다.'이다. 아주 소규모의 회사가 아니라면 대부분 자사 홈페이지의 인재 채용 코너를 통해 정확하고 올바른 정보를 제공함으로써 해결할 수 있다.
그 외 다른 항목은 채용활동과는 관계없이 사내에서 기본적인 문제를 해결하면 되지만, 인사담당자는 "사원이 조기 퇴사하는 이유는 원래 그런 사원을 채용했기 때문이다. 그러므로 앞으로는 좀 장기근속을 할 수 있는 사원을 채용하면 된다!"
라고 남의 일처럼 쉽게 생각해 버리기 일쑤다.
이러한 생각은 영원히 우수한 인재를 채용할 수 없게 만드는 걸림돌이 될 것이다.

존중 없는 회사의 비용과 손실

존중 문화가 현장 곳곳에 스며 있는 회사는 사원들이 높은 자긍심을 보인다. 안정된 조직으로 운영되며 급여가 그렇게 높지 않아도 사원의 이탈이 적고 채용 및 교육훈련 비용도 적게 든다. 사람들은 회사가 자신의 자존감에 상처를 준다고 생각할 때 회사를 그만둔다. 시로타 서베이 인텔리전스의 설문 조사에 따르면 '회사가 나를 무시한다'고 생각하는 사원이 회사를 떠날 확률이 '정당한 대우를 받고 있다'고 느끼는 사원보다 세 배나 높은 것으로 나왔다. 숙련된 사원의 퇴사를 손실 또는 비용으로 여기지 않는 기업들도 더러 있다. 사람은 다시 뽑으면 된다고 생각하기 때문이다. 적당한 임금만 주면 사원은 언제든지 채용할 수 있다고 생각하는 경영자들이 의외로 많다. 이런 징후는 내리막길을 걷는 회사들에게서 주로 나타난다. 그간의 작은 성공에 취해 오만해진 나머지 사람 귀한 줄 모르는 것이다. 일반적으로 인재가 회사를 떠날 경우 상당한 손실이 발생한다. 생산성에 타격을 입는 것은 물론 인사담당자는 퇴사 처리에 상당한 시간을 빼앗기게 된다. 손실과 비용은 그것으로 끝이 아니다. 대체할 사원을 채용해야 하고 교육도 시켜야 한다. 그렇게 투입되는 비용과 투자는 어떤 업종의 어떤 역할이냐에 따라 그 사원 연봉의 몇 배에 달할 수도 있다. 미국 노동부 산하 노동통계국에 따르면 직장 내에서 짓밟힌 자긍심 또는 모욕 때문에 퇴사를 결심하는 전문직 및 관리직 종사자가 매년 200만 명 수준이라는 조사 결과도 있다. 그런데 이처럼 자존심을 짓밟혔다고 해서 모든 사람이 '그래? 그럼 떠나 주마' 하면서 흔쾌히 회사를 떠나는 것은 아니다. 짓밟힌 자존심에 대한 복수로 회사를 고소하는 경우도 늘어나는 추세다. 송사에 휘말리면 회사는 또 다른 비용과 손실에 직면하게 된다. 이 비용은 때로 천문학적인 금액에 달하기도 한다. 1990년대까지만 해도 '부당해고 구제신청'이란 말이 흔치 않았다. 하지만 요즘 근로자들은 자신의 고용주와 노동위원회나 법정에서 충분히 맞설 수 있다고 생각한다. 회사의 입장에서는 돈이 목적일 거라고 생각하지만 그렇게 간단한 문제가 아니다. '나에게 함부로 대한 회사에 한 방 먹이고 싶다'는 감정도 크다고 한다. 듀크 대학의 알렌 린드 교수는 기업이 고객과 사원들을 공평하게 대하고 존중하며, 그들의 요구와 관점, 경험을 인정하고 받아들여야 한다고 했다. 상대의 자존심을 고려해 주는 배려는 사원을 불가피하게 해고하는 순간에도 적용된다. 린드 교수가 직장에서 해고된 사람들을 대상으로 조사를 해 본 결과, 해고 당시 회사가 보인 태도에 불만을 품고 소송을 제기하는 경우가 많았다. 알렌 린드 교수는 이렇게 말했다. "누구든 직장에서 해고를 당하면 자기 가치와 자존심에 씻을 수 없는 상처를 입게 됩니다. 내가 천하에 쓸모없는 사람이 된 것 같은 느낌이 들지요. 하지만 해고를 통보하더라도 당사자의 자존심을 생각해서 전한다면 이야기는 달라집니다. 소모품이 아닌 인간으로 대접받는 느낌이 들도록 말입니다. 상대가 복수심을 갖느냐 아니면 고마워하느냐는 전적으로 진심을 담은 말과 태도에 달려 있습니다."

💬 퇴직자로부터 퇴직의 이유를 물어보자

수천 명의 지원자들을 인터뷰한 경험이 있는 필자도 100% 기업에 맞는 적합한 인재를 채용하여 조기 퇴직자를 줄이고 적합인재 유지율을 높인다는 것은 어려운 일이다. 조기퇴직을 하지 않는 사원들만 채용한다는 것은 거의 불가능한 일인지도 모른다. 우수한 인재의 유지율을 높이려면 바람직한 채용활동뿐만 아니라 적합한 인재들이 열정을 가지고 일할 수 있는 사내 환경을 조성해야만 한다. 점진적이고 지속적인 사내 환경 변화를 실천하지 않으면 좋은 인재들을 채용하고도 그들을 경쟁사 또는 다른 회사에 빼앗기기 십상이다. 좋은 인재라는 것은 그만큼 타사에 곧바로 전직할 수 있는 능력이 있기 때문이다. 그렇다면 적합인재 유지를 위해 어떤 것들을 변화시켜야 하는가? 이 질문에 대한 답변은 의외로 간단하다. 어떤 이유에서든 퇴사하는 퇴직자에게 퇴직사유를 물어보면 아주 정확한 답변을 들을 수 있다. 그들은 이제 떠나는 회사에 대해 가장 객관적으로 말할 수 있는 유일한 사람들이다. 이제 더 이상 잘 보이기 위해 가식적인 말을 할 필요가 없기 때문이다. 다만 퇴직자 인터뷰Exit Interview는 퇴직하기 직전에 보안을 보장하고, e-mail로 받는 것이 가장 솔직한 의견을 들을 수 있다.

퇴직자에게 물어봐야 할 항목
- 퇴사 이유는 무엇인가?
- 선발 당시 정보와 실제 업무가 같았는가?
- 교육훈련은 제대로 받았는가?
- 직접지휘 관리자에 대한 평가
- 사내 커뮤니케이션
- 성과측정제도의 객관성 및 공정성
- 보수의 적합성
- 경력개발의 기회
- 근무조건
- 종합의견

채용담당자가 자주 하는 다섯 가지 변명

만일 당신이 채용담당자이거나 혹은 채용을 경험했던 적이 있다면 우수한 인재를 채용할 수 없을 때 한 번 정도는 이런 변명을 했던 적이 있을 것이다.

1. 면접 때는 좋다고 생각했지만 막상 채용하니 뭔가 부족한 것 같다.
2. 우리 업계는 인기가 없기 때문에 지원자가 적다.
3. 우리 회사는 인지도가 없기 때문에 우수한 사람은 오지 않는다.
4. 지원자는 많은데 적당한 사람이 없다.
5. 채용에 투자할 시간과 예산이 없다.

생각해 보라, 채용이 잘되지 않을 때 이러한 변명을 무심코 말하지는 않았는지? 왜 이것을 변명이라고 필자가 단언하는지 지금부터 자세하게 살펴보자. 어려운 일이지만 이러한 변명은 필자가 보기엔,

- 채용에 대한 사내 의식이 낮다.
- 전형의 프로세스가 수립되지 않았다.
- 면접을 적당하게 보고 있다.

중의 하나에 이유가 있다. 즉 여기에는 모두 사내에서 해결할 수 있는 문제가 줄지어 있을 뿐이다. 지금부터 그 변명을 변화를 통해 한 개씩 개선하자.

지원자나 회사의 인기에 책임을 전가한다.
면접 때는 좋다고 생각했지만 채용한 후에 생각하고 있던 인재와 달랐을 때에 면접관이나 경영자가 자주 하는 변명이 있다. "지원자가 면접 준비를 너무 잘해서 면접 때 속았다."라고 지원자에게 책임을 전가한다. 이런 상황에 대해 결론부터 말하자면 이 회사는 적합한 인재를 채용할 수 있는 면접능력이 없다. 이것을 개선하기 위해서는 채용하고 싶은 인재상을 다시 설정하고 그것을 기준으로 면접을 다시 봐야 한다. 또한 이런 회사의 특징은 전형 회수가 매우 적은 것이 특징이다. 중소기업 특성상 전형이 너무 많으면 안 되겠지만 대부분의 대기업의 경우 3차 전형까지 진행한다. 많은 곳에서는 5차 전형까지 진행한다. 왜 거기까지 하는 것일까? 전형 횟수가 적은 편이 기업과 지원자 서로 편한 것은 사실이지만 전형마다 각각 보는 항목이 다르므로 어느 정도의 횟수가 필요하다. 중소기업의 경우 지원자 수가 적다고 서류전형도 하지 않고 면접을 보고 한 번의 면접으로 내정을 결정한다면 채용이 실패하는 것은 당연하다.

우리 업계는 인기가 없기 때문에 지원자 수가 적다.
지원자 수는 본래의 채용 목적 즉, 적합한 인재를 채용하는 것과는 관계가 없다. 좋은 인재를 채용할 수 있다면 지원자는 오히려 적은 편이 좋다. 그렇다면 '우리 업계는 인기가 없다.'라고 하는 생각은 어떻게 하게 되는 것일까? 그것은 바로 과거의 경험에서 오는 경우가 대부분이다. 잘못된 방법으로 채용을 하고 그 결과 지속적으로 적합한 인재 채용에 실패하다 보니 인기가 없는, 적합한 인재를 채용할 수 없는 업계로 판단하는 경우다. 혹은 이 비

숱한 사례를 동종업계에서 들었기 때문이다. 만약 정말로 인기가 없는 업계라면 모든 동업의 타사가 인재난을 겪어야 하지만, 현실은 같은 업계이지만 적합한 인재 채용에 어려움을 겪지 않는 기업들도 많이 있다. 이런 기업들과의 차이를 찾아 해답을 찾아야 할 것이다.

인지도가 없기 때문에 우수한 사람이 오지 않는 것이다.
"우리 회사는 인지도가 없기 때문에, 우수한 인재가 오지 않아." 이런 말도 자주 듣는 편이다. 그러나 결론부터 이야기하자면 기업 인지도와 적합한 인재를 채용하는 것은 관계가 없다. 필자의 고객은 대기업도 있지만 중견·중소기업이 대부분이기 때문에 기업 인지도가 높다고 말할 수 없다. 그렇지만 고객과 구직자가 느끼는 기업 인지도는 다르다는 것을 이해하고 있기 때문에 우수인재를 채용하는 데 큰 어려움이 없었다. 즉 일반 고객(소비자)에게 있어서의 기업 인지도와 구직자에게 있어서의 기업 인지도는 다르다는 인식을 가져야 한다. 구직자에게 기업 인지도를 올리면 지원자는 증가한다. 그렇다고 구직자 전체에게 인지도를 올릴 필요는 없다. 타깃으로 하고 있는 구직자에게만 인지도를 올리는 것이 효과적이다. 불특정 다수에게 알리는 기업 인지도와 필요한 인재상에 맞는 인재들에게 알리는 기업 인지도는 당연히 달라야 한다. 예를 들어 필자의 회사 '시너지컨설팅' 채용의 경우라면, 서울에서 인사업무에 관심이 많거나 인재 채용 컨설턴트가 되고 싶은 사람에게만 인지도를 올리면 된다. 이때 중요한 것이 구직자에게 정보를 쉽게 노출할 수 있어야 하고, 쉽게 찾을 수 있어야 한다는 것이다. 또한 업계 내에서 회사의 위치를 명확하게 하는 것이 중요하다. 그리고 홈페이지를 능숙하게 활용하는 것으로 인지도는 충분히 높일 수 있다. 필자의 경우가 그 좋은 예이다. 필자의 회사 홈페이지의 콘텐츠뿐만 아니라 블로그와 인터넷 카페를 활용해 하루에 수천 명에서 수만 명의 애독자를 확보한 결과 본서를 출판할 수 있는 좋은 기회를 얻을 수 있었다. 앞서 언급했지만 중소기업의 경우는 불특정 다수에게 인지도를 올릴 필요는 없고 타깃이 되는 구직자만 인지도를 높일 수 있도록 홈페이지나 블로그 등 인터넷 매체를 능숙하게 활용할 수 있어야 한다.

지원자의 질이 낮다.
지원자의 질이 낮다고 생각한 것은 뭔가 문제가 있다고 스스로 파악하고 있다는 것이다. 문제를 알면 해결책이 보이기 때문에 오히려 "축하드립니다."라고 말하고 싶다. 그러나 여기서 유의할 점은 원하고 있는 인재가 오지 않고 있는 현상은 원인이 아니라 결과라는 것이다. 그러므로 왜 원하는 인재가 오지 않는가를 생각한다면 해결은 의외로 쉽다. 다만 그 이유를 외부요인에서 찾지 말고 내부요인으로 찾아야 한다. 그러면 그동안 보이지 않았던 문제점이 보이기 시작한다.

원하는 인재가 오지 않았는데도, 지금 일손이 부족하기 때문에 채용한다면 채용의 목적이 '인원수 채우기'가 되어 버린다. 바쁘다고, 일손이 부족하다고 대충 타협하여 인재를 채용했을 경우 추후 이런 사람들이 회사의 목을 조여 온다는 사실을 잊지 말아야 한다. 만일 일손이 부족하고 적합한 인재를 채용하기 어렵다면 당분간만이라도 인재파견, 아웃소싱 등을 활용하자. 설령 그 비용이 직접고용보다 조금 더 들어간다고 해도 채용실패로 입는 손실을 생각해 보면 아무것도 아니다. 조금만 생각해 보면 어느 쪽이 더 높은 비용이 들어가는지 곧바로 판단이 될 것이다.

일부 기업에서는 '적합한 인재 채용에 비용을 쓸 여유가 없기 때문에'라고 말을 하지만 구인광고는 광고 기획만 제대로 한다면 무료 채용공고를 인터넷 취업포털에 올려도 높은 광고효과를 볼 수 있다. 이러한 기업은 눈앞에 나가는 돈에만 눈길이 가고 돈으로 살 수 없는 시간이나 인재에 대해서는 안이한 인식을 가진 경우가 많다.

채용에 비용을 들인다고 해서 반드시 적합한 인재를 얻는 것은 아니지만 20여 년간의 필자의 경험으로 보면 투자한 만큼의 비용과 적합한 인재를 찾을 수 있는 확률은 비례하는 것 같다. 비용을 전혀 들이지 않는다면 좋은 인재를 채용할 수 있는 확률은 그만큼 줄어든다. 적정한 비용으로 시간과 노력을 아끼고 채용실패 시의 손실을 줄일 수 있다면 회사에 입장에서는 오히려 더 이익인 편이다. 만약 아직도 비용에 대해 이견을 가지고 있다면 한 번 더 채용의 손실의 항목을 읽어 보길 바란다. 채용에는 비용을 들일 여유는 없지만 채용실패에 의한 손실에는 돈을 들일 여유가 있다고 하는 말과 같다.

💬 채용오류의 연쇄 악순환에서 탈출하려면

필자의 고객 중에는 외국계 기업이 다수 있다. 업무상 그들과 이야기를 나누다 보면 그들의 채용 시스템에 대해 감탄을 할 때가 많다. 외국계 기업은 어떻게 면접을 실시한다고 생각하는가? 갑작스러운 질문일지는 모르겠지만 대부분의 외국계 기업은 채용에 있어 오류를 범할 수 있는 요소를 사전에 철저하게 예방하고 있으며, 전 세계적으로 공통된 채용기준을 가지고 있다. 또한 면접 포인트에 대해 본사에서 사전에 인사 또는 채용담당자를 철저하게 교육한다. 그리고 다수의 후보자를 두고 여러 차례 면접을 실시한다. 그만큼 인재를 채용하는 데 많은 노력과 시간을 투자한다. 그럼 우리나라 기업의 98%를 차지하는 중소기업은 어떻게 면접을 진행한다고 생각하는가?

> **상사** 나는 이 사람이 인상도 좋고 성실하게 보이는 것 같은데? 자네는 어떻게 생각해?
> **부하** 네 그렇네요. 부장님 말씀대로 인상도 좋고 사람도 좋은 것 같으니 이 사람으로 채용하시죠.

이 상황은 전형적인 우리나라 기업의 면접 후 내정자 선정 장면이다. 이 대화를 들으면 그 기업이 요구하는 인재상은 전혀 반영되지 않고 느낌(감)과 경험만으로 면접이 진행되고 있음을 알 수 있다. 이렇게 잘못된 예는 셀 수 없을 정도로 많다. 왜 우리나라에서는 면접을 교육한다고 하는 기업이 적은 것일까? 또 면접을 교육하는 교육기관도 찾아보기 힘든 것일까? '채용오류의 연쇄' 이것은 조직이나 인재의 질을 점진적으로 떨어뜨리는 원인 중의 하나이다. 이것을 바로잡지 않으면 시간이 지날수록 기업경영이 어려워지는 무서운 일이 알지도 못하는 사이에 벌어진다. 학대의 연쇄를 들어 본 적이 있는가? 학대를 받고 자란 아이는 나중에 어른이 되어 자신의 아이에게 학대를 할 가능성이 아주 높다는 이론이다. 이와 같이 면접교육을 받지 않고 지속적으로 채용오류를 범하는 상사에게 면접을 배운 부하직원은 나중에 상사가 되어도 똑같은 실수를 되풀이하는 '채용오류의 연쇄'가 발생하기 십상이다.

불황을 타지 않는 기업의 공통점은

필자는 연간 약 60개 기업에 채용(인재확보, 인재유지), 변화(조직개발, 변화제안), 관리(아웃소싱, 비용절감)에 대한 컨설팅을 수행하기 때문에 많은 경영자와 만날 기회가 생긴다. 분석을 좋아하는 필자의 스타일 탓인지 몰라도 경영자에 대해서 세세한 인터뷰를 통해 각 회사의 강점을 연구하고 있던 중 불황을 타지 않는 회사의 공통점을 발견할 수 있었다. 불황을 타지 않는 회사에는 대부분 2개의 공통점이 있었다.

그것은,
1. 고객이 찾아오고, 고객창출에 대한 방법을 이해하며 실행하고 있다.
2. 인재가 찾아오고, 인재창출에 대한 방법을 이해하며 실행하고 있다.

이 양쪽 모두를 실현하고 있는 회사의 경영자들은 이렇게 말한다. "불황을 극복하는 방법, 고객을 많이 모으는 방법 등 매출을 상승시키는 방법에 대해 홍보하는 책은 서점에 가면 얼마든지 있습니다. 그렇지만 그러한 책들이 이야기하는 것은 대부분 '고객을 모으는 시스템' 또는 '그 시스템의 방법론'뿐입니다. 아무리 좋은 시스템을 구축하더라도 결국 그것을 운영하는 것은 사람이며 사원입니다. 그러므로 사원에게 관심이나 투자를 하지 않고 고객을 창출하는 방법은 일시적으로는 돈을 벌 수 있을지는 모르겠지만, 장기적으로는 그렇지 않습니다. 적합한 인재의 확보와 유지를 통하지 않고는 수익이나 성과를 기대하기 어렵습니다."

필자는 고객의 홈페이지를 보면 한눈에 그 회사가 채용이 능숙한가 서투른가를 알 수 있다. 심지어 많은 고객을 모아 준다는 마케팅 컨설팅 회사에서도 채용페이지를 보면 무관심하기까지 하다. 과연 이런 회사들이 3년 뒤에도 5년 뒤에도 성장할 수 있을까? 회사는 경영자나 사원의 힘 이상으로 커지지 않는다. 그 회사의 인재경영이 흑자냐 적자냐에 따라 회사의 미래가 결정되는 것이다.

좋은 인재가 모이는 인사 시스템

불황을 느끼지 않는 회사의 공통점은 고객창출의 구조와 인재창출의 구조를 가지고 있다고 앞 페이지에서 설명했다. '좋은 인재가 모인다 = 좋은 채용방식'이라는 등식이 성립된다는 것을 여러분은 이제 이해할 수 있을 것이다. 그렇지만 그것만으로는 해결될 수 없다. 좋은 인재가 모여도 정착하지 않으면 모두 소용없는 일이다. 불황을 모르는 회사가 되기 위해서는 채용 이외에도 여러 분야에 관심을 가지지 않으면 안 된다. 그중 가장 중요한 것이 바로 종업원 만족도이다. 고객 만족도를 줄여서 CS_{Customer Satisfaction}라고 말한다. CS는 고객을 모으는 구조를 만들기 위해 중요시하는 것이다. 좋은 인재가 모이는 구조를 만들기 위해서는 종업원 만족도에 관심을 가질 필요가 있다. 종업원 만족도는 줄여서

ES_{Employee Satisfaction}라고 한다.

이 책은 제목 그대로 채용을 중심으로 다루고 있지만 본래 채용 목적은 회사가 더 높은 이익을 내기 위한 것이기 때문에 이 종업원 만족도를 무시할 수 없다. 아무리 좋은 인재를 채용해도 경영자가 종업원 만족도를 전혀 생각하지 않으면 인재는 점점 그곳을 떠나간다. 나무를 보지 말고 숲을 보라는 말 그대로이다. 이 책을 읽는 당신은 꼭 넓은 시야에서 좋은 인재가 모이는 구조를 의식하길 바란다. 종업원 만족도를 한마디로 말하면, 일하고 있는 사람이 자신의 회사에 대해 얼마나 만족하는가를 측정하는 것이다. 그러니까 좋은 인재가 모이는 구조를 만들고 싶으면 채용에만 힘을 쓰는 것이 아니라 입사 후에 회사에 대한 만족도를 올리는 일도 중요한 것이다.

이 종업원 만족도는 혹자 인재경영이나 고객 만족도와도 결합된다. 아무리 채용이 능숙해도 낡은 물고기에 떡을 주지 않는 인사제도는 반드시 좋지 않은 결과를 초래한다.

좋은 인재가 모이는 채용 시스템

종업원의 만족도가 오르면 나머지는 좋은 인재를 채용하는 것만으로 강한 인사 시스템을 완성할 수 있다. 채용은 크게 분류하면 5가지 단계로 나눌 수 있으며, 각 단계는 각각 완전히 다른 개념이 필요하다.

채용의 5단계
1. 분석단계
현재 조직의 전략 및 예산을 고려하여 채용방향과 일정 등을 수립
2. 설계단계
효과적이고 효율적인 채용 활동을 위한 구체적인 실행계획을 수립
3. 개발단계
공정하고 수용성 높은 전형별 평가 절차 마련
4. 실행단계
탈락 수용성을 감안한 각 전형 실시

5. 평가단계
채용 프로세스에 대한 과정 및 성과 평가

표 2-4 채용전형 단계별 고려 사항 및 주요 활동

채용절차	단계별 고려 사항	단계별 주요 활동
분석단계	• 조직의 전략 및 예산을 고려하여 채용 방향과 일정 등을 수립	• 신규 충원 인원 파악 • 채용 수요 조사 • 채용 인원 산정 • 채용 계획 수립 • 채용 계획 확정
설계단계	• 효과적·효율적인 채용 활동을 위한 구체적인 실행 계획 수립 • 평가 절차 및 요소에 대한 정의	• 채용 전형 설계 • 역량 중심 평가 준거 확인 • 확인된 평가 준거 및 역량을 확인할 수 있는 선발기법 확정 • 채용원칙 수립 및 채용단계별 평정기준 결정
개발단계	• 효율적인 채용 전형별 운영 방안의 수립 • 공정하고 수용성 높은 전형별 평가 절차 마련 • 지원자 확보를 위한 구체적 방안 수립	• 적합인재를 유인할 수 있는 채용공고문 개발 • 선발도구로서의 서류전형 개발 • 지원자의 직업기초 및 직무전문성을 파악할 수 있는 필기전형 개발 • 지원자의 직무적합성, 조직적합성, 동기적합성을 파악할 수 있는 면접전형 개발
실행단계	• 효과적인 채용 전형별 운영 • 탈락수용성을 감안한 전형 실시	• 대량 지원에 대응 가능한 서류전형 실시 • 인성, 적성, 논술, 전공, 인문학적 소양 관련 필기전형 실시 • 투명성, 공정성을 확보한 면접전형 실시 • 탈락수용성을 감안한 전형별 합격자 발표
평가단계	• 채용 프로세스에 대한 과정 및 성과평가	• 채용 과정 모니터링 • 지원자 만족도 조사 • 지원자 반응, 비용, 소요시간, 채용 우수성 평가 • 면접관 만족도 조사 • 현업 팀장들의 신입사원에 대한 만족도 조사

이 다섯 가지 단계에 전력을 집중하는 것으로 좋은 인재가 모이는 채용 시스템을 완성할 수 있다. 좋은 인재가 모이는 채용 시스템이 완성되면 입사 후 정착도 빨라지며, 이직률도 현저히 줄어든다. 그러나 채용이라고 말하면 대부분 많은 지원자가 있어야 좋은 인재를 채용할 수 있다고 생각한다. 그렇지만 그것만으로는 절대로 성공하는 채용을 할 수 없다는

것을 꼭 인식해 주길 바란다.

분석, 설계, 개발단계 같은 토대를 길러 둔 회사는 일 년, 이 년, 시간이 경과할수록 타사의 채용활동과 큰 차이를 내어 간다. 특히, 교육에 힘을 쓰고 있는 회사는 사원을 소중히 여기기 때문에 인간관계, 성품, 면접관 교육 등 한편으로 보면 매출과 직접관계가 없을 것 같은 곳에도 투자를 아끼지 않고 있다.

아무리 지원자가 많다고 하더라도 본래의 채용 목적을 달성할 수 없으면 아무 의미가 없다. 우수 인재 채용의 목표를 달성하는 지름길은 분석, 설계, 개발단계와 같이 눈에 보이지 않는 곳에 투자하는 것이다. 이것이 당신의 회사와 타사가 차이가 나는 포인트가 된다.

'변화'라는 단어

변화Change의 사전적인 의미는 '사물의 성질, 모양, 상태 따위가 달라짐'이라고 기술되어 있다. 변화란 단어의 의미를 모르는 사람은 없을 것이다. 그러나 이 말이 내포하고 있는 진정한 의미를 이해하고 행동하는 사원은 몇 사람이나 있을까? 예를 들어, 본서의 내용 중 기존의 방식과는 다르지만 당신의 회사에 도입하고 싶은 것이 있다고 가정하자. 그것을 도입하는 것이 채용활동의 '변화'이다. 그러나 기존의 무언가를 변화시키려면 어떤 분야에서든 반드시 저항에 부딪히고 만다.

조직의 문화를 변화시키려면 기존문화에 자리 잡고 있는 것과는 상당히 다르거나 새로운 것을 도입하게 되므로 변화는 기존문화의 유지보다 훨씬 더 어렵다. 변화가 일어날 때 일부는 다른 것을 대신하거나 대체한다. 사람들은 일반적으로 그러한 변화에 저항한다. 그에 맞는 합당한 이유를 갖고 있다. 그러므로 변화에 대한 저항의 이유를 이해하고 그것을 다루는 접근방법을 알아야 한다. 변화에 대한 저항의 이유는 편협한 이기심, 오해, 변화에 대한 인지부족, 상황에 대한 엇갈린 평가 등이 있다. 이러한 변화에 대한 저항을 다루는 6가지 접근법은 교육과 커뮤니케이션, 참여와 개입, 트레이닝과 카운슬링, 교섭과 합의, 조종과 코워크co-work, 직접적이고 간접적인 강압 등이 있다. (자세한 사항은 Kotter와 Schlesinger의 6가지 변화 접근법을 참조)

변화와 변화관리를 이해했다고 끝내서는 안 된다. 변화는 향후에도 항상 실행해 가야 하는 것이다. 어느 순간 변화를 멈추면 그만둔 단계에서 그 회사의 성장도 멈춘다. 변화는 마침표(.)가 아니라 쉼표(,)이다. 지속적인 행동과 변화관리가 필요한 것이다. 본서에서 제시하는 채용면접관교육, 전형준비, 인재모집방법, 서류전형방법, 면접전형방법 등을 기반으로 채용활동에 대한 지속적인 변화를 거듭하는 것으로 강한 회사가 될 수 있다.

중소기업은 대기업만큼 채용활동을 빈번하게 하지 않는다. 그러나 빈도가 적다고 해서 중요하지 않다는 것은 아니다. 지금의 방식에 변화를 주지 않으면 좋은 인재와 좋은 고객은 얻을 수 없다. '일손이 필요하면 취업사이트에 무료로 구인광고를 내고 적합한 인재가 오기를 기다린다.' 설령 이러한 방식으로 적합한 인재를 채용했다면 그것은 다만 운이 좋았던 것뿐이다. 지금부터 채용 시스템을 새롭게 구축하지 않으면 향후 반드시 경영에 악영향이 온다.

💬 채용활동의 변화

그럼 구체적으로 변화를 어떻게 하면 좋을까? 먼저 목표에 의한 관리의 실천절차를 나타내는 PDCA 사이클이라는 것을 이해할 필요가 있다. PDCA 사이클은 Plan(계획) - Do(실행) - Check(평가) - Act(변화)라는 것을 말한다. PDCA는 Dr. W. Edward Deming이 고안한 품질 관리를 위한 방법이다. 그러나 PDCA는 품질 관리뿐 아니라 자기개발이나 목표를 이루기 위한 방법론으로 많이 적용되고 있다. PDCA의 관점에서 보면 성장하지 않는 회사의 공통점은 이 사이클 중에 Check가 없다. 변화라고 하는 것은 실행한 것을 되돌아볼 때 그 의미가 있다. Check(평가)가 없는 PDCA 사이클은 아무 의미가 없다. 그럼 채용활동의 C(평가)라고 하는 것은 어떻게 측정되어야 하는 것인가? 그 지표는 무엇으로 해야 하는 것인가? "이번 채용활동은 지원자의 '수'가 지난번보다 1.5배가 증가되었기 때문에 성공적이다."라고 말할 수 없다는 것은 이 책을 읽은 독자라면 이미 이해하고 있다고 생각한다. 당연히 채용자의 '수'나 지원자의 '수'를 지표로 해서는 안 된다. 중요한 것은 '질'이다. 채용활동을 평가한 결과 지원자의 '질'이 이전보다 좋아지고 있는 경우 채용활동에 대해서 '성공적이었다.'라고 말할 수 있다. 더불어 좀 더 지원자의 '질'을 올리고 싶다면, 귀사의 채용활동 중 변화시킬 필요가 있는 곳을 찾을 필요가 있다. 예를 들어 변화의식을 가지고 면접에 임하면 지원자와 대화 중에 회사를 오해하고 있는 점이나, 지원자의 질문내용으로도 변화해야 할 곳을 알 수 있다. 또 전형방법에 대해서도 합격하여 입사한 사원을 만나 전형 시 불편했던 점이나 개선되었으면 하는 부분을 들어 보는 것도 하나의 방법이다. 우수한 인재를 확보하기 위해서는 전형단계를 바꾸는 것도 방법 중에 하나이다.

변화나 PDCA는 인사를 포함한 모든 업무에 대해 중요한 포인트이므로 반드시 전 사원이 공감대를 형성할 수 있도록 해야 한다. 변화의식과 명확한 기업이념이 존재하는 회사는 그 것들을 이해하고 실현하는 사원이 있으면 자동적으로 성장한다.

제2장의 정리

① 채용은 투자다. 투자 대비 회수를 염두에 두어야 한다. 투자라면 과거의 성과가 아닌, 미래 성과를 예측해야 한다.
② 합리적인 채용은 회사를 강하고, 건강하고, 생산적이며 경쟁적인 조직으로 만든다.
③ 채용의 시점을 1개월 후 등의 눈앞을 향하는 것이 아니라, 수년이라고 하는 기간에 생각하는 것으로, 희망하는 인재상이 명확하게 되어, 장래의 인원 구성을 생각하는 계기가 된다.
④ 채용에서 가장 실패하는 이유가 '타협'이다. 타협해서 채용한 결과 실패했을 경우의 채용의 손실을 생각해야 한다.
⑤ 채용활동으로 개선할 수 있는 것은 모집시의 정보와 실제의 차이를 없애는 것이다.
⑥ 인재도 고객도 존중받을 때 가장 높은 성과가 나온다.
⑦ 뽑아 준다는 자세를 버려라.
⑧ 퇴직 이유를 분명히 파악하여 인재를 유지할 수 있는 사내환경을 구축한다.
⑨ 채용의 실패는 외부요인이 아니고 모두 자사 내부에 문제가 있기 때문이라는 인식을 하는 것으로부터 회사는 변해 간다.
⑩ 지원자에게 책임 전가를 하지 않고, 사내에 원인을 찾는다.
⑪ 고객에 있어서의 인지도와 지원자에게 있어서의 인지도는 다르다.

⑫ 채용에 드는 비용은 채용 실패로부터 오는 손실보다 훨씬 저렴하다.
⑬ 채용오류의 연쇄란 면접에 대해 배우지 않은 사람에게 면접을 배우기 때문에 채용오류의 악순환이 반복되는 것이다.
⑭ 강한 회사를 만들려면 고객과 인재를 부르는 구조를 만들어라.
⑮ 좋은 인재를 채용해도 종업원 만족도를 생각하지 않으면 인재는 떠나간다.
⑯ 채용오류의 연쇄라고 하는 무서운 연쇄가 기업을 덮쳐 조직을 안되게 한다. 가르칠 수 없다면, 가르칠 수 있는 외부의 사람에게 의뢰를 하든지, 가르칠 수 있는 스킬을 몸에 익히는 것이 중요하다.
⑰ 변화를 중단하는 순간 회사의 성장은 거기서 멈춘다.
⑱ 채용활동의 평가지표는 '수'가 아니라 '질'이다.
⑲ 변화의 형태는 PDCA 사이클을 돌리는 것이다. 그중에 중요한 것은 「C」의 구조이다. 그리고 거부감 없이 변화를 받아들이는 토양을 회사가 만들어야 한다.

PART 03
조직의 미래를 책임지는 면접관

인재 채용 지침서
채용의 교과서

03 PART 조직의 미래를 책임지는 면접관

💬 면접과 기업 이미지

면접은 사원을 채용하려는 기업과 취업하려는 지원자가 처음 대면하는 자리로, 서로 요구하는 부분이 상충되어 채용이 이뤄지지 않더라도 호감이 있는 긍정적인 이미지를 남기는 것이 중요하다. 특히 채용에 응시하는 지원자들은 지원기업에 대한 호감도가 높거나 충성 소비자 중 한 명일 수 있기 때문에 면접관은 물론 사원들도 친절한 태도를 갖춰 좋은 이미지를 유지하는 것이 중요하다.

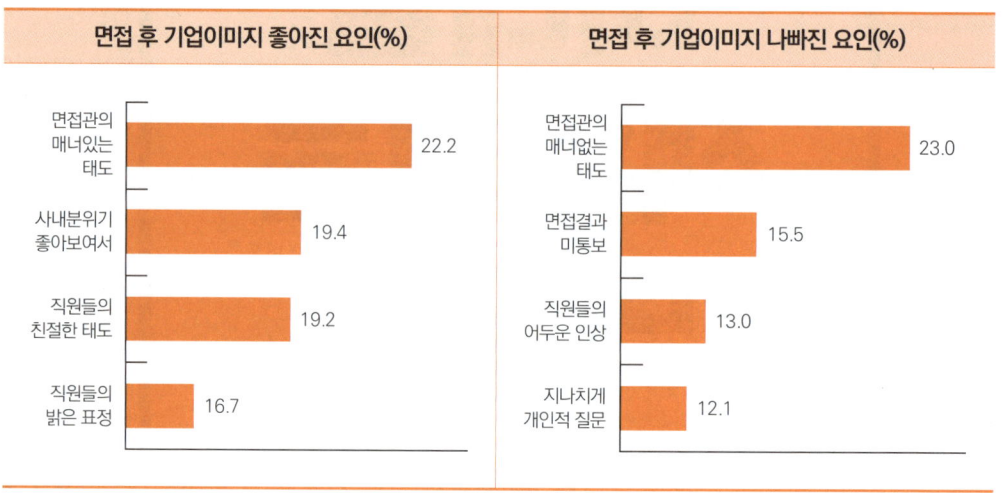

취업포털 사이트 잡코리아가 남녀 대학생 및 구직자 973명에게 설문 조사를 한 결과 구직자 2명 중 1명이 면접 후 기업 이미지가 변했다는 결과가 나왔고, 이는 남성보다 여성 응답자가 더 많았다.

조사 결과 '면접 후 지원기업의 이미지가 변했다'라는 응답자는 50.3%(489명)로 2명 중 1명에 달했으며, 특히 이들 중에는 이미지가 좋아졌다(44.8%)는 응답자보다 나빠졌다(55.2%)는 응답자가 10.4%p 많은 것으로 조사됐다.

또 '이미지가 나빠졌다'라는 응답자 중에는 남성(50.7%)보다 여성 지원자(62.2%)가 11.5%p 높아 여성들이 상대적으로 면접에서 기업의 인상을 나쁘게 받는 경우가 많은 것으로 나타난 것이다. 면접 후 기업 이미지가 나빠지는 요인은 무엇일까? 조사 결과에 따르면 면접 후 기업의 이미지 변화에 가장 큰 영향을 미치는 요인은 다음 표와 같이 '면접관의 태도'인 것으로 드러났다.

표 3-1 이미지가 좋았던 면접 vs. 이미지가 안 좋았던 면접

이미지가 좋았던 면접	이미지가 안 좋았던 면접
• 면접관이 면접을 시작하기 전에 긴장을 풀어 주는 등 면접 분위기를 조성하는 배려를 보일 때 • 면접관이 사전에 면접을 위해 준비를 했다는 생각이 들 때 • 면접관이 지원자의 이야기를 경청하고 있다고 느낄 때 • 면접관과 지원자가 대등하다고 느끼도록 배려할 때 • 면접관이 지원자의 질문에 성의 있게 답변할 때 • 면접관의 인상이 좋고 활기차 보일 때 • 회사의 분위기가 좋아 보일 때 • 면접관 이외의 사원들이 친절할 때	• 면접 분위기가 딱딱하고 면접관이 사무적으로 대한다고 느낄 때 • 면접관이 지원자와 눈을 마주치지 않고 자료를 주로 보고 있을 때 • 면접관이 잘 알아듣지 못하거나 같은 질문을 반복할 때 • 면접관이 회사를 너무 자랑하거나 심문하듯이 질문할 때 • 면접관이 개인적인 질문이 지나치거나 차별적인 질문을 할 때 • 면접시간이 너무 짧고 지원자의 질문에 답변하지 않을 때 • 회사 분위기가 나쁠 때 • 면접관 이외의 사원들이 불친절할 때

💬 면접관의 마음가짐

기업의 홍보 및 구직자들의 진솔한 면접 태도를 이끌어 내기 위해서라도, 면접관은 구직자보다 월등히 앞선 인재여야만 한다. 어떤 유명한 경영도서에서 '기업의 인사담당자가 B급이면 B급 이상의 인재를 알아보지 못한다.'라고 했다. 인사채용담당자의 중요성은 아무리 강조하여도 지나침이 없다. 구직자가 회사를 직접 경험하게 되는 첫 장소가 면접 장소이고, 처음으로 접하게 되는 사람이 면접관이다. 즉, 면접관은 기업의 첫인상이며 기업의 역량인 것이다. 채용은 기업의 백년대계의 초석이 되는 활동이며 경영활동의 전부라고 해도 과언이 아닐 만큼 중요한 일이다. 그러므로 채용담당자는 자신이 중책을 담당하고 있다는 자각이 있어야 한다. 경영의 바탕을 이루는 것은 바로 사람이다. 경영이란 '인재를 운영하

는 것이다.' 조직 구성원으로서의 사람이 그가 보유한 뛰어난 지식과 지혜를 활용하여 어떻게 생각하고, 연구하고, 행동한 결과에 따라, 회사는 커지기도 하고 작아지기도 한다. 사람이 경영을 좌우하는 것이지 돈이나 물건이 좌우하는 것이 아니다. 돈을 버는 것도, 훌륭한 물건을 생산하는 것도, 혹은 뛰어난 기술을 만드는 것도 모두 사람이다. 채용이라는 것은 이러한 자각 없이 무책임한 생각으로 이 일에 적당할 것 같아 후보자를 채용하면 이는 회사도 지원자도 이보다 더 불행한 일은 없다.

채용 활동은 '영업활동'이며 '프레젠테이션'이다. 또한 '살아 있는 생명체'이기도 하다. 매년 상황은 변화한다. 그 변화에 대응해 나가야 한다. 한가하게 지내고 싶다면 채용담당 자리는 지금 즉시 바꿔 달라고 하는 편이 나을 것이다. 도전정신이 있는 기업의 채용 활동은 도전정신이 결여된 방법을 결코 사용하지 않는다. 채용담당자는 언제나 배우는 자세를, 그리고 향상을 위한 마음가짐을 견지해야 한다. 자신을 채찍질하며 끊임없이 연마해야 한다. 그것이 숙명이다. 면접에 나선 구직자의 속내를 끌어낼 수 있는 대화에 성공했는가? 또 면접에 임하여 자신의 화술과 화법, 시선 처리, 나아가 말의 속도, 몸짓은 적당했는가? 이 모든 것들을 갈고닦아야 한다.

마케팅담당자로서의 마음가짐을 갖자.
면접은 마케팅의 장소이기도 하다. 그러므로 면접관들은 마케팅 또는 영업 담당자라는 자세를 갖고 면접에 임해야 한다. 대부분 면접관이 마케팅 또는 영업 담당자라고 하면 의아해하겠지만 채용인원은 한정되어 있고 취업난을 말하듯이 지원자는 많으니 대부분 지원자는 불합격할 것이다. 그러나 그들은 어떤 형태로든 회사의 고객이므로 면접관들은 영업 담당자가 되는 것은 당연한 이치다. 채용 활동을 통해 회사가 합격자를 선택할 수 있지만, 지원자도 회사를 선택하고 있다는 것을 명심해야 한다. 그러므로 채용 과정에 면접관이 결례하거나 지원자의 자존심을 상하게 하면 우수 인재를 놓치는 것은 물론 SNS, 인터넷 게시판, 동호회, 취업카페 등의 다양한 채널을 통해 회사에 대한 비판적인 글이 올려진다. 더욱이 불합격이라는 불쾌한 상태의 지원자에게 면접 과정에서 부정적인 빌미를 제공한다면 그 파장은 무척 크다. 그렇기 때문에 면접관뿐만 아니라 채용에 관련된 전원은 마케팅, 영업 담당자라는 의식을 가져야 한다.

채용담당자뿐만 아니라 회사환경도 마케팅의 대상이다. 현관이 더럽거나 바닥이 청소를 하지 않은 것같이 지저분하고, 담배를 피우는 사람들이 출입문 앞에 여럿이 모여 있다고 생각해 보자. 면접을 보러 왔을 때 그런 환경을 보았다면 지원자는 어떻게 생각할까? 겉만 번지르르하게 꾸미라는 말이 아니라, 일상적인 모습이 어떻게 보일 것인가에 대해 고민해야 한다. 사소한 것에 회사 이미지가 결정된다는 생각을 가져야 한다. 그런 환경에는 결코 우수한 사람이 지원하지 않는다는 사실을 명심해야 한다. 또한, 면접 전에 응접실이나 현관 통로를 청소하거나 공기청정기를 틀어 놓고 지원자가 대기하는 동안 음료를 접대하는 것도 좋다.

지원자의 관점에서 채용 활동을 하면, 여러 가지 시야가 넓어질 뿐 아니라 다른 중소기업과도 차별화를 할 수 있다. 면접관은 선발의 권한이 있기 때문에 지원자보다 훌륭하다는 잘못된 생각을 해서도 안 된다. 입사 포기나 조기퇴직이 많은 회사는 이러한 기본적인 의식이 낮은 경우가 많으니 이번 기회에 꼭 점검해 보기 바란다.

회사를 좋아하고 이해하고 있는가?
면접은 면접관이 회사를 대표하여 첫 소개를 하는 자리로 면접의 본질은 그 개인의 기본 품성이나 열의가 담긴 커뮤니케이션으로 만들어진다. 그렇기 때문에 면접담당자로서 가장 필요한 것은 바로 자신이 속한 회사에 대한 애정이다. 면접관 자신이 회사를 좋지 않게 생각하고 있다면, 아무리 회사의 특징이나 조건 등을 잘 설명해도 상대에게 전해지는 효과는 그리 높지 않을 것이다. 즉, 진실한 감정 없이는 전하고 싶은 내용을 정확하게 전달할 수 없기 때문이다. 또한, 회사의 이미지를 바르게 전달하기 위해서는 당연히 회사를 잘 알고 있어야 한다. 지원자는 회사안내, 홈페이지, 채용공고 등에 게재된 정보를 면접 장소에서 더 자세히 알고 싶어 한다. 그리고 입사 후 자신이 맡게 될 실무에 대해 궁금해하기 때문에 채용면접관은 회사정보를 바르게 제공해야 한다. 그렇기 때문에 전체 회사의 실정에 밝아야 한다. 이를 위해 현장의 상황을 실제로 느껴 보거나 실무자들로부터 자주 이야기를 듣는 등의 노력을 해야 한다. 최소한 조직의 상황, 현업의 실무, 직무의 특성, 자사 상품이나 서비스의 내용, 고객의 상황 등은 파악하고 있어야 한다.

경영자와 지원자의 교량적 역할을 하라.
경영자는 회사에서 가장 높은 사람이다. 또한 성공한 경영인이기도 하다. 대부분 경영자는 자신감이 넘치며 자기 자신과 같이 헌신적으로 일하며, 자사에 걸맞고 도움이 되는 인재를 채용하고 싶어 한다. 채용 면접담당자는 이러한 경영자의 요구나 기대를 본질적으로 이해하고, 그것을 채용전략이나 면접 설계에 활용해야 한다. 경영자의 생각을 모르고서는 그것을 지원자에게 전하거나 평가할 수 없기 때문이다. 경영자가 원하는 방침이나 기대를 정확하게 이해할 수 있도록 평상시에도 원활한 의사소통을 도모해야 한다. 반면 경영자라고 해도 채용을 담당하는 자리에 반드시 적임이라고 할 수는 없다. 그러므로 채용담당자는 경영자를 적극적으로 채용의 현장으로 끌어내야 한다. 요즘 지원자들의 다채로운 면을 살피고 채용시장의 실정을 피부로 느껴야 한다. 다른 회사의 채용 시스템을 보며 자기혐오에 빠져 보기도 하면서 새로운 다짐도 가져야 한다. 이렇게 되면 경영자와 지원자 간의 격차가 줄어 열린 채용을 활용해 적합한 인재를 채용할 수 있다.

회사에 대한 자부심이 없는 면접관은 적합한 인재를 채용하지 못한다. 어떤 일을 하든 그 일에 대한 자신감이 중요하듯이, 면접도 회사에 대한 자신감이 없다면 적합한 인재를 채용하기 어렵다. 인지도가 낮다, 기업 규모가 작다, 조직이 열악하다, 근무환경이 좋지 않다 등, 자사의 마이너스적인 측면을 신경 쓰면서 채용을 하게 되면, 말로 꺼내지 않아도 지원자에게 면접관의 마음이 전해지고 만다. 면접관이 지원자를 판단하는 것처럼, 지원자도 면접관의 태도나 표정으로 기업의 실태를 살피려고 한다.

우수한 면접관이나 경영자는 대부분 회사의 부족한 점보다는 회사의 좋은 점을 열정적으로 이야기한다. 기업 규모가 작은 것을 단점으로 생각하지 않고, 자사의 강점으로 생각하고 면접에 임한다. 자사를 자랑스럽게 생각하고 면접을 하는 자세가 지원자에게 좋은 이미지를 주는 것이다.

면접에서 지원자는 면접관의 설명뿐만 아니라, 표정, 태도, 행동으로 기업의 실태를 꿰뚫고 있다. 면접관은 지원자를 행복하게 해 줄 수 있는 기업이라는 신념을 가지고 대응하는 것이 중요하다.

'자부심이 낮은' 면접관 X	'자부심이 높은' 면접관 O
• 자사의 상황에 불신감을 갖고 있다. • 자사의 단점을 개선과정이라고 생각하지 않는다. • 회사에 대한 자부심이 없는 마음으로 면접을 본다.	• 자사를 자랑스럽게 생각한다. • 자사의 장래성을 확신하고 있다. • 자사에 입사해 지원자가 행복해진다고 확신하고 있다.

실무자로서 프로가 되어야 한다.
면접은 학술도 아니고 이론도 아니다. 면접에서 중요한 것은 그때그때의 상황에 따라 적절

히 대응하는 것이다. 면접 프로들이 갖는 공통점은 긴 시간에 걸쳐 채용 실무, 면접 실무를 담당하고 경력을 쌓아 왔다는 것이다. 그리고 전문서적 등으로 인간이나 조직 등을 주제로 공부도 열심히 해 오고 있다는 것이다. 하지만 실무경험이 아무리 풍부하다고 해도 환경의 변화에 민감하게 대응하지 못하거나, 유연성이 없으면 프로라고 말할 수 없다. 면접은 실무경험이나 공부만으로 이루어지는 것이 아니기 때문이다. 면접의 의의나 의미를 잘 이해하고, 면접 시스템 연구와 실천·훈련을 통해, 실무자로서의 기술을 끊임없이 습득해 나감과 동시에 회사의 미래 조직을 만드는 설계자로서의 프로의식을 가지는 것도 중요하다.

💬 채용담당자로서 부적격한 인물이란

채용업무는 기업의 규모를 불문하고 조직의 핵심부서에서 진행하며, 그곳에서 근무하는 사람들은 자연히 우수하다고 주목받는 인재가 배속되는 법이다. 그 결과 엘리트 의식에 사로잡혀 '사이비 엘리트'가 되는 사람도 종종 나오게 된다. 저자가 어느 대기업에 대졸 신입사원 연수에 강사로 갔을 때의 일이다. 인사팀의 대리라는 사람이 강의내용 협의 후에 저자에게 이렇게 말했다. "이번 공채에는 삼류대졸 출신이 많아 수준이 떨어진다."라고. 다양한 회사나 단체에 강연을 나가지만 이런 폭언을 들은 것은 이때뿐이다. 하지만 겉으로 말은 하지 않지만, 그와 같은 마음을 가진 '사이비 엘리트' 인사담당자는 많을 것으로 예상한다. '대마불사'식의 안일한 마음으로 지원자를 우습게 보는 유명기업의 인사담당자를 저자는 종종 봐 왔다. 이들이 혹시라도 면접에 이런 마음으로 임했다고 한다면, 그것만으로도 채용담당자로서 자질이 없다. 아니 인사업무를 할 자격이 없다. 자신은 못 느낄지 모르겠지만 이러한 마음은 자연히 태도나 행동으로 나타난다. '이미지가 좋지 않은 담당자'는 지원자에게 '이미지가 좋지 않은 회사'로 확실히 전달된다. 채용담당자는 결코 잘난 체해선 안 된다. 엘리트 의식은 의욕의 원동력이 되기도 하기 때문에 그 자체를 부정하지는 않지만, 겉으로 드러내선 안 된다. 잘 익은 벼가 고개를 숙이는 법이다.

💬 채용담당자는 거만하지 않고 비굴하지도 않아야 한다

채용담당자는 '잘난 체하지 말라', '거만한 체하지 말라'고 말했는데 '비굴해지지도 말라'는 말도 덧붙여 두고 싶다. 이 두 가지는 모순될지도 모르겠지만, 취해선 안 될 태도로서 매우 중요하다. 1,000여 개의 회사를 컨설팅한 우리들의 실제 경험에 비추어 보면 잘난 체하는 것보다도 비굴한 태도를 보인 쪽이 폐해가 더 크다.

이 경우의 폐해란, '지원자들의 입사 포기'이다. 왜, 그렇게 되는가? 그 이유는 지원자의 심리 상태에 있다. 지원자들은 자신이 근무하게 될 조직의 사람들이 강하고, 의지할 수 있고, 존경할 수 있는 인물이기를 바라고 있다. 그래야만 이 조직에 가족을 포함한 자신을 맡길 수 있고 조직을 위해서 분골쇄신 노력하겠다는 의욕도 솟는다.

채용 면접에 관하여 다른 이들은 '대기업에서는 탈락시키기 위한 면접이지만, 중소기업에서는 입사하게 만들기 위한 면접이다. 그러니까, 지원자는 고객이기에, 정중하고도 정중하게……' 등으로 쓰인 것을 자주 본다. 그러나 이것은 큰 착각이며, 지원자 심리를 모르는 이론이다.

위엄을 갖고 엄하게 인선하는 자세를 잊지 말자.
필요 이상으로 지원자를 배려하고, 고개 숙여 입사를 간절히 원해도 오히려 역효과가 나는 경우도 있다. 그러므로 거만한 체하지 말고 잘난 체하지 않는 속에도, 당당히 위엄을 가진 태도로 엄하게 인선을 하는 자세로 임하는 것이 중소기업에 적합한 인재를 찾는 비결이다.

면접관 수준 이상의 인재는 채용할 수 없다

지원자는 면접관을 보고 기업문화나 기업의 전체상을 그려 낸다. 또한, 대부분의 지원자는 면접관에게 호감을 느끼지 못하면 기업에 대해서도 좋은 이미지를 갖지 않는다. 면접관의 레벨이 낮으면, 기업의 레벨도 동등하게 여긴다.

지원자가 갖는 면접관의 레벨은 자사에 대한 지식, 직무에 대한 전문 지식, 애사심 등이 크게 영향을 미친다. 지원자가 질문해도 정확한 답변을 못 하는 경우나, 면접관의 이야기가 무책임하면, 입사해도 만족스러운 일을 할 수 없다고 판단하는 것이다.

중소기업의 경우 사장이 직접 적극적으로 면접을 실시해 우수한 인재를 채용한 케이스가 있는데, 사장이 직접 지원자에게 자사의 현상과 장래를 열정적으로 이야기함으로써, 지원자의 마음을 자사로 끌어들일 수 있는 것이다.

최종합격 후 입사를 포기하면 입사 내정자에 대해 나쁘게 이야기하는 면접관이 있는데, 지원자가 나쁜 것이 아니라, 면접관의 이야기에 매력을 느끼지 못했던 것이 원인 중 하나다. 갑자기 입사를 포기하는 상황은 지원자에게만 문제가 있는 것이 아니라, 면접관이 지원자에게 자사의 훌륭함을 어필하지 못한 것이다.

지원자는 면접관을 보고, 자신의 장래를 그려 본다. 우수한 인재를 채용하기 위해서는, 면접관은 지원자에게 멋진 존재일 필요가 있다.

면접관이 '어떻게 보이는지' 객관화해라

면접 기술은 자사가 필요로 하는 인재를 확실하게 채용하는 방법인데, 대부분의 면접관이 지원자를 판단하는 데 집중해, 지원자에게 어떻게 보이는지를 의식하지 않는다.

지원자는 소지품과 복장에 신경을 쓰고, 첫인상에서 조금이라도 잘 보이려고 연습을 하고 있다. 답변 내용을 사전에 생각할 뿐 아니라, 목소리 톤과 어조까지 체크해 면접관에게 조금이라도 좋은 인상을 주려고 필사로 노력하는데, 면접관도 지원자에게 좋은 인상을 주기 위해 노력해야 한다.

면접관은, 채용 여부를 검토할 뿐 아니라, 채용하고 싶은 인재의 '꼭 입사하길 바란다'는 마음을 확실하게 하는 역할을 담당한다. 자사에서 채용하고 싶은 지원자는, 타사에서도 원하는 인재일 때가 많다. 지원자가 입사를 결단할 때, 면접관의 인상이 요인이 된다는 것을 생각하면, 면접관도 지원자와 마찬가지로, 상대에게 어떤 인상을 줄까를 생각해 보지 않으면 안 된다.

면접관끼리 지원자 역과 면접관 역으로 역할을 분담해, 지원자 역을 맡은 사람이 느낀 점을 들어 보자. 또한 휴대폰이나 카메라로 비디오를 촬영해, 면접관으로서 어떠한 인상을 주고 있는지 체크해 보면, 평소는 느끼지 못하는 자신의 이미지를 확인할 수 있다.

면접관으로서 개성이 있는 것은 나쁜 것은 아니지만, 자사에 적합한 인재를 실수로 놓치고, 필요 없는 인재를 채용하는 것은, 면접관으로서의 역량에 문제가 있다.

선택하는 것은 기업이 아니라 지원자라는 것을 명심해라

기업에 지원할 때에, 지원자는 해당 기업에 흥미를 갖고 있지만, 꼭 입사하고 싶다고 생각하지는 않는 케이스도 있다. 영업에서 예를 들면, 상품에 흥미를 갖고 문의하러 온 것과 비슷하다.

면접의 단계에서는 흥미 있는 기업 중의 1개사에 지나지 않기 때문에, 면접을 통해 기업에 대해 자세히 이해한 다음 앞으로의 방향성을 결정하려고 하는 지원자도 있다. 영업 담당자가 고객과 연락만 하고 있는 단계에서는, 계약이 성립된 것이 아니기 때문에, 반드시 구입해 줄 것이라고 생각할 수 없다. 면접과 영업에서 다른 점은 영업에서는 고객에게 문제가 있지 않는 한 고객을 가리지 않지만, 면접에서는 기업과 지원자 쌍방에 의해 채용 여부가 결정된다는 것이다. 지원자가 입사를 결정하기 이전에 기업이 먼저 채용의 의지를 나타낸다. 이때, 채용 여부를 결단하는 것은 기업 측이라 하더라도, 면접관에게 지원자는 고객이라는 마음으로 면접에 임하지 않으면 안 된다.

영업에서는 고객과 신뢰 관계를 구축하기 위해 고객의 요구 사항과 처한 상황에 대해 친절하게 얘기를 듣는다. 면접도 마찬가지로, 지원자의 상황을 이해함으로써 지원자와의 신뢰 관계를 쌓을 수 있다. 원칙적으로 지원자의 답변을 비판하는 것이 아니라, 평가할 수 있는 점에 대해서는 말로 전달함으로써 신뢰 관계가 늘어간다. 지원자의 입장과 환경을 이해하면서 면접을 진척해 가자.

지원자에게는 해당 기업만이 기업이 아니라, 대부분의 기업 중 1개사에 지나지 않는다는 생각을 해야 한다. 지원자의 상황을 파악해 친절하게 이야기를 들으면서, 자사에 대해 어필하는 것이 중요하다.

💬 면접관의 요건

면접관은 채용하는 Position에 요구되는 사항을 정확하게 이해하고 어떤 것이 정확한 질문인지 구성할 수 있어야 하고, 지원자의 과거 경험과 면접 중 관찰된 내용(답변 내용 외 비언어적 표현까지)을 정확하게 수집, 기록할 수 있어야 한다. 또한, 관찰된 내용을 근거로 공정하고 객관적인 평가를 하고 이를 수치화(등급확정)할 수 있어야 한다. 나아가 이러한 평가지표를 토대로 최종적으로 채용을 확정할 것인지, 추가로 면접을 볼 것인지 등 주요한 의사결정을 내릴 수 있어야 한다.

표 3-2 면접관의 요건

면접관의 요건	
편안한 모습	지원자가 긴장을 풀고 편안한 심리적 상태를 가질 수 있도록 배려해야 지원자가 경직되지 않는다. 또한, 특정 지원자에게 강한 시선을 피하고 골고루 시선을 나누며, 적극적 경청의 자세를 유지한다.
심리적 안정감	면접관이 안정되어 있어야 지원자도 심리적으로 안정이 되며, 질문 시, 말을 적정한 대화 조의 속도로 전달하며 부정적 의미를 줄 수 있는 격앙된 반응이나 표현을 하지 않는다.
균형된 인내심	지원자의 장황한 답변은 적절한 방법으로 제지하되 얼굴을 찡그리거나 신경질적인 반응은 절대 하지 말아야 한다. 답변 준비를 지나치게 끌면 지원자에게 부드럽게 조치하여 재촉하는 느낌이 들지 않도록 해야 하며 지원자가 퇴장하는 중에 혼잣말을 하거나 다른 면접관과 대화를 삼가야 한다.
예리한 관찰력	면접관은 말하는 것이 아니라, 말을 시키는 형태가 되도록 하고, 평가목적에 부합되는 질문만 해야 한다. 지원자의 모든 표현(답변내용, 표정, 어투, 톤 등)은 귀중한 자료이고 의미가 있음을 이해하고 활용해야 한다.
객관적 분석력	관찰하고 찾아낸 결과를 정확하게 표현함은 물론 객관적 시각에서 평가, 분석할 수 있어야 한다. 면접관은 지원자와 관계가 있더라도 면접 장소에서 친분을 나타내는 말이나 태도를 보여서는 안 된다.
개발성과 융통성	면접 중 의견이 상이한 면이 있어도 수용하고 융통성이 있는 태도를 유지할 수 있어야 하며, 특이한 답변, 행동에 대해서 놀라서는 안 되고, 표정과 태도를 자연스럽게 유지할 수 있어야 한다.

💬 면접관의 역량

1 회사를 좋아하라.

회사를 대표하는 면접담당자로서 가장 필요한 것은 자신의 회사를 좋아하는 것이다.
회사에 대한 감정이 좋지 않으면 아무리 회사의 특징이나 조건 등을 설명해도 상대에게 전해지는 효과가 높지 않다. 즉, 감정이 들어가야만 전하고 싶은 내용을 전할 수 있는 것이다. 면접에 있어 달인이 되기 위한 최소한 기초로서는 회사를 좋아할 것, 그리고 회사에 대한 충성도를 높이는 것이 필요하다.

2 기업이념을 이해하라.

기업에는 회사조직으로서의 존재의식이나 운영방침을 나타내는 기업이념이 있다. 본래는 경영자가 그것을 전해야 하지만 면접의 조직 운영상 면접담당자가 그것을 대행하게 된다. 따라서 면접담당자에게 필요한 것은 회사의 입장에서 기업의 경영이념을 이해하는 것이다. 경영이념이 만들어진 배경이나 경영자의 생각, 방향성 등을 토대로 자기 나름의 언어로 표현해 보는 것이 좋다.

필요하다면 경영자와의 커뮤니케이션을 통해 자신의 해석을 확인해 보거나 한다. 동시에 경영이념의 실현을 위해 조직의 역할을 보고, 이해하고 원활하고 효율적으로 운영하여 조직을 활성화한다고 하는 견지에서 조직을 보아야 한다.

3 회사의 실정에 밝아야 한다.

회사를 바르게 전하기 위해서는 당연히 회사를 잘 알고 있지 않으면 안 된다. 지원자는 인터넷이나 기업의 홈페이지 등을 통해 게재되어 있는 것을 면접에서 알고 싶어 하지는 않는다. 지금부터 자신이 맡게 될 실무에 대해 궁금해하기 때문에 관리부서라 해도 면접담당자는 회사정보를 바르게 전해야만 한다. 즉, 회사의 대부분의 정보를 이해하고 있어야 한다. 그것을 위해서라도 여러 현장에 나가 그 현장의 상황을 실제로 느껴 보거나 현장의 사람들로부터 자주 이야기를 듣는 등의 노력을 해야만 한다. 최소한 조직의 실정, 실무·직무의 실정, 상품 및 서비스의 실정, 고객의 실정 등은 파악하고 있어야 한다.

4 문제의식을 찾아라.

회사의 현재 상태를 확실히 이해하는 것도 중요하지만 경영이념에 맞는 장래의 목표나 방향성을 위해 현상에 있어서의 문제의식을 강하게 가질 필요가 있다. 기업이 성장함에 따라 앞으로 만들어 가야 할 조직 구도와 현상에서는 왜 그것이 불가능한가 하는 원인분석, 어떻게 하면 그것이 가능해지는가 하는 대책 등도 정리 분석해야만 한다.

5 경영자와의 의사소통을 원활히 하라.

면접담당자는 경영자의 요구나 기대를 본질적으로 이해하고 그것을 채용전략이나 면접 설계에 활용해야 한다. 이를 위해서는 경영자가 원하고 있는 것이나 기대하고 있는 것을 정확하게 이해할 수 있도록 수시로 경영자와의 의사소통을 도모해야 한다.

6 사람을 이해하라.

면접에서는 단시간에 지원자의 인간성이나 능력, 미래의 가능성을 간파하여야만 한다. 처음 대면으로 서로가 긴장하고 있는 상태에서는 그 사람의 인간성이나 참모습이 좀처럼 나타나지 않게 마련이다. 따라서 면접담당자는 이른바 사람을 잘 이해하지 않으면 안 되는 것이다. 그 지원자의 말이나 태도에서 여러 가지 지원자의 생활 배경이나 가치관, 사고방식이나 활동 사항들을 날카롭게 통찰하고 객관적으로 이해하여야만 한다. 더욱이 지원자의 뒤에 숨겨진 의욕이나 사고를 발견할 수 있는 감각도 필요하다. 이를 위해서는 우선 인간을 사랑하고 인간으로부터 사랑을 받을 수 있도록 노력을 해야만 한다.

7 정보에 밝아야 한다.

면접담당자는 모든 정보를 숙지할 만큼 정보에 밝은 사람일 필요가 있다. 타사의 채용기준이나 면접기법 등 면접관 측의 정보만이 아니라, 지원자나 취업준비생의 생활 배경이나 지원자 세대(MZ 등)에 유행하고 있는 트렌드와 이슈 등 잡학적으로 알아 둘 필요가 있다. 지원자의 출신학교 근처의 거리 모습이나 풍경, 학교 특성이나 학풍 등을 전혀 모르고 있는 것과 알고 있는 것에는 면접의 화제 만들기에서도 큰 차이가 나타나기 때문이다.
지원자와의 공통의 화제나 이해에 기초를 둔 '공감할 수 있는 면접'은, 상대의 긴장을 풀게 하는 분위기를 만드는 것뿐만 아니라, 탁 털어놓고 이야기를 하게 되어 본심을 알 수 있게 된다.

8 실무자로서 프로가 되어야 한다.

면접은, 학술도 아니고 이론도 아니다. 면접에서 중요한 것은 그때그때의 실천이기 때문이다. 면접에 있어서는 프로들의 갖는 공통점은, 긴 시간에 걸쳐 채용 실무, 면접 실무를 담당하고, 경력을 쌓아 왔다는 것이다. 그리고 전문서적 등으로 인간이나 조직 등을 주제로 공부하고 있다는 것이다.

또한, 실전 경험이 풍부하다고 해도 환경의 변화에 민감하게 대응하지 못하거나, 유연성이 없으면 프로라고 말할 수 없다. 면접은, 실무만으로 또는 공부만으로 이루어지는 것이 아니기 때문이다.

면접의 의의나 의미의 이해서부터, 면접의 시스템 연구, 실천·훈련을 통해, 실무자로서의 기술을 습득해 나가야 한다. 동시에 더욱이 회사에 미래의 조직을 만드는 설계자로서의 프로의식을 가지는 것이 중요하다.

9 커뮤니케이션의 프로가 되어라.

면접에 있어서 면접담당자와 지원자의 상호이해와 관계 구축을 위해서, 커뮤니케이션이 담당하는 역할은 크다. 아무리 용의주도하게 면접의 상황을 상정하고, 지원자의 인물판정을 위한 질문을 준비한다고 해도, 커뮤니케이션의 능력이 없으면 면접은 성공적으로 이루어지지 않는다. 면접에서의 커뮤니케이션에 이기고 지는 것은 없다. 면접에서 지원자가 말을 못 하게 되면 아무런 의미가 없기 때문이다.

면접에 있어서 커뮤니케이션은 면접담당자와 지원자 상호 간의 이해하는 것을 그 목적으로 한다.

10 과학적 객관성을 가져라.

지원자가 복잡하고 다양한 사람들로 구성되어 있는 것과 마찬가지로, 면접담당자도 여러 가지 가치관을 가진 사람들로 구성되어 있다는 것은 면접에 어려움을 줄 수 있다.

면접의 과정은 과거의 경험이나 집착으로 주관적인 판정을 내리게 되기 쉽다. 따라서, 면접에 객관성이나 과학성을 도입하기 위해 다음의 3가지 단계가 필요하다.

1단계. 면접담당자 자신이 객관성을 가지는 것
면접에서 인물판정을 할 때, 빠지기 쉬운 오류(후광효과나 대비효과 등)에 주의하고, 자신이 면접에서 인물판정을 할 때의 특성을 분석하여, 정리하라는 것이다. 과거, 자신이 입사시킨 인물의 공통점을 찾는 것도 효과적이다.

2단계. 면접에 단계를 두어, 여러 사람이 면접을 하게 하는 것
면접담당자를 바꾸고 단계적으로 면접을 하는 것에 의해, 개인의 주관을 배제하고, 많은 사람의 눈으로 그 인물을 판정할 수 있게 된다.

3단계. 몇 개의 채용기법을 조합하여 면접을 합리적으로 행하는 것
인성·적성시험의 결과를 기준으로 숨겨진 인간성의 통찰하거나, 논문이나 작문으로 그 지원자의 주장 연관성과 신빙성을 판단하기도 한다. 인물평가나 주관적 평가를 통해 최종판정을 내리는 것을 피하고, 자사에 맞는 인재라는 판단을 객관적으로 내리기 위해서는, 종합적이고 체계적으로 면접 설계·채용 설계를 개발하여 채용원칙을 수립하는 것이 중요하다.

면접관 교육

당신이 이 책을 여기까지 읽었다면 무언가 얻는 것이 있었을 것으로 생각한다. 그러나 그렇게 얻은 지식이나 노하우를 회사 안에서 당신만 가지고 있고 다른 면접관들은 모르고 있다면 당신이 없는 순간 그 회사의 면접은 실패하고 만다. 이것은 회사 입장에서 결코 좋은 일은 아니다. 제2장에서 채용오류의 연쇄를 설명했듯이 사내에서 채용이나 면접에 관한 오류의 연쇄를 멈추기 위해서는 면접관의 교육이나 채용에 관련되는 모든 사람의 교육이 필요하다. 이때 도움이 되는 것이 바로 인재 채용의 올바른 지식이다. 당신이 면접관 교육을 할 수 있는 사람이라면 반드시 면접관들을 모아 교육을 시켜야 한다. 면접에 관한 생각이나 노하우를 공유하는 것으로 조직은 점점 강해지게 된다. 만약 그렇게 하지 않았을 경우, 면접 시 이력서를 보면서 적당하게 통상적인 질문만 하거나, 해서는 안 되는 질문을 하고, 꼭 해야 할 질문은 잊어버리는 등의 트러블이 일어난다. 지금부터 채용오류의 연쇄를 끊기 위해서라도 반드시 이 책을 활용하라.
지원자에게 면접관은 회사의 첫인상을 결정하는 중요한 포지션이다. 면접관이 불량한 태

도를 보이면 지원자는 전형 포기나 입사 포기뿐만 아니라 앞에서 언급했듯이 각종 매체(인터넷, SNS 등의 네트워크)에 좋지 않은 내용들을 올려, 향후 채용이나 마케팅 활동에도 큰 영향을 미치게 된다. 이러한 일이 발생하지 않게 사전에 면접관 교육을 반드시 실시하고, 교육을 받지 않은 사람은 절대 면접에 참석시키지 말아야 한다.

면접관이 훈련을 받지 못했을 경우
- 면접의 질이 낮아진다. 면접관이 훈련을 받지 못하면 질문한 내용에 대해 답하는 중에 또 다른 질문을 하고, 적절하지 않은 연계성 없는 질문 공세를 펴는 등 지원자가 하는 말을 오히려 방해할 수 있다.
- 일정한 구조나 기술이 없이 면접을 진행하며 성의 없는 질문 공세를 하거나, 개인 또는 회사 자랑만 늘어놓거나, 패기를 파악한다고 "개인기 하나 해 보세요"와 같은 요구를 하여 면접의 본질을 흐려 필요한 역량을 갖춘 인재를 뽑기 어렵다.
- 적절한 언어 구사를 할 수 없다.
- 과도한 닫힌 질문만을 사용하여 '예', '아니요'의 강요 그리고 질문을 나열하여 주제를 이끌어 갈 수 없다.
- 비난성 질문을 하여 지원자에게 정작 필요한 정보를 얻기 어렵다.
- 지원자들을 불쾌하게 하여 해당 기업에 대한 이미지를 나빠지게 할 수 있다. 지원자들은 추후 자사의 잠재고객임을 명심해야 한다.

면접관 교육 없이 면접을 실시한다면, 실패를 교육하는 셈
최고의 인재를 골라내는 면접, 그것은 인사 부문의 책임만이 아니다. 그 인재를 활용할 부서에서 최종 책임을 져야 한다. 잘못된 선택을 하면 가장 많은 여파를 겪어야 하는 곳이기 때문이다. 그래서 교육이 필요하고, 교육을 받았다 하더라도 경험이 쌓이기까지는 경험 많은 선배에게 개별 코칭이나 멘토링을 받는 것이 좋다.
면접관 교육을 한다고 하면, "일이 바쁘다", "중요한 일이 있어서……" 하지만 중요하기로 치면, 평생을 함께할 인재를 뽑는 것 이상 중요한 일은 없을 것이다. 그렇다면 제대로 된 훈련부터 받아야 한다. 직장 경험이 많다고 해서 면접을 잘할 수 있는 것은 아니다. 최신 면접기법을 제대로 공부하고 최소한의 교육이라도 받아야 한다.

표 3-3 우수한 면접관 vs. 부족한 면접관

구분	우수한 면접관	부족한 면접관
준비	성공적인 면접을 위해 미리 효과적으로 계획하고 준비한다. (선발기준 확인, 이력서 검토, 질문 개발, 체크리스트 준비 등)	준비를 하지 않고 면접에 들어간다.
진행	지원자가 자유롭게 이야기할 수 있도록 분위기를 조성한다.	지원자를 지나치게 압박하여 긴장을 유발한다.
	지원자의 말을 적극적으로 경청하고, 쌍방이 정보를 얻을 수 있도록 배려한다.	지원자의 말을 경청하지 않고, 면접관이 우위에 있는 듯한 언행을 한다.
	면접의 흐름을 효과적으로 통제하고 질문과 대답을 균형 있게 리드한다. (중점만, 1분 이내에, 누구나 쉽게 알 수 있도록 등 조건 붙임)	면접 과정을 통제·리드하지 못해 지원자가 면접의 흐름을 주도한다.
	직무·역량을 확인할 수 있는 효과적 질문(개방형의 구조화된 심층분석 질문, 일관성 있는 질문 등)으로 충분한 대화를 이끌어 낸다.	직무·역량의 확인과 관련 없는 질문을 하거나, 이해하기 어려운 용어 또는 폐쇄형의 질문을 사용함으로써 제한적인 답변밖에 얻어 내지 못한다.
	지원자의 답변으로부터 사실을 확인하고 의미를 유추해 내며, 비언어 정보(시선·표정·자세·동작 등)에서도 적절한 정보를 읽어 낸다.	단편적인 사실만을 묻는 질문으로 구체적인 증거와 사실을 알아내지 못하며, 비언어 정보가 주는 의미를 알아채지 못한다.
	판단에 영향을 미치는 주요 내용을 적절하게 기록한다.	제때에 기록을 하지 않아 판단에 영향을 미치는 주요 내용을 잊어버리는 경우가 있다.
	면접을 잘 마무리한다. (질의응답, 면접 후 지침 안내, 좋은 이미지 형성 등)	면접 후 지침을 안내하지 않거나 지원자에게 비호감을 주는 언행을 하는 등 면접을 잘 마무리하지 못한다.
평가	자신의 의사소통 스타일 및 편견 등을 알고 이것이 면접 과정과 의사결정에 방해되지 않도록 한다.	고정관념, 편견 및 차별 등에 좌우되어 왜곡되고 섣부른 판단을 한다.

표 3-4 **평가의 오류 및 대책**

구분	오류	대책
시스템	• 선발대상 직무의 불분명 • 필요역량·중요도·수준에 대한 기준 부족 • 평가지표의 미비 • 관계가 적거나 부적절한 질문 • 면접 정보 기록을 위한 체크리스트 미비 • 면접기법에 대한 지침 부재 및 면접관 교육 부족 • 면접관 간 의사소통의 부족 • 좋지 못한 면접환경	• 선발대상 직무의 명확화 • 명확한 평가기준 준비 • 구체적인 행동지표 선정 • 구조화된 질문 개발 • 평가 체크리스트 준비 • 면접 지침 준비 및 면접관 교육 • 평가에 대한 협의 및 확인 절차 • 적절한 면접환경 조성
사람	• 인상·자세·속설(혈액형·지역) 등으로 속단하는 등 면접관의 비과학적·단편적 사고 • 일부만으로 전체를 판단하는 현혹 효과 (=후광효과) • 책임 회피를 위한 무난한 평가 (중심화·관대화·엄격화) • 면접관이 보고 싶은 것만을 보는 선택적 인지 • 면접관 자신과 비교하는 대비오류 • 여러 후보자 평가 시 발생하는 스테레오 타입 • 최신의 정보만을 중시하는 시간적 오류 • 면접관의 면접기법 부족과 제대로 파악, 판단하지 못하는 해석상의 오류	• 지원자의 답변을 경청하고 고정관념·선입견·편견·차별 등 면접관 본인의 오류경향 인식 • 평가기준 및 구체적인 사실에 입각한 판단 및 해석 • 사실과 연출의 구분, 숨겨진 실체 파악 연습

표 3-5 **효과적인 면접을 위한 DO & DON'T**

면접관 DO

면접 전	사전 면접 모임을 갖는다. 면접 경험이 있다 하더라도 면접 분야에 대한 사전 정보습득 및 면접관 간의 사전 협의를 위한 모임을 할 필요가 있다.
	채용 분야에 대한 정보를 파악한다. 채용 분야에 대한 정보를 정확히 알고 있어야 정확한 질문과 평가를 할 수 있다.
	지원자에 대한 개인 정보를 확인하고 질문을 통해 확인할 사항을 점검한다. 지원자의 이력 확인을 통해 면접 시 구체적으로 확인해야 할 사항을 파악하고 이와 관련된 질문을 준비한다.
	면접시간보다 여유 있게 도착한다. 면접시간보다 30분~1시간 정도 일찍 도착하여 면접 준비를 한다. 특히, 사전 면접 모임이 없었던 경우 이 시간을 이용하여 면접관들이 협의하는 것이 좋다.

면접 전	**지원자를 평가할 수 있는 질문과 평가기준을 기반으로 한 채용원칙을 만든다.** 지원자에서 확인해야 할 측정지표와 과학적인 면접 질문을 확인하고 가능하면 면접관들 사이에 합의된 평가기준을 만들도록 한다.
	면접관끼리 역할분담을 한다. 면접시간이 제한적이기 때문에 평가할 내용에 대해 면접관들이 사전에 역할을 분담하여 질문하도록 한다. 특히, 시작과 끝의 역할을 정해 짜임새 있게 진행한다.
면접 중	**지원자의 긴장을 해소시킨다.** 우리 회사에 지원한 것과 서류전형 합격 등을 축하하며 긴장 완화를 유도한다. 지원자가 본연의 모습을 제대로 보일 수 있도록 분위기를 형성한다.
	지원자의 전문성이나 경험 그리고 동기 및 조직적합성을 파악할 수 있는 질문을 한다. 해당 직위의 직무나 직책 수준에 적합한 경험이나 전문성 파악에 초점을 맞추고 '상황·배경-행동-결과·성과' 등을 자세히 설명할 수 있도록 질문한다.
	질문에 일관성을 유지한다. 평가는 동일한 척도로 지원자의 우열을 판단하는 것이다. 따라서 일관성 있는 질문을 통해 지원자들의 능력을 판단할 수 있도록 한다. 질문에 일관성이 없으면 비교평가가 어렵다.
	질문은 되도록 간단히 하고 답변을 많이 듣고 기록한다. 사전에 질문을 준비하여 단계별로 간략하게 질문하고 지원자의 답변을 많이 듣도록 노력한다. 또한, 피면접자에게 '질문을 하지는 않았지만, 꼭 하고 싶은 말이 있습니까?' 등의 기회를 제공하는 것도 바람직하다.
	실제 행동·성과를 파악하는 데 집중한다. 면접 과정에서 지원자는 자신의 능력이나 성과를 과장하려는 경향이 있어 지원자의 실제 행동이나 성과를 제대로 파악하지 못하면 과대평가하는 오류를 범하게 된다. 따라서 체계적인 질문 등을 통해 실제 행동·성과 등을 심도 있게 파악해야 한다.
	구체적인 상황질문을 한다. 지원자의 경험·업무수행에 바탕을 둔 상황질문을 하여 지원자가 처한 상황에서 발휘한 능력을 평가한다.
	지원자의 질문에도 성실히 답변한다. 지원자의 질문에 성의있게 답변하여, 좋은 이미지를 갖도록 한다.
	"수고하셨습니다." 등의 인사로 면접을 끝낸다. 끝인사는 면접의 만족도를 높이고, 기관의 이미지를 높이는 데 도움이 된다. 그러나 지원자가 면접을 잘 봤다는 느낌을 받게 하는 표현은 쓰지 않는 것이 바람직하다.

면접 후	명확한 근거와 함께 평정 기록을 정리한다.
	평가와 선발 결과의 정당성을 입증할 수 있는 핵심 증거들을 기록한다. 면접관들이 평가기준을 바탕으로 평가결과를 공유·논의하여 보다 객관적인 평정 결과를 도출하고 근거와 함께 기록하는 것이 바람직하다.
	면접상의 문제점을 담당자에게 피드백한다.
	면접 진행 과정상에 문제점이 있는 경우, 담당자에게 피드백하여 프로세스를 개선할 수 있도록 한다.

면접관 DON'T

면접 전	면접에 대한 아무 준비 없이 면접장에 들어가지 않는다.
	지원자는 많은 시간을 투자하여 면접을 준비한다. 사전에 준비가 부족하다면 지원자에 대하여 과대평가를 할 위험이 높다.
	면접관 개인의 면접 경험이나 능력만으로 면접을 진행하지 않는다.
	해당 직위에 대한 정보나 후보자의 정보를 사전에 점검하지 않으면, 객관적 자료나 근거가 아닌 주관적인 판단이나 선입견으로 평가할 위험이 높다.
	면접자를 기다리게 하지 않는다.
	합리적인 이유 없이 피면접자를 기다리게 하지 않는다. 만일 합리적인 이유가 있을 경우, 피면접자에게 이를 알려 무작정 기다리지 않도록 한다.
면접 중	스펙·첫인상·선입견 등에 현혹되지 않는다.
	지원자의 첫인상이 중요하나 이는 선천적인 외모일 뿐 지원자의 능력이 아님을 염두에 두고 면접 시 능력을 평가해야 한다.
	유도 질문이나 명확한 답이 있는 단답형 질문을 하지 않는다.
	유도 질문이나 정답이 있는 상투적인 질문을 하는 경우, 면접관이 원하는 답변이나 모범 답안을 제시하기 때문에 지원자의 생각이나 능력을 평가할 수 없다.
	지원자를 차별하거나 무시하는 질문은 절대 하지 않는다.
	"여성에게 적합하지 않는데…", "지방대(대학원)는 조건미달 같은데…" 등의 차별하거나 무시하는 질문은 하지 않는다.
	지원자와 논쟁하지 마라.
	면접은 지원자의 전문성, 역량, 행동특성 등을 파악하기 위한 질문과 답변의 시간으로, 논쟁을 통해 면접시간을 소모해서는 안 된다.

면접 중	지원자의 답변에 지나치게 개입하지 않는다. 지원자가 질문의 의도와 다른 답변을 하더라도 성급하게 답변을 자르는 것은 바람직하지 않다. 응답자가 기분 나쁘지 않게 짧게 답하도록 하고 질문에 대한 간략한 부연설명을 통해 다시 응답하도록 하는 것이 바람직하다. 가정형 질문을 하지 않는다. "만약에~"식의 질문을 할 경우, 면접관의 질문 의도에 맞는 답을 하거나 모범적인 답을 할 가능성이 높아 변별력이 떨어진다. 지원자에게 부정적인 반응을 보이지 않는다. 면접 중에 지원자에게 부정적인 반응(갑자기 쏘아보거나 고개를 젓는 등)을 보일 경우, 지원자가 실망하거나 당황하여 제대로 답변을 못 하게 되고 추후에 기관에 대한 나쁜 인상을 가질 수 있다.
면접 후	당락을 유추할 수 있는 말은 하지 않는다. "함께할 수 있을 것 같습니다.", "좋은 소식이 갈 것 같습니다." 등의 지원자가 합격 또는 불합격을 유추할 수 있는 말은 하지 않는다. 지원자가 면접시간 도중 당락을 느끼게 만들어선 안 된다.

제3장의 정리

① 기업의 이미지는 면접관을 통해 결정된다.
② 면접관이 주는 이미지가 회사의 이미지다.
③ 채용과 관계되는 사람은 <u>스스로가 회사의 영업 담당자</u>라는 의식을 갖는다.
④ 회사에 대한 자부심이 없는 면접관은 적합한 인재를 채용하지 못한다.
⑤ 면접관이 B급이면 B급 이상의 인재는 채용할 수 없다.
⑥ 면접에 참석하는 지원자는 미래의 고객임을 잊지 말자.
⑦ 우수한(준비된) 면접관은 우수한 인재를 선발한다.
⑧ 면접관이 인재를 평가하는 게 아니라 인재가 면접관 및 기업을 판단한다.
⑨ 채용담당자는 거만하지 않고 비굴하지도 않아야 한다.
⑩ 면접관의 요건, 역량을 제대로 이해하고 면접에 임한다.
⑪ 면접관 교육 없이 면접을 실시한다면 실패를 교육하는 셈이다.
⑫ 교육을 받지 않은 면접관은 면접에 절대 참석해선 안 된다.

PART 04
채용원칙 중심의 전형설계

04 PART 채용원칙 중심의 전형설계

💬 채용광고를 준비하는 것이 아니라 사내 시스템을 정비한다

여기서부터의 내용은 경험을 바탕으로 한 노하우knowhow 이야기가 많아진다. 노하우란 많은 기업이 실패를 통해서 얻은 것이어서 당신의 회사가 실패로부터 멀어지기 위한 비법이기도 하다. 채용에 실패한 회사의 손실액은 1장에서 다루었듯이 매우 크다. 그 엄청난 비용을 들여 가며 당신의 회사가 채용실패를 경험할 이유는 없다. 또 그들이 범한 잘못과 같은 길을 걸을 필요도 없다. 왜냐하면 당신은 이 책을 손에 넣었으니까.

사람을 채용하고자 하는 대부분의 회사가 최초로 하는 것은 구인광고를 내는 것이다. 그러나 안타깝게도 여기서부터 채용에 실패하는 길로 들어선 것이다. 사람을 채용하고 싶다고 생각했을 때 종소리를 들으면 반사적으로 침을 흘리는 파블로프의 개의 실험처럼 반사적으로 행동을 하여 구인광고를 내선 안 된다. 사외에 구인광고를 내는 것은 마지막 단계이다.

적합하고 우수한 인재를 채용하고 싶다면, 먼저 사내 인사 시스템을 정비해야 한다. 대단한 일 같지만 그렇게 힘들거나 많은 일이 아닐뿐더러, 이것이 바로 채용에 실패하지 않기 위한 최단 경로이다. 사내 인사 시스템을 정비하지 않고 우연히 훌륭한 구인광고를 만들어 지원자가 쇄도했다고 가정해 보자. 그래서 자사에 맞는 좋은 인재를 채용할 수 있었고 훌륭한 인재를 영입했으니 당연히 입사 후 높은 성과를 낼 것이라고 기대했다. 그러나 결과는 유감스럽지만 그 인재는 높은 성과를 낼 수 없으며 또 오래 근무하지도 않는다. 훌륭한 인재일수록 시스템이 정비되지 않은 회사는 더욱 빨리 떠나가 버린다. 이런 현상은 중소기업일수록 더욱 심화된다. 구인광고를 다시 낸다고 하지만 한두 번 운이 좋은 것이지 계속 좋은 인재가 모이는 것은 아니기 때문에 다음번에는 채용실패로 이어진다. 그러므로 구인광고를 내는 일보다 사내 인사 시스템을 정비하는 것이 더 우선되는 일인 것이다.

💬 자사만의 고유한 메시지를 전달한다

채용 업무가 광고를 내고 전형을 진행하여 사람을 채용하느냐 마느냐 판단한다는 얼핏 간단해 보이는 프로세스처럼 느껴질지 모르지만, 좋은 인재를 뽑지 못하고 있다면 지금까지의 채용방법에 대해 생각해 봐야 한다. 영업의 경우 매출이 떨어지면 곧바로 원인을 추궁하여 대책을 강구하지만 채용에서는 "올해는 좋은 인재가 모여들지 않았다."라며 간단히 변해 버리는 경향이 있는데, 그동안 이러한 변명이 사내에서 통용되어 왔다. 그러나 좋은 인재가 모여들지 않는 상황은 지원자에게 흥미를 갖게 하지 못한 것이며 타사로 흘러갔을 가능성이 있다는 것이다.

예전에 고객사에서 "올해 신규채용에서는 회사설명회에 참가한 사람들이 적다."라며 상담을 해 온 적이 있다. 상황을 조사해 보니 회사설명회에 대한 구인 사이트 안내문에 일시, 장소만 기재된 정형적인 내용만 적혀 있었다. 전년도까지는 퇴직한 채용담당자가 회사설명회 문서를 만들었었는데 그해에는 총무가 겸임으로 채용업무를 수행하고 있어 미처 손길이 다 미치지 못해 정형적인 문구로 안내를 했던 것이다. 저자는 곧바로 문구를 고쳐 업계나 회사의 미래에 대한 최고경영자의 말을 기재하고, 회사설명회에 대표가 나서서 설명해야 한다는 등의 조언을 했고, 그 결과로 그 전까지의 2배나 되는 사람들이 지원했다.

구직자는 채용담당자가 생각하는 것 이상으로 자신에게 잘 맞는 기업인지 아닌지를 확인하고 있는 것이다. 좋은 인재를 채용하기 위해서는 구인광고, 회사설명회뿐 아니라 SNS나 자사 홈페이지 등을 활용해 구직자에게 선택받는 기업이 되어야 한다는 걸 생각할 필요가 있다. 업계나 기업의 장래성뿐 아니라 사원이 활기차게 활약하고 있는 모습이나 구체적인 업무내용 등을 통해 구직자는 입사 후 자기 자신의 모습을 상상해 본다. 구직자를 두근거리게 하지 못한다면 지원이 있어도 제1지망이 못 될 가능성은 높아진다.

예전에 중소기업 식품회사의 경영자가 고졸채용과 함께 대졸 신규채용을 실시하고 싶다며 상담을 해 온 적이 있다. 입지도 좋지 않았기 때문에 그저 구인광고를 내는 것만으로는 지원자가 모여들지 않을 거라 예상할 수 있었다. 그래서 학생을 모으기 위한 메시지가 필요하다고 생각해 구인광고비를 절반으로 깎고, 깎은 비용으로 신입사원 전원, 입사 후 곧바로 식문화를 알기 위한 해외연수를 실시한다는 메시지를 발신한 결과, 예상을 웃도는 반향이 일어 목표 인원수를 채용할 수 있었다. 자사에 흥미를 갖게 하기 위한 구인광고에서 임팩트가 있는 메시지를 발신하고, 채용단계를 통해 보다 공고히 해 가는 것이 중요한 것이다.

좋은 인재가 모여들지 않는다고 한탄하기 전에 전달하고 싶은 메시지를 정확히 발신하고 있는지 다시 한번 생각해 봐야 한다. 구직자의 마음을 움직이지 않으면 좋은 인재를 채용할 수 없다.

지금까지의 채용프로세스가 좋았다고 해서 앞으로도 문제가 없을 거라 장담할 수는 없다. 현재 상황에 만족하지 말고 채용시장을 조사한 뒤에 자사의 채용체제를 검증하고 할 수 있는 일들을 적극적으로 도입해 가는 진취적인 채용체제를 구축해야 한다.

채용 프로세스를 검증한다

채용업무는 구인전략 구축에서 시작되어 지원자가 입사해서 배치 후 정착하기까지라고 생각한다. 채용담당자 중에는 면접에서 합격·불합격을 판단하는 것이 채용업무라 생각하는 사람이 있는데 채용한 인재가 전력이 되기까지가 채용업무인 것이다. 지원자는 채용담당자를 통해 기업의 좋고 나쁨을 판단한다. 입사를 결심한다는 건 채용담당자를 신뢰한다는 증거이다. 입사 후에는 배치부서에게 맡기니 관계없다는 식이어서는 모처럼 입사를 해도 신입사원은 낙담할 뿐이다.

채용 프로세스의 흐름 중에서 채용선발은 특히 중요한 과정인데, 당연하듯 이루어지는 채용선발에 대해 사실은 지원자가 불신감을 품고 있을 가능성이 있다.

"구인광고에는 3차 면접까지라고 쓰여 있었는데 단 한 번의 면접으로 내정을 받았다."라고 상담을 해 오는 경우가 있다. 기업 측의 입장에서 보면 빨리 내정을 내린 게 뭐가 나쁘냐고 생각할지 모르지만 정말로 자신을 이해한 뒤에 채용에 관한 판단을 내린 건지 불안해진다. 누구든 상관없이 내정을 내린 것 아닌가 싶은 우려를 품게 되는 것이다.

한편, 지원에서 최종전형이 끝나기까지 수개월 걸리는 기업도 있다. 특히 경력자 채용의 경우 생활이 걸려 있어 이직 중인 지원자에게 수개월간 기다려야 하는 상황은 가혹한 것이다. 합격·불합격에 대한 연락이 오지 않으면 기업에 직접 확인하면 되겠지만, 이를 확인함으로써 채용여부에 영향을 주는 건 아닌지 지원자는 고민하게 된다.

임원 면접까지 몇 번이고 면접을 실시하는 기업 있는데 매번 지원동기나 자기 PR이라는 똑같은 질문을 반복하는 형식적인 면접을 실시해서는 구직자의 입사의욕도 떨어지게 된다. 형식적인 면접을 반복하는 기업은 일단 다음 면접으로 돌리자는 마음으로 면접을 실시하기 때문에 뻔한 질문만으로 지원자의 본질을 확인할 수 없는 면접이 반복되게 된다. 지원자의 입장을 생각하면 신규채용일지라도 채용시험에서 내정까지 1개월 정도로 결과를 내야만 한다. 경력자 채용에서는 2주에서 3주 사이에 채용 결과를 내리기 바란다. 면접 횟수도 최대 3번으로 고정하고, 각각의 면접에서 확인할 포인트를 명확히 해 두어야 한다. 질질 끌게 된다면 타사가 먼저 내정을 내려 지원자의 마음이 바뀌게 될 가능성이 있다.

채용까지의 프로세스

구인전략 → 구인모집 → 지원접수 → 서류전형 → 필기전형 → 면접전형(1차, 2차) → 채용 여부 결정 → 합격 통지 → 합격자 유지(입사 포기 방지) → 받아들일 준비 → 입사 → 연수 → 배치 → 배치 후 육성

💬 타사를 꺾을 만한 자사의 강점을 파악한다

좋은 인재를 채용하기 위해 타사를 꺾을 만한 자사의 강점을 명확히 해 두어야 한다. 채용담당자가 이해하고 있는 것만으로는 지원자에게 전달되지 않는다. 지원자는 기업의 강점이나 매력에 끌려 지원해 오는 것이다. 좋은 인재가 모여들지 않는 기업이라면 자사의 강점이 구직자에게 전달되지 않았을 가능성이 있다.

채용업무는 타사와의 싸움이라 생각해야 한다. 동종업계의 구인내용을 체크하고 자사에서 개선할 수 있는 점은 바로 실행해야 한다.

예전에 저자가 에스테틱 업계의 채용을 실시하고 있었을 때였는데, 경합 타사도 우수한 에스테티션을 채용하기 위해 필사적이었다. 점포 오픈은 가능해도 스태프가 갖추어지지 않으면 영업을 할 수가 없다. 타사를 꺾기 위해, 노동집약적인 업무였기 때문에 하루 노동시간을 늘리고 주 3일 휴일제로 모집을 했다. 직무특성상 완전 주 이틀 휴일제도 제대로 지켜지지 않는 기업이 많은 가운데 정사원이면서 주 3일 쉴 수 있는 조건은 매력적이었고 많은 지원이 있어 우수한 인재를 채용할 수 있었다. 타사보다 우수한 부분이 없다고 한탄만 하고 있어서는 구직자의 마음을 움직일 수 없다. 강점은 자사의 특징으로서 대치될 수도 있다. 업계 톱이 아니어도 우수한 기술이나 상품이라면 충분히 어필할 만한 재료가 된다. 타사를 꺾을 만한 자사의 강점에 대해 항목별로 적고, 신빙성을 갖게 하기 위해서 구체적인 사례를 덧붙인다. 그리고 작성한 내용을 구직자에게 전달함으로써 그들의 마음을 움직일 수 있다.

자사의 강점과 장래상을 열변하는 면접관의 말에 지원자는 마음을 움직여 입사를 결심한다.

자사의 강점을 확인한다.

- 자사상품의 특징
- 우위성
- 매출(경상이익)
- 동업 타사와 비교한 자사의 포지션
- 인사 정착률
- 노동환경
- 평균급여
- 존중, 인정문화
- 워라밸
- 신규업체 등

💬 채용기준과 연동한 전형 프로세스를 수립한다

채용을 할 때 우선 자사의 채용기준을 만들고 그것과 연동한 전형 프로세스를 만든다. 채용의 올바른 순서는 다음과 같다.

1. 채용하고 싶은 인재의 명확화
2. 채용하고 싶은 인재 & 채용하고 싶지 않은 인재 정의(반드시 문서화한다.)
3. 채용기준과 연동한 전형 프로세스의 도입 및 면접관 교육
4. 채용하고 싶은 인재에게 영향을 주는 구인 방법의 도입

당신의 회사 채용기준과 연동되지 않는 전형, 예를 들면 최신유행하고 있는 역량면접이 그럴듯하니까, PT면접이나 그룹면접을 타사가 하고 있으니까 우리도 따라 해 보자는 식의 면접은 의미가 없다. 면접이라고 하는 것은 적당히 좋은 사람을 채용하는 것이 아니라 자사에 맞는 사람을 선택하는 것이 목적이다. 채용하고 싶은 인재상을 명확하게 가지고 있으

면 전형 프로세스에서는 그것을 간파하는 것에만 집중하면 된다. 뭐든지 할 수 있는 사람이 반드시 좋은 것은 아니며 필요한 스킬도 직종에 따라서 다르므로 직종마다 채용기준을 만들어 전형 프로세스와 연동시켜 준다. 좋은 사람을 선별하기 위해서는 어떤 전형 프로세스가 최선인지를 생각할 필요가 있다. 저자가 추천하는 일반적인 중소기업의 전형 프로세스로는 서류전형 1회, 면접전형 2회이다. 면접전형을 최소 2회 이상 실시하여 실제 방문을 통해 잠시나마 회사를 체험하게 하는 것이다. 그리고 마지막으로 회사와 지원자의 양쪽 모두가 납득하는 입사일을 합의하는 것이다. 2~3회의 면접으로 사전에 회사를 체험하는 것으로 지원자도 회사를 지켜볼 수 있으므로 채용의 미스매치를 최소화할 수 있다.

전형 프로세스 수립의 4단계

채용 계획 수립 단계에서는 네 단계의 절차를 준용하여 채용 인원을 산정하고, 평가 방식, 기준, 시기, 비용 등과 관련한 계획을 수립하여 이후 단계에 활용한다.

표 4-1 전형 프로세스 수립의 4단계

단계	담당자	주요 활동	주요 고려 사항
단계 1 채용 수요 조사	• 인사·채용담당자 • 각 요청 부서	• 기업 내부 자연 결원(자연 퇴직, 자발적 퇴직) 조사 • 채용이 필요한 직무와 인원에 대한 '채용 의뢰서 취합'	• 요청 직무 • 필요 사유 • 필요 인원 • 자격 요건 • 임금피크제
단계 2 채용 인원 산정	• 인사, 각 부서장 등	• 관련자(인사, 부서장 등) 회의를 통해 채용 요청의 적절성 검토 • 부서별 채용 인원 배정 및 총 채용 인원 산정	• 신규 사업 • 신설 부처 • 기업 내부 충원 요청 직무·인원 • 총액인건비 • 인사, 채용 관련 규정
단계 3 채용 계획 수립	• 인사·채용담당자	• 확정된 직무 및 규모에 대한 전형 절차, 시기, 비용 등 세부 계획 수립	• 전형 절차 • 적합성 평가 기준 • 전형별 시기 • 장소 • 비용 등
단계 4 채용 계획 확정	• 대표 또는 인사책임자	• 대표 또는 인사위원회를 통해 수립된 계획을 검토·승인	• 기업 운영 방안 • 대내외 위협 요인 등

💬 채용 계획 수립

경영진 결정으로 확정된 채용 대상과 채용 규모를 고려하여 실질적인 채용 업무를 진행하기 위한 계획을 수립하고, 최종보고 및 확정한다.

표 4-2 채용 계획 수립 검토사항

채용 계획 수립 시 검토사항	• 채용 관련 법률·지침 점검 • 이전 채용 시 특이사항 점검: 진행과정에서의 문제점, 지원자 특이사항 등 • 채용 절차 개선 사항 도출 • 채용 시 이용 가능한 외부 전문 업체와의 협조 활용 여부: 인적성 검사 회사, 외부 면접위원, 채용 전문 컨설팅사 등 • 동종 또는 유사 기업 채용 일정 및 특이사항

채용 계획 수립에 포함되어야 하는 사항들
• 전체 채용 규모 및 목적(채용 사유), 직무·부서별 세부 채용 규모 • 전체 채용 전형 • 전형 별 프로세스, 선발기법 선정 및 적용단계 결정 • 채용 프로세스별 선발기준 설정 • 채용공고문, 입사지원서, 직무능력평가, 경력기술서, 필기문항, 면접문항 • 채용담당자 및 면접관 교육 프로그램 • 경쟁률 및 합격 인원, 일정, 장소, 소요비용 등 • 이전 채용과의 차별 사항 또는 개선 예정 사항

채용 계획 수립 보고 전 점검사항
• 지난 채용 계획 또는 채용 결과 분석 시 개선사항 • SNS 등 지원자들의 온라인 기업평가 및 채용프로세스 평가 • 채용 관련 대내외 이슈 및 주요 의사결정 사항 • 향후 기업 운영 방향과의 연계성

💬 채용 프로세스의 이해

표 4-3 채용 프로세스 이해

모집 Recruiting
해당 직무에 적합한 지원자들의 지원을 촉진하고 적합하지 않은 지원자들의 지원을 예방

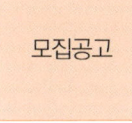

모집공고
- 회사와 직무에 대한 정보 제공을 통해 적합한 지원자들의 지원을 유도함
- 평가요소, 평가방법에 대한 정보 제공을 통해 탈락수용성을 높임

↓

입사지원서 작성·제출
- 지원서 작성과정을 통한 직무 이해도를 높임
- 지원자의 직무 관련 다양한 정보들을 수집함

↓

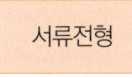

선발 Selecting
다양한 평가를 통해 지원자들 중 해당 직무에 적합한 후보자들을 선별함

서류전형
- 지원자의 전반적인 자질과 적합성을 평가함
- 전문성, 경력·경험, 자격, 동기적합성을 평가함

↓

필기전형
- 직무수행능력 테스트
- 전공시험
- 인성, 적성 검사

↓

면접전형
- 조직적합성 평가
- 직무적합성 평가
- 동기적합성 평가

💬 채용 프로세스 설계

- 채용 프로세스 설계란 채용 전형과 평가 요소를 배치하는 것을 의미하며, 직군(기술, 연구개발, 사무, 영업 등)에 따라 중점적으로 고려해야 할 사항에 차이가 있음.
- 전형 프로세스 설계 단계에서는 1) 어떤 전형과 평가 요소를 선정할 것인지, 2) 어떤 순서로 전형을 배치할 것인지 3) 전형별 일정과 대상인원은 어떻게 할 것인지 등에 대해 의사 결정을 해야 함.

표 4-4 전형 및 평가 요소 선정 매트릭스

			서류전형		필기전형		면접전형	
			입사지원서	자기소개서	전공( )	인성검사	1차 기법( )	2차 기법( )
	활용 여부		O/X	O/X	O/X	O/X	O/X	O/X
	시행 순서							
	실시 일정							
	대상 인원							
직무적합성	1.	직무전문						
	2.	직무특성						
	3.	직무경험						
	4.	자기개발						
	5.							
조직적합성	1.	공통역량						
	2.	인재상						
	3.	팀워크						
	4.	의사소통						
	5.							
동기적합성	1.	동기부여						
	2.	조직동기						
	3.	직무동기						
	4.	성취동기						
	5.							

※ 대부분 서류전형 → 필기전형 → 면접전형(1차, 2차)의 순서대로 채용 전형을 배치하지만, 직군의 특성에 따라 필요한 전형만 선택하여 다양한 순서로 배치할 수 있음.

표 4-5 전형별 평가도구

평가 역량			서류전형	적성검사	필기시험	면접전형	건강검진
기본사항	성격	성격특성·적성	△	○		○	
	건강	육체적·정신적 건강	△			○	○
	기초사항	자세, 지원동기, 처우, 입사가능시기, 근속, 직업관·인생관, 병역, 자격·면허	○			○	
조직적합성	공통역량	성과달성지향, 관계형성, 인지역량, 개인효과성, 대인영향력	△	△		○	
	인재상	우리 회사의 인재상	△			○	
	팀워크	적극적 참여, 협력적 자세, 팀 관리, 갈등해결, 타인 또는 타 부서와의 협력	△			○	
	의사소통	언어적 의사소통, 문서 의사소통	△			○	
	회사이해	산업에 대한 이해, 회사에 대한 이해	○			○	
	스트레스	스트레스 내성, 스트레스 해소방법	△			○	
직무적합성	지식	직무 관련 전문 지식·기술, 직무 관련 경험, 직무 관련 자기개발	△	○	○	○	
	스킬	분석적사고, 시스템적사고		△	○	○	
		이해판단력, 기획력, 추진력, 대인친화력, 의사소통스킬, 설득·협상능력, 창의력, 상황대응력, 문제해결능력, 외국어능력, IT도구활용스킬, 문서작성능력, 프레젠테이션스킬, 업무네트워킹능력, 정보수집·분석능력	△	△	○	○	
	태도자질	치밀성, 규율성, 자기통제, 고객지향성, 윤리의식, 문제의식, 원가의식	△	△		○	
동기적합성	동기부여 적합	지원자가 직무 또는 조직으로부터 바라는 바와 실제 직무가 제공하는 내용의 일치 정도	○			○	
	지원동기	우리 회사만의 지원동기가 있는가?	○			○	
	성취동기	최근 무언가가 이룩한 내용이 있는가?	○			○	
관리역량		조직통제력, 지도육성력, 경영마인드, 리더십, 솔선수범, 객관성 유지, 조직헌신, 조직관리, 공정성 등	△	△		○	

범례: ○ = 주된 평가도구   △ = 보조적 평가도구

표 4-6 채용 프로세스 설계 시 고려 사항

항목	지원서	인성 검사	적성 검사	지식 검사	작업 표본	역량 면접	평가 센터
비용	낮음	중간	중간	중간	중간	중간	높음
타당도	중간	중간	높음	중간	높음	높음	높음
단위 시간당 적용 지원자 수	많음	많음	많음	많음	적음	적음	매우 적음
평가의 정교성	낮음	중간	높음	높음	중간	중간	높음
권장 배치 순서	앞	중간	중간	중간	중간-뒤	중간-뒤	뒤

표 4-7 채용 프로세스 설계 시 평가방법 고려 사항

지원서	지원자들에 대한 기초 정보를 수집하고, 최소한의 자격조건을 갖추지 못한 지원자들을 배제함으로써, 채용 과정의 효율성을 높이고 비용을 절약
인성검사	지원자의 성격, 흥미, 가치관, 동기 등에 대한 포괄적인 정보를 습득하고 이를 통해 지원자와 직무특성 및 기업문화 간의 적합성을 판단하는 검사
적성검사	해당 업무를 수행하기에 적합한 능력을 보유하고 있는지에 대한 전반적인 평가
지식검사	해당 업무를 수행하기에 적절한 전문 지식을 보유하고 있는지에 대한 검사
작업표본	해당 업무 중에서 중요한 일부를 제시하고 지원자들에게 직접 수행하도록 하여 이를 관찰 및 평가
역량 면접	직무 수행과 관련된 역량(인지적 역량, 인성적 역량, 능력적 역량 등)을 구조화된 면접 도구를 활용하여 평가
평가센터	다양한 평가 방법을 활용하여 사람들의 역량, 능력, 성취도 등을 측정하고 분석, 이를 통해 개인 또는 조직의 교육 및 업무 능력을 개선하고 발전시키는 것을 목표로 한다. 대표적인 평가 방법으로는 시험, 인터뷰, 포트폴리오 평가, 실무 프로젝트 평가 등이 있다. 최근에는 인공지능 기술을 활용한 온라인 평가도 많이 이용되고 있다.

💬 적합성을 확인하라

적합성에 관련된 연구를 살펴볼 때 가장 먼저 등장하는 개념이 개인-환경 적합성Person-Environment Fit, P-E Fit이다. 일반적 의미에서 개인-환경 적합성은 개인과 환경 간의 적합성congruence, 일치성match, 유사성similarity 또는 조화correspondence로서 정의되어 왔다

(Edwards & Shipp, 2007). 성지영, 박원우, 윤석화(2008)는 개인의 욕구와 환경이 제공하는 요소 간의 적합성이 높을수록 개인이 더 만족하고 대상환경에 대해 더욱 긍정적인 태도를 갖게 될 것이라고 했다. 여기서의 환경은 개인이 속한 조직인 경우 개인-조직적합성 person-organization fit, 개인이 조직 내에서 담당하게 되는 직무로 보는 경우 개인-직무적합성 person-job fit 이외에도 개인-직업적합성 person-vocation fit, 개인-상사적합성 person-supervisor fit, 개인-집단적합성 person-group fit 등으로 구분될 수 있다(Amy L. K., Ryan D. Z., & Erin C. J., 2005).

1 개인-조직적합성 Person-Organization Fit, P-O Fit

Amy(1996)는 개인-조직적합성의 개념적 정의를 개인의 고유한 가치, 목표, 성격 등과 조직의 가치, 목표, 규범, 분위기 등이 유사한 정도라고 했다. 개인과 조직이 상대가 필요한 부분을 충족시킬 수 있거나 조직과 개인이 유사한 특성을 가지고 있을 때 혹은 둘 다의 경우일 때 나타나는 개인과 조직 사이의 상응 compatibility 정도를 개인과 조직 간의 적합성이라고 정의하였다. 또한 개인과 조직은 서로에 대한 선택 기준을 매우 중요한 의미로 생각하며 이러한 기준으로 구성원과 조직 간의 적합성은 중요한 의미를 갖게 되었다(이인석, 백종훈, 전무경, 2010).

역시 조직에서 일어나는 개인의 행위를 설명하기 위해서는 조직의 상황 속성과 개인의 특성 간에 일어나는 적합 관계를 이해하는 것이 중요하다고 강조했다. 여기서 적합성을 측정하기 위해 여러 가지 항목들이 연구되어 왔는데 윤대혁, 김학년(2006)은 개인 및 조직의 퍼스낼리티의 적합성 여부에 관한 연구를 실시하였고 류성민, 안성익(2006)은 개인가치와 조직문화 간의 적합성 여부에 관한 연구를 실시하였다. 또 정진철, 김성만(2008)은 개인과 조직의 가치관의 적합성 여부가 조직몰입 등에 어떻게 영향을 끼치는지를 연구한 바 있다.

Stefaan, Johnny와 Frederik(2008)도 개인-조직적합성을 평가하기 위한 총괄적인 가치 모델을 만들어 내려는 목적의 연구를 진행하기도 했다. 이렇게 개인-조직적합성을 세분화하여 실시한 연구들이 존재하지만 가치, 성격, 문화 등의 개인 및 조직의 특성들이 각각 독립적으로 조직성과에 영향을 미치는 것이 아니라, 상호작용하여 조직성과에 영향을 미친다고 보고 개인특성과 조직특성이 유사하면 조직성과는 향상되는 것으로 전제하는 것이 바람직하다고 본다.

2 개인-직무적합성 Person-Job Fit, P-J Fit

개인-직무적합성의 정의를 보면 Caldwell과 O'Reilly(1990)이 일반적으로 개인이 직무에 제공할 수 있는 것과 직무가 개인에게 제공해 줄 수 있는 것들 사이의 일치 정도라고 이야기 한 바 있다. 또한 이는 직무와 직무수행자 간의 상호 유기적인 조화관계를 의미하는데 여기에서의 유기적인 조화관계란 직무의 특성과 수행자의 개인적 특성이 부합되는 정도라 말할 수 있다(강성수, 유우정, 황용수, 2008). 또 Edwards(1991)는 개인의 능력과 직무가 요구하는 특성 간의 적합 또는 개인의 요구와 직무가 제공하는 내외적인 보상 간의 조화라고 정의하기도 했다. 개인-조직적합성이 조직이라는 상대적으로 넓은 범위를 다루는 개념이라면 개인-직무적합성은 개인이 조직 내에서 일상적으로 직면하는 직무라는, 좀 더 직접적이고 구체적인 것을 다룬다는 점에서 두 적합성 개념에 차이가 존재할 것이라고 보인다.

💬 적합성의 유형

1 조직적합성

조직적합성 Organization fit이란 구성원과 조직의 적합도로서 개인이 조직을 선택하는 경우 가장 먼저 고려되는 부분이며, 이후 조직 구성원으로서 담당 업무의 적응 능력, 주변 구성원과의 관계 정도의 인식을 의미한다. 조직적합성에 대해 Kristof(1996), Montgomery(1996)는 개인과 조직 목표, Vancouver, Millsap and Peters(1994)는 개인과 조직의 믿음 사이에 일치를 기초로 조직이 구성원의 요구에 대한 반응 그리고 조직의 목표가 구성원에게 적합한 정도에 따라 여러 부분에서 다양한 효과를 나타내는 것으로 보고 있다. 특히, 결과적 측면인 조직 성과의 경우 그 차이가 상당하다고 보고하고 있다(Bowen, Ledford and Nathan, 1991). 또한, 조직 내 구성원 간 기초적 유대·신뢰관계 형성부터 조직 내 자율적 규범 등 심리적 교환관계가 성립 가능하며 조직 내 구성원 간 사회화 발생의 원인으로 나타나기도 한다.

2 직무적합성

직무적합성 Job fit 은 개인적 특성이라 할 수 있는 직무역량, 심리적 욕구 등이 담당하고 있는 직무와의 특성 관계의 부합 정도를 의미한다. 직무에 대해서는 두 가지로 구분한다. 먼저 조직 구성원이 직무를 수행하는 경우 필요한 지식·기술·능력과 같은 형식적 직무적합성과 구성원 개인의 욕구충족·선호도와 같은 직무 속성에 대한 개인 만족도이다. 양자의 경우 개인-조직면에서 형식적·실질적 상호 필요성이 강조되기 때문에 두 가지 요인이 포함되어 연구가 진행되고 있다(Caldwell and O'Reilly, 1990; Edwards, 1991; 김병호, 2015: 54). 또한 직무적합성은 직무만족, 직무스트레스, 동기부여와의 관계에 대해 대부분의 연구가 진행되고 있다. 직무적합성은 조직적합성과 함께 이직 의도와의 관계 설정 결과 이직 의도를 더 잘 예측하는 변인으로 나타나고 있다(성지영·박원우·윤석화, 2008: 5). 따라서 직무적합성은 구성원이 직무를 보다 더 잘 수행하며, 조직에 대한 헌신과 몰입에 긍정적 결과를 이끌게 된다.

3 상사적합성

상사적합성 person-supervisor fit 이란 개인과 개인의 적합성에 상사라는 사회적·대인적 환경 적합도를 의미한다. 상사와의 관계에서는 개인적 차원의 가치·성격 등의 관계와 부하 측면에서 조직의 효과를 위한 관계로 연결된다. Meglino, Ravlin & Adkins(1992)는 상사-부하는 '일'에 대한 가치를 유사하게 인지하기 때문에 가치적합성의 관계가 높아야 하며 이는 조직 성과 면에 긍정적 결과로 연결된다고 한다. 한편, 상사와의 적합성 연구의 경우 일반적으로 종합적 성격으로 가치·성격·목표가 종합적으로 구성되어 연구가 진행되고 있다. 세부적으로 조직·직무·상사·동료 관계 적합성을 비교 연구 대상으로 인용되고 있는 실정이다. 상사의 경우 지위적 측면에서 리더십을 요구하게 되어 상사와의 적합성에 대해 LMX이론을 적용하여 가치 등의 연구가 진행되고 있다. 일반적으로 상사와의 적합성 관계의 경우 이직 의도와는 부(-) 관계가 있으며, 다양한 만족도 연구의 경우 상사에 대한 만족도가 조직 효과를 위한 가장 큰 영향을 미치는 요인으로 보고 있다.

4 동료적합성

동료적합성 Group fit 이란 조직 내 구성원과의 사회적 상호작용 결과 나타나는 질적 수준의 정도를 의미한다. 동료관계는 조직이라는 사회에서 동료 상호 간 정보 교환 등 직무를 행하며 인식하는 친밀감·의존도 등과 함께 신뢰까지 형성하게 된다. 이는 정서적 면에서 구성원 간 다양한 분야에 영향을 미치게 되는데, 긍정적 관계의 경우 직·간접적으로 개인적·조직적 차원에 높은 질적 수준의 결과가 나타나는 반면 그렇지 못할 경우 부정적 결과를 초래하게 되며 심지어 이직 의도에도 영향을 미치는 것으로 나타나고 있다(호민·곽원준, 2016: 288-290). 동료적합성은 상호 간 공유되는 공간에서 상호 간 지지와 함께 친밀감과 의무감 등에 영향을 교환하고 관계 발전 및 신뢰에까지 영향을 준다. 또한 상호 간 어려운 일에 봉착하였을 경우 관심과 애정 등의 정서적 지원으로 일을 해결하는 데 긍정적 에너지를 주게 된다.

💬 기업이념을 확인하라

기업이념(공유가치)은 그것을 받아들이는 방식에 따라 차이가 있으나 기업의 사회에 대한 책임, 사명, 경영 자세 등을 명확하게 밝힌 것으로서 사내·외에 일관되게 주장해 나가는 것으로 정의할 수 있다. 기업이념에서 중요한 것은 알기 쉽고, 그 폭이 넓어야 한다는 것이다. 따라서 기업이념은 조령모개 朝令暮改 식으로 쉽게 바뀌어서도 안 되고, 그 수명 또한 최소한 10년 이상은 되어야 한다. 즉 기업이념은 향후 1세기에 걸쳐 사용할 수 있어야 하고, 또한 그 내용은 사내용과 사외용으로 구분하지 않은 일관된 것이어야 한다.

다양한 가치관을 수용해야 한다.
과거처럼 하나의 가치관만을 공유한 단일 문화 Mono-Culture 조직은 공격적일 때에는 효과가 있지만 만일 조직 내에 톱니바퀴 하나라도 어긋나기 시작하면 기업 전체에 큰 영향을 미칠 수 있다. 더욱이 앞으로 엄청난 질적 변화가 예상되는 미래 환경 속에서는 다양한 가치관을 수용할 수 있는 기업이념이 요구되고 있다. 즉 개인의 가치관을 존중하고 회사 내부의 소수 개성과 구성원의 존재를 포옹하고 활용할 수 있는 폭넓은 이념이어야 한다.

사회 속에 뿌리내려야 한다.

사회와의 관계도 중요한 문제이다. 지역사회에 대한 배려와 환경에 대한 책임 등 기업의 사회적 책임에 대해 관심을 가져야 한다. 기업은 사회에 폐를 끼치지 않고 사회에 기여함으로써 신뢰받는 좋은 회사로 지역사회 속에 뿌리를 내려 공존 공영하여야 한다.

적정이익 확보는 비전을 강화한다.

사업은 사원, 고객, 사회와 균형을 유지하면서 적정이익을 추구하여야 하며, 이를 통해 기업이 성장하는 것이다. 이익이나 매출액은 사회에 얼마만큼 도움을 주었는지의 결과이다. 따라서 효율적인 경영 성과로 얻은 적정이익은 정당한 것이며, 기업의 비전을 한층 더 강화시켜 나갈 수 있는 밑거름이 되는 것이다.

기업이념과 행동을 명확히 해라.

이 단계를 실행으로 옮길 때는 가능한 한 많은 사원을 개입하게 해야 한다. 그렇지 않으면 애써 만든 기업이념이 행동하지 않는 미사여구로 전락할 수 있다. 개입이란 원래 자신과 직접적인 관계가 없는 일에 끼어드는 일이지만 결과적으로는 참여하게 만든다. 사람이란 일관성의 원칙에 의해 한번 그렇게 생각이나 행동한 일은 일관되게 행동하려는 욕구가 있기 때문에 전 사원의 행동을 이끌어 내는 데 아주 큰 도움이 된다. 또 기업이념과 행동의 명확화 단계는 채용을 시작하기 전에 최초로 실행하는 단계라는 의미가 있다. 즉 기업이념과 행동을 명확히 하지 않고는 채용활동을 시작해서는 안 된다. 이념이 없으면 어떠한 인재를 채용하고 싶다는 말 자체가 성립되지 않기 때문에 기업이념 없이 인재를 채용한다는 말은 잠꼬대 같은 이야기다.

저자의 고객 중 중소기업의 경영자들에게 "기업이념을 생각해 주세요."라고 말하면 너무 대단하게 생각해 무척이나 어렵게 생각한다. 그리고 대부분의 경영자들이 멋있는 미사여구를 생각한다. 기업이념이라고 하면 고급 액자에 넣어 사장실 벽에 떡하니 붙어 있는 "우리는 사회와 지역을 위해서 끊임없는 노력을……"과 같은 아주 거창한 것을 생각한다. 그러나 그것은 멋있을지는 모르겠지만 자신의 회사를 다른 회사와 차별화시키는 것에는 실패한 기업이념이다.

기업이념을 제대로 만들어 전 사원이 공감하고 행동하게 되면, 성과도 좋아질 뿐만 아니라 회사나 개인이 어떤 행동을 하면 좋을지 알게 되므로 경영의 선택과 집중의 판단 자료로도 사용할 수 있다.

기업이념의 전달은 인재 채용에 있어서는 기업의 생각을 알기 쉽게 지원자에게 전하는 것으로, 그 이념에 공감하여 회사와 같은 꿈을 가진 지원자가 놀랄 만큼 많아진다.

기업이념을 어렵게 생각할 필요는 없다.

- 당신의 회사는 누구를 위해서 존재하고
- 무엇을 하고 싶은 것인지
- 고객과 사원에게 약속하는 것은 무엇인지
- 지금부터 어떻게 하고 싶은 것인지

이것들을 생각해 써 내려가면 된다. 평상시부터 생각하고 있던 것을 다만 문자로써 전할 뿐이다. 기업이념을 작성하면 채용이나 경영방향이 눈에 보이므로 꼭 작성해 보라.

기업이념을 공유해라.

기업이념이라고 하는 것은 그 회사의 행동 판단기준이고 취업규칙보다 친밀한 회사의 룰이다. 지금까지 당신의 회사에서 기업이념이나 행동지침을 명확하게 하고 있지 않았다면, 이제부터는 그것을 명확하게 하고 전형기준에 포함시키는 것으로, 향후 채용에는 기업이념을 이해하고 납득하게 해 가치관을 공유할 수 있는 사람을 채용해야 한다. 그리고 입사 때부터 사원의 행동에 무의식적으로 기업이념을 침투시킬 필요가 있다. 그러나 기존사원의 경우는 다른 방법으로 접근해야 한다. 새롭게 만든 기업이념은 기존사원에게는 좀처럼 공유되지 않는다. 경우에 따라서는 기존사원과의 대립도 생겨날지도 모른다. 그렇기 때문에 기업이념은 재직하고 있는 모든 사원들이 개입하게 만들어 주어야 한다. 경영자를 포함하여 사원이 스스로 생각한 기업이념이라면 그 도입을 싫어하거나 반대하는 사람이 없을 것이다. 사람은 자신이 결정한 것은 스스로 받아들이는 일관성의 원칙에 의해 움직이기 때문이다. 그럼에도 불구하고 변화를 싫어하는 사람은 반드시 사내에 있을 수 있다. 그들을 최대한 설득해야겠지만 기업이념을 도입하는 것은 회사의 미래를 결정하는 초석이기 때문에 회사가 희망하는 행동을 거절하는 사람은 함께할 수 없다. 오래 일한 사람이 그만둔다는 것은 안타까운 일이지만 회사가 가야 할 길을 명확하게 정하고 거기에 따르지 않는 사람을 그만두게 하는 것은 회사가 다시 태어나는 과정에서는 어쩔 수 없는 일인 것이다. 그러므로 기업이념은 회사가 커지기 전에 가능한 한 빨리 명확하게 만들어 두어야 한다. 뒤로 미루면 미룰수록 도입에 시간과 노력이 더 많이 소비된다. 향후 채용하는 사원에 대해서는 구인모집부터 기업이념을 일관되게 적용하는 것으로 회사의 가치관에 연계된 행동을 이끌어 내는 데 용이해진다. 이렇게 하는 것으로 장기적으로는 기업의 가치관을 생각해 행동할 수 있는 강한 조직이 완성된다.

여러분의 회사는 무엇을 위해서 존재하는가?

기업이념 같은 건 없어도 우리는 잘하고 있다고 생각하는 경영자도 있다. 그렇지만 기업이념이 없으면 사원이 무엇을 위해서 이 회사에서 일하고 있는지 존재의 이유를 모르게 되고 회사의 미래가 보이지 않아 회사와 함께 성장하려는 꿈이 사라지게 된다. 이렇게 되면 아무리 오랜 시간이 흘러도 스스로 자발적으로 참여하는 사원은 육성하지 못하고, 상사의 지시대로만 움직이는 사원밖에 육성하지 못한다. 그리고 중요한 것은 그 상사도 생각이 자주 바뀌게 된다.

당신의 회사는 무엇을 위해서 존재하는지 꼭 생각해 보라. 그 이유를 생각하다 보면 제1장에서 말한 채용의 목적과 같은 더 높은 이익을 추구하기 위해서만 존재한다고 말할 수는 없을 것이다. 창업한 지 얼마 되지 않은 무렵에는 기업의 존재 이유가 '더 높은 이익을 추구한다'라는 것이 당연할지도 모른다. 그러나 어느 정도 이익이 창출하고 회사가 적정한 궤도에 오르면 회사가 오로지 이익만을 위해서 존재하는 것은 아니라는 생각을 하게 된다. 만약 당신 회사가 이익만을 위해 존재한다면 훌륭한 인재는 당신을 따라가지 않을 것이다.

사실은 제1장에서 이야기하지 않은 것이 있다. 처음부터 그 이야기를 하면 쉽게 이해하기 힘든 부분이 있었기 때문이다. 제1장에서 채용의 목적은 '회사가 더 높은 이익을 내기 위해서'라고 설명했다. 왜냐하면 그 의식이 없으면 채용활동을 안이하게 생각해 버리기 때문이다. 1장, 2장은 채용의 중요성을 당신에게 설명하는 장이었다. 지금까지 우리나라 채용활동에서 몇몇 대기업을 제외하고는 대부분 이렇다 할 교육이나 훈련이 없었고, 중견기업의 인사담당자는 물론 담당 임원조차도 직감이나 기분으로 후보자의 당락을 결정짓는 일들이 빈번하게 일어났기 때문에 저자는 채용활동이 얼마나 중요한지를 강조하고 싶었다. 그렇기 때문에 일부러 이 4장까지 채용활동의 또 다른 목적에 대해서 이야기하는 것을 기다리기로 했다. 채용에는 하나 더 중요한 목적이 있다. 그것은 바로 '기업이념에 따라 행동하는 사람을 채용하기 위해서'이다. 채용의 목적으로 '이익'이라고 하는 키워드는 절대 잊어서는 안 되지만 '기업이념'도 똑같이 중요하다. 우수한 인재를 채용해도 개인의 생각과 기업이념이 맞지 않으면 기업이념에 연계한 행동을 할 수 없기 때문에 고객에게도 신뢰를 잃어 결과적으로 이익이 줄어들게 되므로 성공적인 채용을 했다고 말할 수 없게 된다.

자사의 인재 이미지를 미리 설정하라!

일반적으로 면접은 첫인상이 중요하다. 왜냐하면 그 사람의 인물상이라고 하는 것은 외관이나 느낌Feeling으로 표현되기 때문이다. 그러면 도대체 어떤 타입의 사원이 자사에 진정으로 유용하고 필요한 인재일까? 그 이미지의 포인트는 무엇일까? 그것은 면접자의 관찰에 의해 한눈으로 포착할 수 있는 것이어야 되고 위화감이 없는 것이 중요하다. 이렇게 원하는 인재 이미지를 미리 설정해 놓으면, 효과적으로 면접을 진행할 수 있다.

다음의 예를 든 인재 이미지는 판매사원에 관한 내용이다. 소매업에 종사하는 한 채용담당자는 아래와 같이 영업직용 인재 이미지를 작성하여 면접을 진행해 가는 과정이나 면접평가표, 기타 여러 면에 활용 하고 있다. 물론, 당신이 활용할 경우에는 이 회사의 인재 이미지를 자기 회사에 맞게 바꾸어 재설정하고, 응용·전개시키는 것이 좋다. 그러나 판매사원의 인재 이미지는 모든 비즈니스에 거의 비슷하게 적용되는 요소이기 때문에 대부분의 직종에 적용할 수 있을 것이라고 생각한다.

1 당사가 원하는 이상적인 여성사원의 인재 이미지

1) 여성이 가진 부드러운 인상의 장점과, 여성다운 상냥함과 배려가 있는 사람
2) 재치 있는 사람으로 스스로 생각하고, 협조성이 있고 명랑한 타입의 사람
3) 타인의 기분과 입장을 이해할 수 있고, 상냥하게 마음 쓸 수 있는 사람

4) '나는 ○○를 해 왔다'라는 자신을 가지고 있고, 하루를 반성하고 내일의 계획을 세울 수 있는 사람
5) 넓은 의미의 지성과 교양이 있고 균형감각과 유연성이 풍부한 사람
6) 자신의 의견을 확실히 말할 수 있고, 게다가 자기 주변의 의견에 귀를 기울이는 사람
8) 자기개발에 적극적인 의욕이 있고 선취先取형의 여성
9) 예절을 지키고, 타인으로부터 신뢰받고 호감을 주는 사람
10) 기동력이 있고 미소가 어울리는 사람
11) 감각이 뛰어나고, 우아하고 고상한 사람
12) 인내심, 호기심이 강한 사람

이상과 같은 인재 이미지를 설정해 놓으면, 인재상을 파악하는 구체적인 사항으로 다음과 같은 매력을 구비한 여성사원을 일단 대상자로 삼을 수 있다.

2 이미지를 구체화시키는 판단기준

1) 인상이 좋고, 인정으로 가득 찬 친절함을 갖춘 여성
2) 사람들과 이야기할 때, 싹싹하고, 붙임성이 있는 여성
3) 사람들에게 호감을 가지게 하고, 솔직하고, 밝은 성격의 여성
4) 표정이 풍부하고, 유머감각이 뛰어나고, 귀엽고, 참신하고, 개성적인 여성
5) 복장 그 자체보다는 걸음걸이가 리드미컬하고, 자율적으로 일할 수 있는 경쾌한 여성
6) 첫 대면인 사람이라도, 부드럽게 이야기할 수 있는 타입으로, 빠른 동작 속에서도, 타인의 마음을 헤아릴 수 있는 여성
7) 친절한 표정과 몸짓이 가능하고, 고객의 자존심을 배려하는 분위기를 가진 여성, 즉 그 사람과 있으면 제일 중요하고 상대방들에게 없어서는 안 되는 인물처럼 믿음을 줄 수 있는 여성
8) 생활경험이 풍부하고, 레저 등에도 관심이 많고, 인생과 사회생활에 대해 어느 정도 알고 있으며, 고객을 잘 이해할 수 있는 여성
9) 자신감을 가지고 있고 자신이 하고 싶은 것을 확실히 파악하고 있으며, 힘껏 노력하고 있고, 자신과 타인에게 눈을 돌릴 수 있는 여성
10) 귀염성 있는 사람으로 여러 방면에 의욕이 불타 있는 여성

이처럼, 이미지와 태도를 연계하여 생각하면서, 희망하는 인재상을 발견하고 파악해 가는 것이 바람직하다.

3 당사가 원하는 이상적인 남자사원의 인재 이미지

1) 적극성, 사교성이 있고, 또 호감을 주는 사람
2) 자신의 의견만을 내세우지 않고, 시야가 넓고, 유연성이 풍부한 사고방식을 가진 사람
3) 오랜 비즈니스맨 생활 속에서 체력·지력·활력을 지속시키고, 자신의 능력을 개발할 수 있는 사람(즉, 입사 후, 자신의 능력을 펼 수 있는 사람)
4) 직감적으로 이 사람이라면 함께 일해 보고 싶다거나 자신의 부하로 키워 보고 싶다고 생각할 수 있는, 인간적 매력이 있는 사람
5) 끊임없이 새로운 발상을 할 수 있는 사람
6) 항상 자신의 능력을 계발하고 있고, 자기 나름대로의 인생 설계를 확립하고 있거나, 가지려고 하는 사람

이상의 타입을 면접 시 이미지로부터 판단한다. 또 반대로 원하지 않는 타입의 인재상을 설정해 놓음으로써 원하는 타입의 이미지와 연계하여 판단, 파악해 가는 것이 바람직하다.

💬 기업에 맞는 선발 기준 선정

기업의 대표이사가 원하는 인재상과 면접담당자의 인재상이 다르다면 그 채용은 실패할 수밖에 없다. 그리고 실무 부서에서 요구하는 선발 조건과 면접담당자의 선발 조건이 다르면 불만이 나오게 된다. 따라서 이러한 불만이나 채용상의 오류를 방지하기 위하여 기업마다 원하는 인재상에 맞는 채용 선발 기준을 제시할 수 있어야 한다.

이러한 기준은 면접에서의 주관적인 판단으로 발생하는 오류를 막을 수 있으며, 사전에 면접을 잘 준비한 지원자들에게 현혹되어 면접에서 실패할 확률을 줄일 수 있다. 기업마다 인재상은 차이가 있지만, 일반적으로 기업에서 요구하는 인재상은 아래와 같다.

- 표현능력이 있는 사람

- 자기계발능력이 있는 사람
- 패기가 있는 사람
- 책임감이 있는 사람
- 유연한 사고와 창의력을 지닌 사람
- 올바른 가치관을 가진 사람

기업들의 인재상이 같더라도 조직 문화에 따라 해석을 달리할 수 있으며, 면접 기준도 다를 수 있다. 따라서 면접 기준 선정에 있어 가장 중요한 것은 기업의 조직 문화와 그에 맞는 인재상에 대한 기준을 분명히 하고, 전 사원이 인식할 수 있도록 교육시키는 것이 필요하다. 이러한 교육을 통해 기업에 맞는 인재상이 자리 잡게 된다면, 채용에 있어서도 면접관의 주관적인 판단에 의해 발생할 수 있는 오류를 방지할 수 있다.

그다음으로 채용 분야별 직무에 따른 능력이나 지식을 평가할 수 있는 기준이 정의되어 있어야 한다. 즉 직무 평가서나 직무 소개서를 통해 채용하려는 분야에 필요한 인재의 자질을 선별할 수 있어야 한다. 직무에 따른 검증이 필요한 경우 해당 부서에서 직접 면접을 보는 경우가 가장 정확한 결과를 도출할 수 있기 때문에 경력직의 경우 해당 부서에서 면접을 보는 것이 좋다.

💬 함께 일하고 싶지 않은 인재란

"귀사가 희망하는 인재는 어떤 사람입니까?"라고 저자가 질문을 하면 대부분의 경영자들은 이렇게 대답한다. "두뇌가 명석하고, 열정이 있고, 커뮤니케이션 능력도 뛰어나 협조성도 있어 일을 좋아하고 성실하며 오랫동안 함께 일할 수 있는 사람" 약간의 차이는 있지만 많은 기업이 거의 같은 인재상을 든다. 당신의 회사는 어떨까? 야구경기에 비하자면 '광속구를 던지는 투수로서 타율이 4할이 넘고 발도 빨라 도루도 잘하고 홈런도 매번 치는 그리고 시즌 내내 부상을 당하지 않는 선수'를 희망하는 것과 같다. 이렇게 기대하는 장점만을 나열하는 것으로는 진정한 인재상을 파악할 수 없다. 그래서 저자는 새롭게 질문을 하고 싶다.

"자, 그러면 함께 일하고 싶지 않은 인재는 어떤 사람입니까?"라고. 즉, 희망하지 않는 인재상을 명확하게 하는 것이다. 이면裏面을 정리함으로써 다른 면을 정립할 수 있다는 것이다. 요점은 함께 일하고 싶지 않은 인재를 확실히 하는 것이다. 이것을 명확하게 하면 그 항목에 해당하지 않으면 그 사람을 채용해도 무방하게 된다. 적어도 적자 사원을 채용하는 실패를 회피할 수가 있다. 인재상을 확립하는 실제의 방식으로서 희망하지 않는 인재상을 명확하게 하는 단계를 통해 자신의 회사의 필수 채용조건을 도출해 낸다. 이렇게 되면 채용의 정밀도가 더 높아진다. 이것을 토대로 임의의 조건을 추가해 희망하는 인재상을 명확하게 한다.

한 번의 면접으로 마음에 드는 인재를 채용하는 경우는 매우 희박하지만, 첫 대면에서 아주 잠깐 만난 것만으로 '이 지원자는 인재다'라고 판단할 수 있는 경우도 종종 있다. 정말 꼭 채용하고 싶은 충동을 느끼는 경우이다. 그러나 이와는 반대로 몇 번이나 면접을 진행하여도 매우 분간하기가 어려운 타입의 지원자들도 적지 않다. 채용담당자는 이런 유형의 지원자들은 채용하고 싶은 생각이 별로 들지 않을 것이다. 면접을 진행하다 보면, 이와 같이 됨됨이가 좋은 지원자와 그렇지 않은 지원자들로 나누어지는 것을 알 수 있다. 그러나 제일 곤란한 것은 어떤 타입에도 속하지 않는 중간 타입의 지원자들이라고 할 수 있다. 이런 타입의 지원자를 판단하는 데에 매우 곤란함을 느끼는 것은 모든 인사채용담당자가 느끼는 애로사항 중의 하나일 것이다. 이런 타입의 지원자들은 어느 한 부문에 대한 점은 매우 뛰어나지만 다른 측면은 어딘가 불만스러운 느낌이 드는 경우로, 단시간에 판단하기가 매우 어렵다. 오랜 시간 동안 이러한 경험을 쌓은 인사채용담당자는 면접의 과학적인 방법의 일환으로 원하는 인재상을 설정하고, 동시에 원하지 않는 인재상을 매뉴얼화함으로써 인재발견의 효과를 거두고 있다. 즉, 다음과 같은 바람직하지 않은 인재상을 미리 설정해 놓고, 만약 응시자들 중 이런 항목에 한 개라도 해당되는 경우에는 채용을 보류하는 방법이다.

- 엄숙함이 부족한 지원자
- 노력하려 들지 않는 지원자
- 허약한 수재 타입의 지원자
- 발상이 패턴화된 타입의 지원자
- 사물을 밝게 생각할 수 없는 타입의 지원자
- 입사의지가 애매한 지원자(지원동기가 명확하지 않은 지원자)

- 기업의 특성을 알지 못하는 지원자
- 사회성이 몸에 익지 않은 지원자
- 자기형성이 늦은 지원자
- 자기중심적이고, 타인과 협력하려고 하지 않는 지원자
- 성의나 진실미가 없고 신뢰가 가지 않는 타입의 지원자

함께 일하고 싶지 않은 사람을 실제로 종이에 써 본다.
저자의 회사에서는 채용컨설팅을 위해 고객의 여러 가지 니즈와 문제점을 이해하기 위해 많은 시간 경청을 한다. 그 내용 중에는 '함께 일하고 싶지 않은 사람'이란 항목이 반드시 포함되어 있다. "어떤 사람을 채용하고 싶습니까?"라고 물으면 대부분의 경영자는 같은 대답을 하지만 '함께 일하고 싶지 않은 사람'이라고 하는 질문을 하면 각 사의 독자적인 가치관을 가지는 대답을 들을 수 있다. 이 대답의 내용은 부서마다 다른 경우도 많다.

'함께 일하고 싶지 않은 사람'이란 질문에 대부분의 응답자는 과거의 누군가를 상상하면서 이야기하는 경우가 많다. 이것을 미안하거나 부끄럽게 생각할 필요는 없다. 이 대답은 당신이 속해 있는 회사의 미래를 결정짓는 소중한 인재를 채용하기 위한 일이기 때문이다. 그리고 면접이나 전형의 단계에서 '함께 일하고 싶지 않은 사람'의 항목에 한 가지라도 체크가 된다면 설사 다른 항목이 좋더라도 불합격 판단을 하는 편이 좋다.

자! 그럼 시험 삼아 당신 주변에서 함께 일하고 싶은 사람은 어떤 사람인가? 종이에 직접 써 보라. 그리고 당신의 주변에서 함께 일하고 싶지 않은 사람은 어떤 사람인가? 작성해 보라. 이제 각각 작성한 글을 비교해 보라. 아마 다른 항목이 많이 나올 것이다. 이와 같이 관점을 바꾸는 것만으로 채용하고 싶거나 그렇지 않은 인재의 항목들을 도출할 수 있다. 즉 자사만의 인재상을 개성 있게 도출할 수 있다. 중요한 것은 반드시 그 항목을 종이에 써 보라는 것이다. 이렇게 해야 다른 사람과 공유할 수 있을 뿐 아니라, 이런 과정을 통해서 바라는 인재상에 대해 사원들의 공감도 얻을 수 있다.

회사에 맞지 않는 인재를 파악한다.
이 이야기는 개념적인 것이지만 중요한 내용이므로 당신의 회사에서도 인식해 주기 바란다. 능력이 아무리 뛰어나고 성품이 좋아도 회사와 맞지 않는 사람도 있다는 것이다.

회사라는 것은 빌딩이나 사무실을 가리키는 것도 회사명을 가리키는 것도 아니다. 기업이념을 실현하기 위한 사람의 집합체가 바로 회사인 것이다. 그러므로 회사도 기업문화도 성과도 역사도 기업이념과 더불어 거기서 함께 일하는 사람이 만들어 가는 것이다. 다른 말로 말하면 회사란 사람의 집합체로서 동일한 가치관을 가지는 커다란 인격체라고도 말할 수 있다. 회사를 커다란 인격체로 인식하고 채용 시 그것과 어울리는 사람인가 아닌가를 판단하여 지원자가 아무리 우수해도 자사에 맞지 않는 인재일 가능성이 있다면 채용하지 않는 결단력이 필요하다.

사람에게는 각각의 인생이 있고, 역사가 있고, 가치관이 있고, 목적이 있다. 그러므로 특정한 사람이 모든 사람과 좋은 사이가 될 수 있는 것은 아니다. 즉 어떠한 특정 부분이 우수한 사람이라고 해서 반드시 회사에 맞는 인재는 아니라는 것이다. '자사의 가치관에 맞을지 안 맞을지'를 무시하고 능력이나 성품이 뛰어난 것 같아 채용을 하면 그 사람은 성과를 내기도 전에 퇴직을 하게 된다. 그 사람이 자사가 기대하는 기업이념(회사 본연의 문화)에 부합하는 행동을 해 주면 다행이지만 이는 확신할 수 없기 때문에 채용실패로 이어질 가능성이 크다.

가치관에 맞는 면접자를 파악하기 위해서는 당연히 채용하는 측에서 명확한 가치관을 확립해야 한다. 그러므로 기업이념이나 거기에 따른 행동은 어떤 것들인지를 알기 쉽게 써 둘 필요가 있다. 이것이 있으면 지원자가 기업이념에 부합하는지 아닌지를 보는 것만으로 당락을 결정할 수 있다.

💬 자사의 고객과 맞는 인재인지 확인하라

채용심사를 할 경우에 희망하는 인재상(희망하지 않는 인재상)에 고객의 관점이 분명하게 가미되어 있지 않으면 모처럼 적합한 사람을 채용해도 추후 회사와 지원자에게 있어 불행한 결과로 마무리되는 경우가 많다. 그렇다면 채용기준에 고객 측의 관점을 넣는다는 것은 어떻게 할 수 있을까?

예를 들어, 영업직 채용의 경우 면접 시에 첫인상이 좋지 않은 사람을 채용하면 그 면접관이 느꼈던 첫인상을 당신 회사의 고객도 같이 느끼게 된다. 이렇게 생각하면 깔끔하지 않은 사람이나 미소가 없고 얼굴이 경직된 사람, 목소리가 작은 사람, 상대의 기분이나 분위기를 읽지 못하는 센스 없는 사람을 채용하면 그 사람은 면접 시와 같은 상태로 고객과 접하게 된다.

외부 고객뿐만 아니다. 인사, 총무, 구매, 회계, 경리 등 지원부서의 경우 내부 직원이 고객과 같은 입장이 된다. 이런 사람들이 내부고객에 대해 어떠한 대응을 하느냐에 따라 부서의 이미지도 정해지고 문제가 발생되었을 경우에는 상사의 책임이 된다. 많은 기업에서 채용실패로 이어지는 포지션이 바로 회계·경리부문의 남성사원의 채용이다. 이 포지션에는 회계나 경리 지식은 채용기준에 넣었지만 커뮤니케이션 능력이나 인간적인 면을 채용기준에 넣지 않았기 때문에 채용에 실패한 회사가 많다. 내부고객만을 대응하는 포지션이라고 해도 반드시 고객의 관점도 넣어야 한다.

당신의 회사에 꽤 많은 기여를 할 것 같은 사람이라고 생각하여 채용을 했더라도 고객으로부터의 평가가 나쁘면, 채용의 첫 번째 목적 '더 높은 이익을 내기 위해서'에 부합되지 않는 사람을 채용한 것이므로 결과적으로 채용에 실패했다고 할 수 있다.

💬 회사를 발전시키는 중소기업형 인재의 조건

중소기업과 대기업은, 경영에 대한 생각에서부터 그 수단, 목적, 방법까지 완전히 다르다. 단순히 규모만 차이 나는 것이 아니다. 따라서 조직에 적합한 인재상도 큰 차이가 난다. 중소기업에는 우수한 재능보다는 조직에 적합하고, 경영자와의 일체감에 기쁨을 찾는 인재가 필요하다. 반드시 경영자와 같은 꿈을 보고, 가치관도 공유해서 같은 길을 나아가려고 하는 인재가 필요한 것이다. 이러한 일종의 운명 공동체 조직이 생겼을 때, 조직은 비약적으로 향상·발전을 시작한다. 이러한 조직은 한 사람이 가진 일반적인 자신의 가능 능력보다 몇십 퍼센트나 높은 능력을 발휘한다.

명문 대학 출신에 자타가 공인하는 유능한 인재라 해도 마음속으로 '이런 중소기업 따위'라고 생각하면 경영자와 일체감을 가질 수 없고, 비전이나 가치관도 경영자와는 멀어진다. 이렇게 조직과 동료를 열등하게 보는 상태로는 가진 능력을 발휘하고 싶은 마음이 없을 뿐만 아니라 불평불만으로 오히려 본래 가지고 있는 재능도 고사시키게 된다.

열정 없이 자질이 풍부한 재능 있는 사원과 열정이 넘치고 조직에 적합한 사원 어느 쪽이 조직과 회사를 위해 도움이 되는 능력을 발휘할 것인가? 대답은 명확하다.

어떤 자질을 가진 인재를 찾아야 할 것인가

공격과 수비의 인재 양쪽 모두 필요하다.
여러 가지로 분류되는 자질 가운데, 적극성이나 성취의욕, 또는 향상심이라든지 물질적 욕구라는 자질은 '공격적인 자질'로서 중요하고, 한편으로는 책임감이나 질서욕구, 협조성이나 위기에 견디는 성향은 '수비의 자질'로서 중요하다.

'공격으로 고객을 얻고, 수비로 고객이 떨어져 나가는 것을 막는다.' 이것은, 어떤 업종에도 맞는 매출 확대의 기본이다. 게다가 수비의 자질은, 사내에서의 인간관계에도 중요한 역할을 수행한다.
당연히, 양쪽 다 중요하지만, 이 두 가지 자질은 상반된 것을 내포하고 있다. 예를 들어 적극적인 유형의 사람은 질서나 다른 사람과의 협조에는 그다지 관심이 없고, 다른 쪽의 협조 노선을 가는 타입은 현재 상황에 만족해 버려 강한 적극성이나 욕구가 없다. 일반적으로도, 공격적 성향의 사람은 공격은 자신 있지만, 수비는 약하고 잘하지 못한다. 수비형 자질의 사람은 수비는 자신 있어도, 공격은 서투르다고 말한다. 예외는 있겠지만 일반적으로는 그렇다.
따라서 양쪽 모두 중요하다고는 해도, 둘 다 뛰어난 자질을 가진 인재를 구하기에는 어려움이 있다. 불가능하진 않겠지만, 양쪽 모두를 가진 인재를 채용하려고 노력하기보다는 포지션에 따라 공격형 타입과 수비형 타입을 처음부터 나누어 채용하는 편이 회사와 사원 양쪽 모두에 있어 좋은 결과를 만든다.

사원에게 요구해야 할 중요한 자질 두 가지

만족을 모르는 '향상심'

공격과 수비의 자질에 대해 말했는데, 이 둘 모두 특히 중요한 자질은 '향상심'과 '책임감'이다. 20년에 걸친 컨설턴트 활동에서 실제 느낀 부분인데, 이 두 가지 능력이 뛰어난 경영자는 틀림없이 회사를 크게 만든다. 또 이 두 가지 자질이 뛰어난 사원을 많이 가진 조직은 예외 없이 발전했다.

향상심이라는 것은 문자 그대로 항상 향상하려 하는 마음이다. 결코 자기만족 따위는 하지 않고, 욕심을 부리며 향상해 "더욱더 높은 곳으로 높은 곳으로"라고 계속 요구하는 마음이다. 향상심이란 '만족을 모르는 마음'이기도 하다. 이런 마음의 소유자는 아직도 자신은 도달하지 않았다고 생각하고 있기 때문에 잘난 척하지 않고 항상 겸허하기도 하다. 이 의욕이 있으면 채용할 당시에는 평범한 인재라도 성장하게 되고 그 반대라면 재능 있는 인재라도 도태되게 된다.

약속을 지키는 '책임감'

책임감이란, '해야 할 일을 제대로 하고, 약속을 제대로 지키는 정신'이다. 혹은 그러한 습관이라고 해도 좋다. 책임감 있는 인재는 어떤 일이든 대충 하지 않고, 철저하게 일을 해, 약속한 일은 반드시 지킨다. 책임감에 대해서는 오랜 컨설턴트 경험에서 얻은 어떤 생각이 있다. 채용 면접의 문제가 아니라, 기업과 그 경영자의 흥망성쇠에 관한 일인데, 책임감의 결여된 사장이 경영하는 회사는 거의 틀림없이 도산의 아픔에 맞닥뜨리고 있다.

책임감이 결여된 사람은 약속을 지키지 않는다. 자신의 책임을 타인에게 전가하는 일에 아무렇지도 않게 생각해, 지시와 명령을 지키지 않는다. 일을 중도에 팽개치고, 기한을 지키지 않아, 거래처나 고객 그리고 파트너 등, 다방면으로 폐를 끼친다. 게다가 반성이 없다. 애당초 반성할 만큼 나쁜 일을 하고 있다고는 생각하지 않는다. 그 결과, 주위로부터 버림을 받게 되어 좋지 않은 결과로 이어지는 것, 이것이 도산의 원인이 되는 것이었다.

지금부터 채용하려고 하는 인재에 대해서도 똑같은 말을 할 수 있다. 비록 아무리 우수해도 그러한 인재를 채용해 일을 맡긴 후가 어떻게 될지는 상상이 간다.

일반 중소기업의 경영자들이 추구하는 머리가 좋은 인재라든지 일을 잘할 수 있는 인재 등은 책임감이나 향상심 있는 인재에 비하면 아주 작은 능력이다. 머리는 좋지만 무책임한 사람이나, 일은 잘하지만 그것을 내세워 잘난 체하는 사람이, 사내에서나 사외에서도 선망받으며 '저 분야에는, 저 회사에는 좋은 인재다.'라는 평판을 얻었다는 이야기는 들어 본 적이 없다. 또 그런 회사가 번영을 누렸다는 일도 당연히 있을 수 없다.

경력자 채용의 실패 이유

경력자를 채용할 때 전문 지식이나 기술만을 봐서는 안 된다. 많은 회사가 경력자 채용에 실패하는 이유가 바로 이것이다. 회사가 필요로 하는 기술의 전문성이 높으면 높을수록 과거의 회사에서 경력이나 경험이 있기 때문에 자사에서 즉시 활용할 수 있을 것 같아 안이하게 채용을 결정해 버린다. 경력사원 채용에 실패하는 이유가 바로 이 부분이다. 정말로 중요한 것은 전문 지식이나 기술만이 아니고, 커뮤니케이션 능력이나 성품 등 그 사람이 가진 인간성인 것이다. 어느 정도 우수한 사람이면 전문 지식 등은 나중에 경험하거나 교육과 훈련을 통해 육성시킬 수 있지만 커뮤니케이션 능력이나 성품 그리고 인간성은 변화시키기가 어렵기 때문이다. 왜냐하면 그것은 교육과 훈련을 통해서 육성되는 것이 아니다. 아무리 좋은 교육시스템을 가지고 있다 하더라도 사람의 성품을 변화시킬 수 없다. 사람은 자기 스스로의 변화를 제외하고는 그 누구도 변화시킬 수 없기 때문이다. 일을 잘할 수 있을 거라 생각해 채용했지만 인간적인 문제가 있기 때문에 결국 일을 잘하지 못하고 여러 고객에게 트러블을 일으키거나 사내에서도 다양한 트러블을 일으킨다. 전문 지식이나 기술이 있다는 것은 좋은 일이지만 그 이유로만 합격시켜서는 안 된다. 일을 잘할 수 있게 되려면 능력뿐만 아니라 환경이나 인간관계도 관련이 있다. 직장이 바뀌자마자 즉시 전력으로서 일할 수 있는 사람은 거의 없다. 분위기도 파악하고 미래를 걸 수 있는 회사인지도 마음속으로 판단하는 시간이 필요할 것이다. 즉시 전력감으로 활용할 수 있는 인재를 채용하고 싶어 전문 지식이나 보유기술에 근거하여 채용하기 십상이지만 결국 중요한 것은 융합력이다. 어떤 성품을 갖고 있는지, 어떤 생각을 가지고 있는지 그리고 자사의 가치관과 맞는지가 더 중요하다. 경력사원을 채용할 때는 전문 지식이나 기술뿐만이 아니라 커뮤니케이션 능력이나 성품을 절대로 무시해선 안 된다는 말이다. 원래부터 조직적인 면에서 우수했다면 전 직장에서 퇴사할 이유가 없을 것이다. 그가 왜 전직했는가도 잘 조사해야 한다.

💬 채용기준을 확립한다

지금까지 우리는 기업에서 실제로 채용하고 싶은 인재상, 채용하고 싶지 않은 인재상에 대해 명확하게 정리해 보았고, 회사의 기업이념이나 가치관을 명확하게 정리했다. 또한 고객의 관점에서의 채용도 명확하게 정리했다. 실질적인 전형이란 지원자가 이러한 요소를 가지고 있는지 아닌지를 확인하는 작업인 것이다.

영업직과 사무·연구직의 신입 채용과 경력 채용 각각의 포지션마다 평가 포인트는 당연히 다르다. 예를 들어 신입사원 채용과 경력사원 채용은 특정업무에 대해 기대하는 레벨이 크게 다르다. 즉 신입사원의 경우 전문 지식이나 기술보다는 창의적이고 도전적이며 얼마나 열정이 있는가가 평가 기준이 될 것이고, 경력의 경우 해당업무에 대한 전문 지식과 기술 그리고 성품을 기준으로 평가할 것이다. 그러므로 모든 상황에 따라 채용하는 기준을 다르게 만들어야 한다. 직종마다 채용기준을 만드는 것은 어려운 작업이고 많은 지식이 필요하다. 그렇다면 당신의 회사에 독자적인 채용기준을 만드는 경우 어떻게 하면 좋을까? 우선은 기업이념에 대해서는 신입·경력이든 어느 직종이든 모두 동일하게 적용한다. 만일 부서마다 다른 이념이 있는 경우 그것을 가미한다. 그리고 모집 직종마다 외부고객이나 내부고객의 관점으로 채용하고 싶지 않은 인재상을 작성한다. 이렇게 하면 필수적인 채용기준이 완성된다. 이 필수 채용기준을 적용하여 기준에 해당하는 인재만을 채용한다. 특정분야에 아주 우수한 인재가 지원을 했다 하더라도 이 필수 채용기준에 부합하지 않으면 채용하지 않는다. 채용기준에 부합하지 않는 인재를 채용하게 되면 결국 나중에는 채용실패로 이어진다. 이 채용기준을 사내에 공유하고 회사의 공식 기준으로서 유지하는 것이 중요하다.

💬 채용을 위한 직무기술서를 개발하는 이유

채용을 위한 직무기술서 개발은 조직이 필요로 하는 지식, 기술 등의 역량과 경험 등을 파악하여 직무에 적합한 인재를 채용하는 과정이다. 직무기술서를 개발하는 근본적인 이유는 사람보다는 직무중심으로 후보자를 선발하고자 함에서 출발한다. 과학적이고 합리적으로 조직구성원을 채용recruitment & selection하기 위한 기초자료로서 직무기술서 작성이 필요하다. 특정 직무마다 필요로 하는 자격요건이 있는데, 그 요건을 갖춘 적합인재를 선발하기 위해서는 각 직무에 어떤 자질과 자격요건이 필요한가 하는 직무기술서 작성이 선행되어야 한다. 이 작업을 통해 직무명, 직무정의, 주요업무, 직무책임, 역할, 직무수행 요건, 지식, 기술, 태도 등 구체적인 채용 요건이나 직무 책임을 정의할 수 있으며, 이를 기반으로 구성원들의 역량 개발이나 보상 제도 등을 설계할 수 있다. 채용을 위한 직무기술서 개발은 조직의 인재 관리 전략 수립에 있어서 중요한 역할을 한다. 이 과정에서 인력 수요 및 공급의 균형을 맞추고, 경쟁력 있는 인재 채용을 위한 기준을 마련할 수 있다. 또한, 채용 후 적절한 평가 체계를 마련하여 사원들의 성장과 조직의 성과 개선에도 도움을 줄 수 있다.

표 4-8 채용직무기술서 작성법

1. 작성자 정보

「직위정보」는 분석대상 직무에 대한 기본적인 정보를 파악하기 위한 것입니다. 귀하가 소속된 **회사명(기관명), 부서명, 팀명, 직위명, 작성자성명, 보임 가능 직급(공기업만 해당, 복수직급의 경우 해당 직급 모두)**을 기입합니다.

[작성사례]

소속	기관명	○○○○	직위	◎◎원
	부서명	경영지원부	작성자성명	홍길동
	과·팀	인사팀	보임가능직급	공기업만 해당

2. 직무개요

조사의 목적 「직무개요」는 해당 **직무가 존재해야 하는 이유**와 **직무가 지니는 가치**를 분석하기 위한 것입니다. 해당 직무가 소속 기관 또는 부서의 성과 또는 대상고객에게 기여하는 바를 구체적으로 기술하여 주시기 바랍니다.

효과적 작성을 위해 '3. 직무수행내용'의 주요직무내용 또는 세부직무내용을 먼저 작성한 뒤 **중요하고 비중이 큰 성과책임 2~3개를 중심**으로 담당직무의 존재 이유와 가치를 기술합니다.

[작성사례] 인사는 조직의 목표 달성을 위해 인적 자원을 효율적으로 활용하고 육성하기 위하여 직무조사 및 직무 분석을 통해 채용, 배치, 육성, 평가, 보상, 승진, 퇴직 등의 제반 사항을 담당하며, 조직의 인사제도를 개선 및 운영하는 업무를 수행하는 직무이다.

3. 직무수행내용

3-1. 조사의 목적

조사목적 「직무수행내용」은 **회사(기관) 또는 부서가 해당 직무에 대하여 기대하는 구체적인 활동과 역할**을 파악하기 위한 것입니다. 이를 위해 (1) 직무담당자가 수행해야 하는 **주요업무활동**, (2) 주요 업무활동을 자세히 기술한 세부직무내용, (3) 주요 직무내용에 따른 그 **비중을** 기술합니다.

[작성사례]

주요 업무활동	세부직무내용	비중
채용	채용계획 수립 채용예정자 모집 채용예정자 선발 채용 사후관리	20%
인사평가	평가계획 수립 목표설정 평가 교육 인사평가 시행	15%
교육훈련	인력육성 계획 수립 교육과정 기획 교육과정 운영 교육과정 평가	20%
임금	임금조정안 수립 임금조정안 확정 임금계약 체결	25%
복리후생	복리후생제도 설계 부합요건 심사 복리후생제도 실행	20%
-	-	100%

3-2. 주요 직무내용

개념 및 작성방법 「주요 직무내용」은 현행 직무와 관련해 수행하는 구체적인 활동들을 말합니다. 직제 및 업무분장 등을 참고하여 직접 담당하는 업무활동을 중심으로 5개 이상 작성하되, 세부직무내용을 상세하게 작성합니다.

3-3. 세부직무내용

개념 및 작성방법 주요 직무내용을 수행하기 위한 세부직무내용을 작성합니다.
여기서 주의할 것은 현재 프로젝트 및 성과목표를 작성하는 것이 아니라 기간의 제약 없이 해당 직무가 존재하는 한 지속적으로 추구하고 달성해야 하는 것을 의미합니다.

3-4. 주요 직무내용의 비중

비중 「비중」은 주요 직무내용의 비중을 의미하며, 최소 단위를 5%로 하여 작성합니다. 이 때 비중의 합이 100%가 되도록 작성합니다.

4. 직무수행요건

조사 목적

「직무수행요건」은 직무를 효과적으로 수행하기 위해 직무담당자가 반드시 갖추어야 하는 지식, 기술, 태도 등을 의미합니다. 지식은 후보자가 그 업무를 수행하기 위하여 반드시 알아야 할 기초지식 및 실무지식을 말합니다. 필요기술과 기능은 후보자가 할 수 있어야 하는 것을 말하며, 자격의 경우 일부 특수한 전문자격증이 요구되는 경우도 있습니다. 직무수행 태도는 후보자가 과업을 제대로 수행하기 위해 필요한 태도를 말합니다.

[작성사례]

○ 필요지식(최소 5개 이상)

주요 직무 내용	필요지식(기초지식 및 실무지식) 후보자가 알고 있어야 하는 지식	요구 수준
채용	조직의 이해, 조직의 취업규칙, 채용 예정자 사후관리 사례 연구, 면접기법, 채용기법, 홍보 매체 활용, 조직의 이해, 노동법, 인·적성 검사기법	5
인사평가	면담기법, 벤치마킹 방법, DC$_{Development\ Center}$ 운영법, AC$_{Assessment\ Center}$ 운영 법, 전자인적자원관리시스템$_{e-HR\ system}$, 평가방법론, 평가제도, 주요 성과지표$_{KPI}$, 조직 비전 체계	4
교육훈련	교육평가 방법, 사업주 훈련 고용보험환급 규정, 교육운영 방안, 환급교육과정 운영, 교육설계법, 인력육성체계, 인력육성 계획 수립방법, 인력육성체계 수립방법, CDP$_{Career\ Development\ Program}$ 설계 및 운영 방안	5
임금	전자인사관리시스템, 개인정보보호법, 근로기준법, 관리회계, 임금 및 단체협약, 평가제도, 근로기준법	5
복리후생	전자인사관리 시스템 운용, 복리후생 제도 운영, 복리후생제도 설계 방법	5

[작성사례]

○ 필요지식(최소 5개 이상)

주요 직무 내용	필요기술 및 기능 후보자가 할 수 있어야 하는 것	요구 수준
채용	통계처리능력, 문서작성기술, Spread Sheet 활용 능력, 비용효과분석 기술, 커뮤니케이션 기술, 프리젠테이션 기술	5
인사평가	컴퓨터 활용 기술, 설득력, 협상력, 평가기술, 퍼실리테이팅 기술, 프리젠테이션 기술, 성과관리지표 설계, 분석력	4
교육훈련	교육결과 보고서 작성을 위한 기획력, 교육 개선안 도출을 위한 분석력, 교육평가 분석, 문제해결능력, 강사 및 교육생과의 커뮤니케이션, 교육운영기술, 제안서 검토를 위한 정보 분석력	5
임금	전자인사관리시스템 활용 기술, 문서작성 기술, 의사소통능력, 정보관리능력, 의사결정력, 협상력	5
복리후생	전자인사관리시스템 운용, 의사소통능력, 문제해결 능력, 분석력, 기획력	5

[작성사례]

○ 필요지식(최소 5개 이상)

주요 직무 내용	태도 과업을 제대로 수행하기 위해 필요한 태도	요구 수준
채용	적극적 의견 청취 자세, 분석적 사고, 개방적 의사소통, 객관적 태도, 적극적 태도, 사교적 태도	5
인사평가	정확성, 원칙을 준수하는 태도, 다양하고 명확한 대응, 내부 네트워킹, 성취지향, 균형감각, 전략적 사고, 개방적 의사소통, 윤리의식, 공정한 태도, 성취지향	4
교육훈련	교육 개선을 위한 비판적 자세, 교육품질에 대한 관심, 열린 마음, 평가기준을 공정하게 준수하려는 태도, 열린 마음, 정보공유 자세	5
임금	보안 의식, 정확성, 분석적 사고, 합리적 사고, 창의적 사고, 문제 지향적 사고	5
복리후생	제도 실행의 정확성, 제도 실행의 공정성, 정성을 다하는 고객만족, 근로자 단체와의 협력, 제도 운영의 고객지향성, 심사에 대한 공정성, 균형감각, 원칙을 준수하는 공정한 태도, 개선 의지	5

◆ 요구수준

level 5	개념·원칙·실무에 대한 지식이 월등하며 균형 있게 조화를 이루어 관련분야의 지식을 망라하고 지식체계에 대한 새로운 틀을 재구성해 낼 수 있는 수준
level 4	기존의 지식·기술을 바탕으로 새로운 지식과 기술을 연구 또는 생산할 수 있고, 모든 업무 상황에서 풍부한 지식과 기술을 사용하며, 요청을 받아 다른 사람들의 문제를 해결해 주는 조언자의 역할을 수행하는 수준
level 3	필요한 경우 기존의 지식과 기술을 결합·변용하는 등 다양한 상황에서 지식·기술을 활용하여 업무를 무난히 수행하는 수준
level 2	표준화되고 정형적인 업무에 자신의 지식과 기술을 적용하여 기대하는 결과를 생산하는 수준으로 다양한 상황에서의 융통성은 기대하기 어려운 수준
level 1	해당 분야 업무 수행에 필요한 최소한의 요건은 만족한 수준으로 기본적 실무지식과 업무를 개괄적으로 이해할 수 있는 학문적 지식을 습득한 수준

◆ 외국어 수준

level 5	외국인으로서 최상급 수준의 의사소통(교양 있는 원어민에 버금가는 정도로 의사소통)이 가능한 수준
level 4	자기 분야의 전문 외국정보·자료를 완벽하게 독해할 분만 아니라 이를 능숙히 발표, 강의 또는 토론할 수 있으며, 회의, 세미나 등의 행사 절차 및 방식에 능통하며, 행사 등을 진행할 수 있는 수준

level 3	자기 분야의 전문적 정보·자료에 대해 완벽히 독해가 가능한 수준이며, 어떤 상황에서도 적절한 커뮤니케이션을 할 수 있는 바탕을 갖추고 있고, 전문적인 세미나, 국제회의 등에서 부분적인 회화가 가능한 수준
level 2	한정된 분야에 관련된 외국정보를 큰 어려움 없이 독해할 수 있으며, 일상생활의 필요를 충족하고, 한정된 범위 내에서는 업무상의 커뮤니케이션이 가능한 수준
level 1	업무 중 한정된 분야에 관련된 외국정보를 대체로 독해할 수 있는 수준으로, 일상 회화에서 최저한의 커뮤니케이션이 가능하며, 상대방이 천천히 말하거나 되풀이하여 말하면 간단한 회화는 이해할 수 있는 수준

◆ **정보화 능력 수준**

level 5	• 새로운 기술 및 고객요구에 대응하여 기존 시스템을 분석, 개선할 수 있으며, 새로운 정보기술을 창출해 내는 수준
level 4	• 자신의 업무분야와 관련된 새로운 응용소프트웨어를 설계하거나, 또는 기존의 응용소프트웨어를 개선할 수 있는 수준 • 시스템의 설치, 검사, 운영, 장애복구, 유지 등을 총괄 관리할 수 있는 수준
level 3	• 표준적으로 제공되는 하드웨어와 소프트웨어에 능숙하며, 필요한 경우 통계 프로그램 등 고급 프로그램을 이용하여 업무를 능숙하게 수행하는 수준 • 대부분의 장애는 스스로 복구 가능하며, 타인을 지도·지원할 수 있는 수준
level 2	• PC를 이용한 홈페이지 검색, 문서작성, 수발 및 e-mail 교환 등을 자유로이 운영할 수 있는 수준 • Office 프로그램 등 표준적으로 제공되는 OA 소프트웨어 등을 자유로이 운영하여 필요한 업무를 무난히 수행하는 수준
level 1	• PC의 단순 워드기능은 소화하여 운영할 수 있는 수준 • 단순히 자신의 e-mail을 확인할 수 있는 수준

본 직무기술서는 채용뿐만 아니라 추후 직위에 대한 다양한 인사관리의 목적에 활용될 수 있는 자료로서, 작성자 및 확인자가 서명·날인하는 것은 현 재직자들의 확인 작업을 통해 작성된 직무기술서의 책임성과 신뢰성을 보다 높이기 위한 것입니다. 「작성자」란에는 해당 직무를 담당하고 있는 사람의 성명을 기입하고, 해당자의 서명을, 「확인자」란에는 해당 작성자의 직상급자 또는 부처별 인사책임자의 성명을 기입하고, 해당자의 서명 또는 날인을 받습니다.

표 4-9 채용직무기술서 예시-1

직무개요: 인사기획

1. 직무명 및 직무정의

인사는 조직의 목표 달성을 위해 인적 자원을 효율적으로 활용하고 육성하기 위하여 직무조사 및 직무 분석을 통해 채용, 배치, 육성, 평가, 보상, 승진, 퇴직 등의 제반 사항을 담당하며, 조직의 인사제도를 개선 및 운영하는 업무를 수행하는 일이다.

2. 직무책임 및 역할

주요업무	책임 및 역할
인사전략 수립하기	• 조직의 비전과 중·장기사업전략에 따라 인사전략 환경을 분석한다. • 인사전략 환경분석 결과에 따라 중·장기인사전략의 방향성을 수립한다. • 중·장기방향성에 따라 당해 연도의 인사전략을 수립한다.
인력운영계획 수립하기	• 수립된 인사전략에 따라 인력의 수요를 예측한다. • 인력수요 예측 결과에 따라 현 인원의 적정성을 분석한다. • 적정성 분석결과에 따라 인력운영 계획을 수립한다.
인건비 운영계획 수립하기	• 인력운영계획에 따라 인건비에 변동을 주는 영향요인을 파악한다. • 영향요인을 반영하여 인력운영 효율성을 분석한다. • 인력운영 효율성 분석에 따라 조직의 인건비 운영계획을 수립한다.

3. 직무수행 요건

지식	• 관리회계 • 근로기준법 • 인사규정 • 인사전략 환경분석법	• 적정인력산정법 • 전략적 인적자원관리 • 직무분석
기술	• Spread Sheet 기술 • 비전과 중장기 사업 전략 분석 • 인건비 운영 시뮬레이션 능력 • 인력수요예측기술	• 인력운영의 효율성 분석 능력 • 조정능력 • 환경분석 능력
태도	• 객관적 태도 • 거시적 시각 • 공정한 태도 • 분석적 태도	• 전략적 사고 • 정확성을 높이기 위한 적극적 태도 • 치밀하고 꼼꼼한 태도 • 포괄적 시각

표 4-10 채용직무기술서 예시-2

직무	인사
직무 목적	조직에 적합한 인재를 확보하기 위하여 계획수립, 모집, 선발, 채용 후 사후관리를 수행할 수 있다.

- 직무책임 및 역할

주요업무	책임 및 역할
채용계획 수립하기	• 중장기 사업전략과 연간 사업계획에 따라 당해 연도 인력 소요 계획을 파악한다. • 퇴직, 이동, 승진을 고려하여 조직 내부에서 충원 가능한 인력을 분석한다. • 파악된 수요인력과 공급인력을 분석하여 채용규모를 계획한다. • 필요분야, 채용규모, 충원시기를 고려하여 채용계획을 수립한다.
채용예정자 모집하기	• 필요인력확보를 위하여 노동시장환경을 분석한다. • 수립된 채용계획에 따라 효율적인 모집방법을 계획한다. • 필요한 인력을 확보하기 위하여 지원자에게 채용 정보를 설명한다.
채용예정자 선발하기	• 지원자의 입사지원서를 바탕으로 모집 직무별 서류전형을 실시한다. • 서류전형 합격자를 대상으로 면접전형을 실시한다. • 면접전형 결과를 바탕으로 합격자를 선발한다.
채용 사후관리 하기	• 입사예정자를 대상으로 입사 전 사전교육을 실시한다. • 입사예정자의 적성 능력을 바탕으로 부서배치를 결정한다. • 선발된 우수인력을 유지하기 위하여, 입사예정자 및 예정자의 가족을 대상으로 조직 문화를 전파한다.

- 직무수행 요건

구분	상세내용
지식	• 조직의 이해 • 조직의 취업규칙 • 채용 예정자 사후관리 사례연구 • 면접기법 • 채용기법 • 홍보 매체 활용 • 노동법 • 인·적성 검사기법 • 중장기 사업전략 수립 방법 • 조직 비전체계 수립 방법
기술	• 통계처리능력 • 문서작성기술 • Spread Sheet 활용 능력 • 비용효과분석 기술 • 커뮤니케이션 기술 • 프리젠테이션 기술 • 인력운영계획수립능력
태도	• 적극적 의견 청취 자세 • 분석적 사고 • 개방적 의사소통 • 객관적 태도 • 적극적 태도 • 사교적 태도 • 전략적 사고
관련자격사항	• 공인노무사 • 경영지도사(인적자원관리)
사전직무경험	• 인사평가, 조직문화관리, 인사 아웃소싱

표 4-11 NCS기반 채용직무기술서

일반요건	연령	제한 없음
	성별	무관
교육요건	학력	무관
	전공	무관
필요지식	인사기획	• 관리회계 • 직무분석
	직무관리	• 직무평가법 • 조직전략
	인력채용	• 채용기법 • 면접기법
	인력이동관리	• 경력개발방법론 • 면담기법
	인사평가	• 평가기법 • 역량모델링
	핵심인재관리	• 핵심인재관리 모델 • 조직개발 방법 • 경력개발 방법
	교육훈련운영	• 직무분석 • 역량모델링 • 인력육성체계 수립방법
	조직문화관리	• 조직문화 진단법 • 사회조사 방법론 • 조직행동론
	전직지원	• 직업상담심리이론
필요기술	인사기획	• 환경분석
	직무관리	• 인터뷰(개인·그룹) 기술
	인력채용	• 커뮤니케이션 기술
	인력이동관리	• 직무분석
	인사평가	• 분석력 • 기획력
	교육훈련운영	• 체계 수립에 필요한 기획력 • 교육요구분석

필요기술	조직문화관리	• 커뮤니케이션 기술 • 설문지 개발 기술 • 조직문화진단 분석
	전직지원	• 직업정보론
필요자격	해당사항 없음	
직업기초능력	의사소통능력, 수리능력, 문제해결능력, 자원관리능력, 정보능력, 기술능력, 직업윤리	
참고사이트	http://www.ncs.go.kr	

채용직무	인사	분류번호	능력단위
		0202020101_13v1	인사기획
		0202020102_13v1	직무관리
		0202020103_16v2	인력채용
		0202020104_16v2	인력이동관리
		0202020105_13v1	인사평가
		0202020106_13v1	핵심인재관리
		0202020107_16v2	교육훈련 운영
		0202020108_16v2	임금관리
		0202020109_16v3	급여지급
		0202020110_16v2	복리후생관리
		0202020111_13v1	조직문화관리
		0202020113_13v1	인사아웃소싱
		0202020114_16v3	퇴직업무지원
		0202020115_16v3	전직지원

직무능력 관련 자격사항	
A. 국가기술자격	B. 개별법에 의한 전문자격
소비자전문상담사1급 소비자전문상담사2급 컨벤션기획사1급	경영지도사(재무관리) 경영지도사(마케팅) 경영지도사(인적자원관리)

컨벤션기획사2급 직업상담사1급 직업상담사2급 사회조사분석사1급 사회조사분석사2급	경영지도사(생산관리) 변리사 변호사 법무사 공인노무사
C. 국가공인 민간자격	D. 기타자격
ERP인사정보관리사	

채용분야	인사총무	대분류	2. 경영·회계·사무			
		중분류	2. 총무·인사			4. 생산·품질
		소분류	1. 총무	2. 인사·조직	3. 일반사무	1. 생산관리
		세분류	1. 총무	1. 인사	2. 사무행정	1. 구매조달

직무수행내용	• **(총무)** 조직의 경영목표 달성을 위해 자산의 효율적인 관리, 임직원에 대한 원활한 업무지원 및 복지지원, 대·내외적인 회사의 품격 유지를 위한 제반 업무 지원 • **(인사)** 조직의 목표 달성을 위해 인적자원을 효율적으로 활용하고 채용, 배치, 교육훈련, 평가, 보상, 승진, 퇴직 등의 조직의 인사제도를 운영하는 업무 지원 • **(사무행정)** 문서관리, 문서작성, 데이터관리, 사무자동화 관리운용 등 조직 내부와 외부에서 요청하거나 필요한 업무를 지원하고 관리하는 업무 지원 • **(구매조달)** 조직의 경영에 필요한 자재, 장비, 장치를 조달하기 위해 구매계약 체결, 구매 협력사 관리, 구매품질, 납기, 원가 관리 지원
필요지식	• **(총무)** 근로기준법, 행사 기획·운영, 차량운영규정, 인장관리규정, 문서관리 프로세스, 복리후생 규정과 운영계획 수립 방법, 예산수립방법, 보안규정, 문제해결기법 등 • **(인사)** 인적자원관리, 직무분석 방법론, 인사규정, 근로기준법, 조직의 이해, 채용기법, 면접기법, 성과 평가기법, 인건비 분석, 경력관리, 교육요구 분석, 역량모델링 등 • **(사무행정)** 문서기안 절차, 문서작성 목적, 보고절차, 문서관리규정, 보안규정, 회계규정, 회계시스템, 업무규정, 부서내의 업무프로세스, 근태, 출장, 교육과 관련된 회사규정 • **(구매조달)** 조달방법 절차 및 규정, 구매원가·재무제표 기초지식, 계약·구매·협상 절차의 이해, 구매·계약 관련 법규, 계약서 구성체계, 발주 시점 관리 및 자재 표준화
필요기술	• **(총무)** 문서작성 기법, 정보수집방법, 환경 분석방법, 행사 진행·운영기술, 대인관계 기술, 협상능력, 차량점검 체크리스트 작성 기술, 벤치마킹, 컴퓨터 활용기술, 문제해결 능력 • **(인사)** 환경 및 직무분석, 인력운영 효율성 분석, 문서작성 능력, 조직 인력운영 기술, 인력 수요예측 기술, 교육요구 분석력, 교육과정 설계, 인사관리시스템 활용능력 • **(사무행정)** 문서정리 능력, 문서기안 능력, 의사표현 능력, 컴퓨터 활용능력, 정보검색 능력, 데이터베이스 관리능력, 전자정보시스템 활용 기술, 회계시스템 사용능력 • **(구매조달)** 구매계획 수립 능력, 구매 계약내용 검토 능력, 구매품 견적 및 제안서 평가 능력, 계약서 작성 능력, 계약체결 요령

직무수행태도	• **(총무)** 종합적 접근, 지속적 학습, 우호적 인간관계, 논리적·분석적 사고력, 치밀하고 꼼꼼한 자세, 솔선수범하는 자세, 타부서와의 협업 자세, 서비스 자세, 철저한 준비성 • **(인사)** 공정하고 객관적인 태도, 개방적 의사소통, 균형감각, 원칙을 준수하는 태도, 전략적 사고, 인적자원에 대한 관심, 교육품질에 대한 관심 • **(사무행정)** 요청내용에 대한 적극적 경청하는 태도, 일정계획 준수, 성실성, 자료의 객관성 유지, 문서보안 준수, 업무협조 요청에 따른 적극적 수용의지, 부서원과의 팀워크 지향 • **(구매조달)** 기관목표와 연계한 구매·계약·협상을 수립하는 태도, 협상내용 준수, 데이터의 객관성 확보노력, 조사분석의 정확성 확보노력, 객관적이고 분석적인 태도
직업기초능력	• 의사소통능력, 수리능력, 문제해결능력, 자원관리능력, 조직이해능력, 자기개발능력, 대인관계능력, 직업윤리
필요자격	• 경영·회계·사무 관련 전공자 및 전문 지식, 경험 보유자
참고 사이트	www.ncs.go.kr

💬 채용원칙을 수립한다

채용 과정에 참여하는 사람이 여러 명이면 일관성을 유지하기 어렵다. 조직은 모든 참가자들이 일관된 입장을 견지할 수 있도록 최선을 다해야 한다. 일관성을 높이기 위한 기본적인 방법 하나가 일련의 채용 원칙들을 개발하고 전파하는 것이다. 원칙은 사람들이 특정 상황을 어떻게 처리해야 할지 긴가민가할 때마다 되짚어 볼 수 있는 길잡이 역할을 한다.

여러 채용담당자가 면접을 실시할 경우, 사전에 채용 여부 판단에 대한 합의를 해 둘 필요가 있다. 면접관의 취향이나 감각으로 채용을 실시하면 채용은 가능해도 활약할 수 있는 좋은 인재를 채용하지 못할 가능성이 있다. 채용담당자가 모집의 목적, 추구하는 인재상 등을 공통적인 인식으로 파악하고 있는지 확인해야 한다. 특히 1차 면접을 현업에서 진행할 경우 사전 모임이 중요하다.

채용담당자들에게 채용원칙을 전파함으로써 채용해야만 하는 인재가 명확해진다. 여러 면접관으로 채용을 실시하는 경우에는 서로 모의면접을 실시함으로써 면접기술 향상을 도모할 수 있다. 특히나 모의면접에서 지원자 입장이 되면 지원자의 마음을 이해할 수 있고 면접에서 활용할 수도 있다.

채용 여부의 판단에 대해 불안한 경우, 다른 면접관에게 의견을 구하는 것도 가능하다. 면접 전에 채용원칙 확인 시트를 작성함으로써 공통된 인식을 가지고 채용업무를 실시할 수 있게 된다.

표 4-12 **면접 전 확인 시트**

면접전확인사항	
	☑ 지원자에게 설명할 자사의 강점, 성장기회, 복리후생 등 매력요소 정리
	☑ 자사의 약점과 개선을 위해 실시하고 있는 내용
	☑ 이번 채용의 목적
	☑ 채용 분야에 대한 구체적인 직무내용
	☑ 직무를 수행하기 위한 지식Knowledge 기술Skill 태도Attitude
	☑ 지원자에 대한 개인정보를 확인하고 지원서상 미완성된 정보를 질문을 통해 확인할 사항을 점검
	☑ 채용공고 및 채용프로세스(모집기간, 모집부문, 서류전형, 필기전형, 면접전형, 최종발표일, 최종 입사일 등)
	☑ 지원자의 적합성을 제대로 평가할 수 있는 명확한 측정지표 및 평가레벨
	☑ 조직, 직무, 동기, 태도 적합성을 확인할 수 있는 과학적인 면접질문
	☑ 평가기준을 기반으로 하고 면접관의 오류를 방어할 수 있는 구조화된 면접평가표
	☑ 면접관끼리 역할분담
	☑ 비대면 면접일 경우 면접솔루션 사용방법 및 비대면 면접 매너

💬 채용에 성공하고 싶으면 채용하지 않는다

이 책으로 당신은 채용의 개선방법이나 노하우를 하나씩 배워 나가고 있다. 우수한 인재를 채용할 수 있는 능력을 올리거나, 채용 관련 지식이나 노하우를 습득해 가면서도 제1장으로 배운 회사가 사람을 채용하는 진정한 목적은 '더 높은 이익을 내는 것'임을 잊지 말기 바란다. 반드시 이 목적을 염두에 두고 채용 활동을 실시하기 바란다.

대부분의 회사가 채용 활동에 실패하는 주된 원인은 서둘러 사람을 채용하고 싶다는 생각 때문이다. 그러므로 언제나 인재상에 부합하는 좋은 지원자가 있다면 바로 채용하자. 만일 1명의 인재가 필요하여 면접을 실시했지만 인재상에 부합하는 지원자가 2명 있다면 인건비나 예산에 상관없이 채용해 두자. 결국 그들이 회사에 더 높은 이익을 제공할 테니 말이다. 이것이 채용에 성공하는 길이다. 인재 채용에 있어 초조해해서는 절대 안 된다. 사람을 빨리 채용하려고 하면 할수록 타협으로 이어져 결과적으로 채용실패로 이어지기 쉽다.

구직자 입장에서 보면 반감을 살 이야기지만 회사는 자원봉사자가 아니다. 채용의 목적 달성을 위해서는 근본적으로 생각을 바꿀 필요가 있다. 예를 들면 채용 활동에 시간이 걸려 부족한 일손을 충원하기 위해서 채용을 서두르는 것보다는 그 기간에는 파견사원이나 업무위탁 등을 활용하여 업무의 공백을 채우는 것이 장기적으로는 더 이익이다.

제4장의 정리

① '사람을 채용하고 싶다 → 구인공고를 낸다'라는 식의 채용은 반드시 실패한다.
② 좋은 인재를 간파하기 위해서는 회사의 전형 프로세스를 생각해 보자.
③ 인재상에 맞는 채용선발 기준을 선정하여 채용실패를 줄인다.
④ 채용 프로세스를 이해하고 사전에 설계한다.
⑤ 조직, 직무, 동기, 동료 적합성을 이해하고 설계한다.
⑥ 기업이념은 알기 쉽고, 그 폭이 넓어야 한다.
⑦ 기업이념이 있으면 기업으로서 자신만의 컬러를 낼 수 있다.
⑧ 채용의 목적 두 번째 이유는 기업이념에 맞는 인재를 채용하기 위해서이다.
⑨ 신규사원 채용은 회사의 가치관에 공감하는 사람을 채용하자.
⑩ 채용하고 싶은 인재뿐만 아니라 채용하고 싶지 않은 인재도 명확하게 정립한다.
⑪ 자사의 가치관에 맞지 않는 사람을 채용해선 안 된다.
⑫ 고객과 맞지 않는 인재를 채용해선 안 된다.
⑬ 과학적이고 합리적으로 조직 구성원을 채용하기 위한 기초자료로서 직무기술서 작성이 필요하다.
⑭ 소중한 것은 전문 능력뿐만이 아니라 성품인 것을 잊지 않는다.
⑮ 면접 참가자들이 일관된 입장을 견지할 수 있도록 채용원칙 수립하고 전파한다.
⑯ 채용원칙을 공유하고 공식 기준으로 유지하는 것이 중요하다.
⑰ 서둘러 채용하려 하는 것이 채용 실패의 이유이다.

PART 05
적합한 인재 유인하기

인재 채용 지침서
채용의 교과서

PART 05 적합한 인재 유인하기

💬 실패하는 채용 성공하는 채용

사람은 통상 자신 고유의 사고 방법이나 자신의 과거의 경험에 근거해 사물을 판단해 버리기 십상이다. 이렇게 경험을 바탕으로 한 행동은 인재 채용에 있어서도 같은 모습으로 나타난다. 앞장에서도 이야기했듯이 채용에 대해 교육을 받지 않았을 경우 평상시의 습관처럼 지금 '인재 채용을 해야 한다.'라고 생각하면 그 첫 번째 행동이 대부분 구인광고를 내는 일이다. '구인광고를 내서 하루빨리 원하는 인재를 채용하자.'라고 생각한다. 그러나 사실 이러한 채용방법을 사용하는 회사는 대부분 채용실패로 이어진다. 채용의 실패는 아래와 같은 프로세스로 이뤄진다.

> **실패하는 채용 프로세스**
>
> 사람을 채용해야 한다. → 구인광고를 낸다. → 지원자가 있다. → 면접을 본다. → 합격 → 입사 → 근무 → 생각보다는 좋은 인재가 아니다. 채용을 성공하기 위해서는 '사람을 채용해야 한다.'와 '구인광고를 낸다.'의 프로세스 사이에 본래 행해야 할 일이 있다. 그것은 아래와 같다.

> **성공하는 채용 프로세스**
>
> 사람을 채용해야 한다. → 채용하고 싶은 인재상을 명확하게 한다. → 전형 내용을 확립한다. → 면접관 교육을 실시한다. → 효과적인 구인광고를 낸다. 이와 같이 구인광고를 내기 전에 우선은 사내에서 정립해야 할 일이 있다.

💬 구인광고 및 지원자 모집 프로세스

- 구인광고 및 모집 단계에서는 채용 계획에 따라 어떤 방법과 절차로 채용을 진행할 것인지 사전에 결정해야 한다. 이때 채용방법 및 절차는 효율성과 효과성을 모두 고려하

여 설계해야 한다.
- 구인광고 및 지원자 모집은 1. 평가 요소 및 전형 절차 설계, 2. 구인광고 문구 개발, 3. 입사지원서 개발, 4. 서류 접수 준비, 5. 채용 홍보, 6. 지원서 접수의 단계로 진행된다.

표 5-1 채용공고 및 지원자 모집 프로세스

채용 프로세스 설계
- 모집 및 홍보의 구체적인 실행 방안 설계
  - 전형 및 평가 요소 설계
  - 채용 절차 설계
  - 전형별 일정 및 대상 인원 결정

채용공고 문구 개발
- 채용 계획 및 전형 절차에 따라 구인 광고 문구 개발
  - 채용 분야 및 형태
  - 채용 전형 방식 및 일정
  - 우대사항 및 제출 서류

입사지원서 개발
- 구인광고 내용에 따른 입사지원서 개발
  - 입사지원서 항목 설정
  - 입사지원서 항목별 상세 내용 설정
  - 자기소개서 항목 설정 및 질문 개발

서류 접수 준비
- 온라인 채용 시스템 준비
  - 채용전략에 따라 자유롭게 설계 가능한 채용 평가관리 솔루션 준비
  - 채용 시스템의 각 기능별 정상 작동 여부 점검

모집 및 홍보
- 채용 대상자에 적합한 모집 및 홍보 방법 활용
  - 기술직 : 특정 분야 지원자를 위한 모집·홍보 전략 활용
  - 일반직 : 일반 채용 포털사이트 활용

서류 접수
- 서류 접수 관리
  - 입사지원서 접수 현황 모니터링
  - 지속적인 모집·홍보 활동
  - 문의사항 응대

💬 중소기업이 타깃으로 하는 인재층은?

"당신은 중소기업이 대기업보다 좋은 인재를 채용할 수 있다고 생각하는가?" 이 질문에 대해 장시간 이야기를 하고 싶지만 지면이 한정되어 있는 관계로 결론부터 말하자면 "그렇다."이다. 왜냐하면 중소기업을 선택하는 사람과 대기업을 선택하는 사람은 서로 다른 인재층이기 때문이다. 그러므로 채용기준 수립 시 대기업을 선택할 만한 사람을 타깃으로 해서는 안 된다. 지원자 중에는 여러 가지 생각의 다양한 사람들이 있어 대기업에서 일하는 것보다는 중소기업에서 활약하기를 바라는 사람도 있다. 또한 사장과 함께 회사를 성장시키고 싶은 꿈을 가진 사람도 있다. 기업규모 그 자체를 신경 쓰지 않는다고 하는 사람도 있다. 이렇게 다양한 인재가 존재하므로 그들을 타깃으로 하는 메시지를 표현하는 것이 중요한 일이다.

우리가 바로 알아야 할 것은 지원자들은 여러 회사를 비교하고 있다는 것이다. 우수한 스펙Specification의 소유자일수록 그 선택의 폭이 넓기 때문에 더욱 그렇다. 즉 회사가 사람을 선택하는 것이 아니라 사람이 회사를 선택하는 것이다. 그러므로 회사 입장에서는 항상 다른 회사와 비교를 당하고 있다는 인식을 가지는 것이 중요하다. 귀사가 채용하고자 하는 우수한 인재가 현재 또는 과거에 입사하려고 생각했던 회사와 경쟁하지 않으면 안 된다. 하는 일보다 기업의 간판(브랜드)이나 규모만 보고 회사를 판단하는 대기업 지향 지원자는 설령 중소기업에 입사하였다 하더라도 열심히 일하지 않거나 곧 퇴사해 버린다. 그러므로 그들은 높은 스펙을 갖고 있지만 높은 성과를 창출하지는 않는다. 회사는 브랜드나 규모를 보고 지원하는 사람을 모집하는 것이 아니라 귀사에 맞는 진정한 회사인을 채용하는 것이다.

💬 매력적인 '중소기업의 장점'을 생각한다

대부분의 중소기업이 좀처럼 정리하고 있지 않지만 대기업이 흉내 낼 수 없는 중소기업의 장점은 많이 있다.

1 중소기업은 나의 성공 무대

신입 구직자들이 생각하는 가장 큰 중소기업의 장점은 '기업과 함께 성장할 수 있다'라는 점이다. 이미 성장해 버린 대기업에서는 자신의 능력을 백분 발휘한다고 해도 그만큼의 성공을 거두기는 힘들다. 하지만 중소기업에서는 자신의 능력만큼 회사가 성장하고, 그 이익은 자신에게 직접적으로 돌아오게 된다. 연봉이나 복지보다도 중소기업을 희망하는 구직자들은 이런 가능성을 높게 평가한다.

2 한발 앞선 실전경험

대기업의 신입사원은, 회사에 입사한다고 해서 바로 업무를 시작하는 경우가 드물다. 대기업에서는 입사 후 상당한 기간 동안 수습기간을 거치며 회사의 교육과 간단한 기초업무로 장시간을 보내게 된다. 하지만 중소기업의 경우 즉시 실무에 투입이 되기 때문에 중요 업무를 수행할 수 있고, 실전경험을 바로 쌓을 수 있다는 점이 매력적이다.

3 나에게 자유를 달라!

예상외로 중소기업의 자유로운 분위기를 좋아하는 구직자들도 많이 있다. 계층제가 뿌리 깊이 박혀 있는 대기업에 비해 중소기업에서는 자유로운 분위기와 직장 동료나 상사와도 스스럼없는 네트워크형 커뮤니케이션이 가능하기 때문에 그만큼 직장에 대한 충성도나 애정도가 높다.

이 밖에도,

- 경영자와 가깝게 일하며 경영의 노하우를 가까이에서 배울 수 있다.
- 성장가능성이 높으며 회사와 함께 성장할 수 있다.
- 개인의 능력 발휘할 기회 많고 전문성 키우는 데 유리하다.
- 능력에 따라 고속 승진이 가능하다.
- 다양한 업무영역에 대한 경험을 축적할 수 있다.
- 대기업에 비해 입사절차가 까다롭지 않다.
- 사원을 가족이라고 생각하고 있는 따뜻한 분위기가 있다.

💬 기업도 이력서를 써라

올해 취업을 눈앞에 두고 있는 A씨는 구인광고를 보며 한숨을 쉰다. 어려운 경제 환경 속에서도 각 기업들이 구인광고를 내고 있지만 정작 어떤 기업에 지원해야 할까 망설일 수밖에 없는 이유가 있다. 지원자들에게는 또 다른 적이 남아 있기 때문이다. 바로 기업들의 '구인광고'의 내용이다. 취업사이트를 비롯한 각 구인광고지에 무수히 많은 구인광고가 올라와 있지만 선뜻 지원할 수 없는 이유가 있다. 도대체 어떤 일을 하는 회사인지, 급여와 복리후생은 어떤지, 기업의 비전은 어떠한지 구인광고만으로는 알 수가 없기 때문이다. 시너지컨설팅 리서치팀의 조사에 따르면 모 취업사이트에 한 달 동안 총 10,523건의 신규구인광고가 게재되었고 이 중 급여를 정확히 기재한 업체는 전체의 9.8%로 대부분의 기업이 급여를 '당사규정' 또는 '협의'으로 표기하고 있다. 또 구인광고 외에 기업의 연혁, 비전 등의 상세정보를 입력한 기업은 32%로 전체의 절반도 안 되는 수치를 기록했다. 인재확보는 기업의 주요 핵심 정책으로 자리 잡아 가고 있다. 하지만 아직도 기업의 구인광고는 정보로서 가치가 없는 수준인 것으로 나타나고 있다. 정말 필요한 인재를 채용하기 위해서는 구직자가 알고 싶어 하는 정보들을 정확하게 알려 주어야 한다. 선진국인 일본의 경우 구인광고상에 구인광고협회에서 규정하는 항목을 넣지 않은 광고는 게재할 수 없도록 조치하고 있다. 회사소개, 규모, 사원 수, 회사의 위치, 비전, 매출액, 업무내용, 급여지급 및 복지사항, 휴가안내에 이르기까지 구직자가 궁금해하는 모든 사항이 기록되어 있다. 기업지원 시 구직자가 모든 신상정보를 공개하듯이 기업도 이제 이력서를 써야 한다. 구직자가 정말 알고 싶어 하는 정보를 공개하여 적합한 인재가 지원할 수 있도록 해야 한다.

💬 여러분의 회사는 어떤 곳인가?

『미국에서 가장 일하기 좋은 상위 100개의 회사 The 100 Best Companiesto Work tor in American』의 공동 저자인 로버트 레버링 Robert Levering은 '함께 일하는 사람들을 신임할 수 있고, 자기 일에 자부심을 가지며, 동료들과 즐겁게 일할 수 있는 곳'이 '일하기 좋은 회사'라고 정의했다. 일하기 좋은 회사란 금전적, 비금전적인 포상이 적절히 결합되고, 가시적 비가시적인 복리후생이 조화를 이룬 곳이다. 또한 바람직한 입사 지원자가 입사하고 싶어 하는 곳이기도 하다. 여러분의 회사는 일하기 좋은 곳인가? 이에 대한 대답이 "예."라면 반드시 타인과 이 점에 대해 대화를 나누어 보자. 아니면 고어가 했던 것처럼 입사 지원자들에게 실제로 경험해 보도록 하는 것도 좋은 방법일 수 있다. 혹시 여러분의 회사에 대해 타인이 어떻게 생각하는지 확신할 수 없다면, 사내 문화의 분위기에 대해 설문 조사를 하여 그 답을 찾아보도록 하자. 사실 이런 설문 조사는 매년 실시해야 한다. 설문 조사에서는 사원들이 자신의 직무와 근로 환경에 대해 가장 바람직하다고 느끼는 것과 가장 부적합하다고 느끼는 것을 간단히 묻는다. 입사 지원자에게 같은 질문을 해도 좋다. 입사지원서의 일부분을 할애하여 회사에 지원하게 된 동기를 적도록 요청한다. 솔직한 대답이 수집되면 앞으로 회사가 입사 지원자에게 제시해야 할 조건을 고려하는 데 상당한 도움이 된다. (참고문헌 표기 Kevin C. Klinvex Hiring great people 인용)

> **현장에서 형성되는 관계를 평가하기**
>
> 다음은 레버링의 신뢰 지수Levering's Trust Index에서 발췌한 샘플 문장이다. 이 신뢰 지수는 근로 현장에서 형성되는 경영, 직무, 다른 사원들과 관계에 대한 사람들의 인지도를 측정하기 위해 사용된다. 다음 문장에 대한 대답으로 신뢰성, 존경, 공정성, 자부심, 동료애를 측정한다.
>
> - 경영진은 약속을 이행한다.
> - 회사는 사원들에게 일과 삶의 균형을 이루도록 권장한다.
> - 최적격자가 승진 대상이 된다.
> - 이 회사에서 일한다고 타인에게 말하는 것이 자랑스럽다.
> - 나는 이 회사에서 나답게 행동할 수 있다.

💬 우리 회사의 강점은 무엇일까?

내가 다녀 본 회사 중에는 한국에 있는 글로벌컨설팅 회사, 한국의 토종 컨설팅 회사, 한국의 제조업 회사, 한국의 종합상사 등 다양한 유형이 있다. 이들 어느 회사를 막론하고 모든 회사는 각각의 장점 또는 특정분야의 경쟁력이 한 가지는 있다.

글로벌 컨설팅 회사는 1948년 미국 위스콘신주 밀워키에 세계 최초로 인사컨설팅을 시작하였으며 현재 국내를 비롯해 세계 1위의 스테핑 서비스 회사로 자리 잡았다. 저자는 이곳에서 글로벌 컨설팅 기법에 대해 충분히 학습할 수 있었고, 현재 컨설턴트로서의 성장과 역량수준의 발판이 되었다고 생각한다.

한국의 토종 컨설팅 회사는 전 조직의 고객에 대한 이해가 남달랐던 경우도 있다. 고객의 목소리란 말을 이 회사에서는 하루에도 수십 번 듣는다. 실제로 경영진부터 모든 사원들이 고객과 끊임없이 소통하려고 노력한다. 참고로 이 회사의 조직문화는 그리 우수하다고 할 수 없었다. 이곳에서 나는 고객감동이라는 중요한 사업성공의 열쇠를 얻었고 현재 우리 회사의 모토가 되기도 하였다.

한국의 토종 제조업 회사의 경우 철저한 관리 통제 시스템을 갖추고 있었다. 이는 최고 경영진이 지속적으로 관심을 갖고 끊임없이 투자한 결과로서, 동종 업계가 모두 벤치마킹하려고 시도하였다. 이러한 통제 시스템에 대한 학습은 현재 우리 회사의 웹 기반 퍼포먼스 관리라는 결과물로 이어져 직접적인 통제가 아닌 스스로의 통제 기반 프로세스를 갖출 수 있었다.

마지막으로 한국의 종합상사는 국내 최고의 인사관리 시스템을 갖추었다. 인재 채용부터, 그들의 평가 및 보상을 통한 경력개발, 내부 인재들의 활용 시스템까지 인사 관리 체계의 모범 사례였다. 이는 그 회사가 끊임없이 인사관리 시스템에 투자하고 꾸준히 노력한 결과이다. 지금은 규모가 줄어들었지만 아직도 건강한 기업문화를 유지하고 있다. 여기서의 인사관리 경험은 단순히 기술을 연마하는 수준이 아니라 공식적, 비공식적 학습 기회를 통해 많은 성장을 할 수 있었다. 오늘날 대부분의 기업들이 성장 기회를 제공하는 데 인색한 데 반해 이 회사에서 제공되는 기술이나 지식의 습득 기회는 매우 중요한 경험이었다.

이처럼 어느 회사든지 자사의 강점은 분명히 존재한다. 조직의 탄력성은 강점과 약점을 식별함에 따라 증가한다. 지금 바로 우리 회사의 내부 진단(구성원들의 의견 청취도 좋다.)을 통해 우리 회사에 최적화된 강점 목록을 작성해 보자. 특히 예제가 있는 회사의 강점은 지원자에게 여러분의 회사를 더 매력적으로 홍보할 수 있다. 또한 이렇게 도출된 회사의 강점 목록은 기업의 브랜드가 되며 장기적으로 유지되어야 할 행동양식이 되기도 한다.

더불어 회사 내에서 성장할 수 있는 기회를 제공하는 것은 매우 중요하다. 사원들은 자신의 능력과 역량을 발휘하고 성장할 수 있는 환경을 원한다. 이를 위해서 회사는 교육, 훈련, 승진 등 다양한 방법으로 사원들에게 성장할 수 있는 기회를 제공해야 한다. 또한 사원들이 회사에서 일할 동안 새로운 기술과 지식을 습득할 수 있도록 지원해야 한다. 이러한 노력이 사원들의 만족도를 높이고 회사의 생산성을 높일 수 있다. 현재 회사의 성장기회제공 목록을 작성해 보자. 이 목록을 구인광고 및 홈페이지를 통해 구직자에게 홍보한다면 후보자들에게 여러분의 회사를 더욱 매력적으로 어필할 수 있다.

회사강점의 예

처음 작성이 어렵다면 ChatGPT 같은 AI 서비스를 통해 초기 내용을 기초로 해도 좋다. 다음은 ChatGPT가 답변한 "우리 회사의 강점 어필"이다.(ChatGPT 답변 내용을 수정하지 않고 그대로 옮겼다.)

- 제품 또는 서비스의 특징 강조하기 - 회사의 제품이나 서비스가 다른 제품과 서비스와 비교했을 때 어떤 특징이 있고, 그 특징이 어떻게 고객에게 혜택을 제공하는지 강조해 보세요. 예를 들어, 만약 회사가 기술 제품을 판매하는 회사라면, 그 제품이 어떤 특징을 가지고 있는지, 그 제품을 사용함으로써 고객이 어떤 이점을 누릴 수 있는지 설명해 보세요.

- 경쟁 우위를 강조하기 - 당신의 회사가 경쟁업체들과 비교했을 때 어떤 점에서 우위를 가지고 있는지 설명해 보세요. 예를 들어, 회사가 지역 시장에서 경쟁업체보다 더 나은 가격과 서비스를 제공한다면, 그것을 강조할 수 있습니다.

- 전문성 강조하기 - 회사가 특정 분야에서 전문성을 가지고 있다면, 그 분야에서의 전문성을 강조해 보세요. 예를 들어, 회사가 법률 서비스를 제공하는 회사라면, 그 회사의 변호사들이 전문가이며 고객의 법률문제를 효과적으로 해결할 수 있다는 것을 강조할 수 있습니다.

- 고객 만족도 강조하기 - 만약 회사가 고객 만족도 조사를 실시했다면, 그 결과를 고객에게 알리고 고객의 요구사항에 대한 대처 방식을 설명해 보세요. 만약 만족도 조사 결과가 우수하다면, 그것을 강조하여 더 많은 고객들이 회사를 선택할 수 있도록 도와주세요.

- 사회적 책임성 강조하기 - 회사가 사회적 책임성을 가지고 있다면, 그것을 강조해 보세요. 예를 들어, 회사가 환경 보호나 지역 사회에 기여하는 프로그램을 운영하고 있다면, 그것을 알리고 그것이 회사의 가치와 목표에 어떻게 부합하는지 설명해 보세요.

- 경험과 전문성 - 우리 회사는 업계에서 오랜 시간 동안 경험을 쌓아 왔습니다. 이러한 경험을 통해 우리는 고객의 요구사항을 정확히 파악하고, 높은 수준의 전문성을 발휘하여 최상의 서비스를 제공할 수 있습니다.

- 혁신적인 기술과 솔루션 - 우리 회사는 새로운 기술과 솔루션을 개발하고 적용하여 고객의 문제를 해결합니다. 이를 통해 고객의 비즈니스 프로세스를 최적화하고, 더욱 효율적인 결과를 이끌어 내는 데 기여합니다.

- 고객 중심의 접근 - 우리 회사는 고객의 만족도를 최우선으로 생각합니다. 고객과의 긴밀한 커뮤니케이션을 유지하며, 고객의 요구사항을 반영한 맞춤형 솔루션을 제공합니다.

- 전략적인 파트너십 - 우리 회사는 선별된 파트너와의 협력을 통해 우수한 제품과 서비스를 제공합니다. 이를 통해 고객에게 다양한 선택의 폭을 제공하고, 최상의 솔루션을 제공할 수 있습니다.

- 경제적인 가치 - 우리 회사는 경제적인 측면에서도 고객의 이익을 최우선으로 생각합니다. 고객의 예산에 맞는 가격을 제시하며, 최대한 효율적인 비용 구조를 구성합니다. 이를 통해 고객이 투자한 자본의 가치를 극대화할 수 있습니다.

MZ세대 구직자의 기업 선택조건

MZ세대 구직자의 기업 선택조건은 초봉, 워라밸, 복지제도 순으로 조사됐다. 취업포털 인크루트에 따르면, 2030 MZ세대 구직자 558명을 대상으로 설문조사를 진행해 이 같은 결과가 나왔다.

입사지원 시 최우선 고려 사항은 무엇인지 응답자에게 물어봤다.

① 초봉(49.8%)을 선택한 이들이 가장 많았고 이어
② 워라밸(15.6%)

③ 복지제도(8.8%)
④ 인지도(7.2%)
⑤ 기타(직업의 안정성, 성장가능성, 교육기회제공) 순이었다.

더불어 응답자에게 두 개의 기업('높은 인지도와 기업규모가 크나 복지와 워라밸이 떨어지는 곳' vs. '낮은 인지도와 기업규모가 작으나 복지와 워라밸이 뛰어난 곳')을 제시하고 본인이 입사하고 싶은 한 곳을 선택하게 해 봤다. 그 결과, 응답자 과반(56.1%)이 워라밸, 복지가 좋은 곳을 택했다.

MZ세대 구직자들은 입사 희망기업을 선택할 때 인지도와 규모를 크게 신경을 쓰지 않았다. 이보다는 적절한 보상이 있고 워라밸과 복지 등이 만족스러운 곳을 선호하는 경향이 강했다.

이번 설문조사는 2022년 12월 1일부터 4일까지 진행했으며 95% 신뢰 수준에 표본오차는 ±4.10%p 이다.

사원들이 선호하는 사내 복지는

레버링이 조사한 바에 따르면, 일하기 좋은 곳을 결정하는 최상의 요인은 근로 현장에서 형성되는 관계의 질과 복리후생 제도이다. 세계적인 인사관리 전문 컨설팅업체인 휴잇 Hewitt Associates의 커뮤니케이션 교육 담당자 베쓰 보든 Beth Boden이 이렇게 말했다. "오늘날의 근로자들은 자신의 욕구와 두려움을 해소시켜 주고, 목적을 달성하는 데 일조하는 회사를 복리후생 제도가 훌륭한 회사라고 간주한다."

후보자들의 직장 선택 기준은? 단연 연봉이 최우선이겠지만 그에 못지않게 중요하게 생각하는 것이 직원 복지이다. 채용포털사이트 잡코리아 및 알바몬에서 올 1월 1,288명을 설문조사 한 결과 직장 선택 기준 1위는 '연봉', 2위는 '하고 싶은 일'에 이어 3위가 '사내 복지'였다.

'사내 복지'가 직장 선택 기준에서 점점 중요한 지표가 되고 있는 가운데 과연 직장인들은 사내 복지에 만족할까? 무려 10명 중 8명은 "불만족한다"는 조사 결과가 나왔다. 온라인 클래스 마이비스킷이 국내 최대 직장인 커뮤니티 앱 '블라인드'를 통해 직장인 11,897명에게 '사내 복지 만족도'를 조사한 결과 78%가 현재 사내 복지에 만족하지 않는다고 응답했다. 또 "사내 복지에서 더 추가되거나 보완될 필요가 있느냐"는 질문에는 무려 96% "그렇다"고

응답했다. 사내 복지 불만족 이유로는 "현재 회사에서 제공하는 복지는 기혼자, 자녀가 있는 경우 등 특정 대상만 누릴 수 있는 것들로 구성되어 있어 회사에 다니는 모든 사람이 혜택을 받을 수 있지 않다.", "점점 복지가 줄어든다." 등이 있었다.

그렇다면 직장인들이 가장 원하는 사내 복지는 어떤 것들이 있을까? 먼저 '업무 지원' 복지 차원에서 꼭 추가되어야 할 것으로는 교육비 지원 등 '자기계발'(41%)을 1등으로 꼽았다. 그다음으로는 유연근무제(28%), 업무장비 지원(15%) 등이 뒤를 이었다. '심리상담' 지원을 요구하는 비율도 6%였다. 생활지원 복지로는 거주비, 학자금 지원 등 '회사대출'이 38%로 가장 높은 비율을 차지했고, 식비지원(26%), 명절 선물 및 경조사 지원(19%), 의료비 지원(11%) 순으로 응답했다.

문화 지원 분야에서 필요한 제도를 묻는 질문에는 2명 중 1명꼴로 '리프레쉬 휴가'를 꼽았다. 구체적인 예를 묻는 항목에는 '5, 10년 단위의 근속 휴가를 3, 5, 7년 식으로 더 넓혀 주면 좋겠다' '한 달에 한 번 일찍 집에 가는 휴가를 주면 좋겠다' '계절별로 충전 휴가를 도입하면 좋겠다' 등 다양한 의견이 쏟아졌다. 공통된 의견으로는 "눈치 보지 않고 사용할 수 있도록 하는 것이 필수"라고 답했다. 2위는 '다양한 편의시설(사내유치원, 수면실 등, 27%), 3위는 '카페테리아 무료 제공(20%)'이었다. '반려동물 동반 근무'를 원하는 경우도 3%에 달했다.

여러분 회사는 위의 항목 중 어떤 것을 제공하고 있는가? 회사에서 시행하고 있는 복리후생 제도의 목록을 작성해 보자. 경쟁사의 제도와 여러분 회사의 복리후생 제도를 어떻게 비교해 보겠는가?

우리 회사의 강점 목록, 복리후생 목록, 성장 기회 목록을 작성했다면 이제 스스로에게 한 번 물어보자. 회사의 제도가 원하는 지원자를 유인할 수 있겠는가? 아니면 좀 더 보완이 필요하겠는가?

우선 직무와 근로 현장에서 가장 바람직한 것과 바람직하지 않은 것에 대해 사원들에게 설문 조사한 결과를 검토해 보자. 검토해야 할 사항은 다음과 같다.

- '바람직하다'는 범주에 가장 자주 등장하는 항목은 무엇인가?
- 지원자를 두고 경쟁 관계에 있는 회사에 대해서 그 항목이 이점으로 작용하는가?
- 그 항목을 현재의 구인광고에 활용하고 있는가?

- '바람직하지 않은' 범주에 속하는 항목은 무엇인가?
- 바람직하지 않은 것들을 바꿀 수 있겠는가?

바꾸고자 하는 범주가 있다면, MZ세대 구직자의 기업 선택조건의 목록과 함께 여러분 회사의 사업 목적의 범위 내에서 바꾸고자 하는 범주들을 우선적으로 선별해 놓자. 그리고 그 문제들을 해결하기 위한 행동 계획을 개발한다.

💬 타사를 꺾을 만한 자사의 강점을 파악한다

적합한 인재를 채용하기 위해 타사를 꺾을 만한 자사의 강점을 명확히 해 두기 바란다. 채용담당자가 이해하고 있는 것만으로는 지원자에게 전달되지 않는다. 지원자는 기업의 강점이나 매력에 끌려 지원해 오는 것이다. 채용업무는 타사와의 싸움이라는 것을 인식해야 한다. 동종 또는 경쟁사의 구인광고 내용을 체크하고 자사에서 개선할 점은 무엇인지 파악해야 한다. 지원자가 당신의 회사를 선택한 이유는 무엇인가? 이것을 모르면 효과적인 인재모집을 할 수 없다. 타사와 비교해서 자사의 강점은 무엇인지 정확히 파악하고 있어야 한다. 여기서 강점이란 장점과 다른 의미이다. 장점이란 자사뿐만 아니라 타사도 갖고 있는 좋은 점이라면 강점은 타사와는 차별화된 자사만이 가지고 있는 좋은 점을 말하는 것이다. 또한 이 강점이 지원자들이 선호하는 것인지도 중요하다. 이런 강점을 갖는 것이 인재모집을 성공시키는 열쇠가 된다. 왜냐하면 지원자는 당신의 회사 이외도 여러 회사를 선택할 수 있기 때문이다. 즉 항상 비교되고 있다는 생각을 가지고 있어야 한다.

예를 들면,

- 타사는 다양한 기업정보를 제공해 지원자에게 회사를 이해받으려고 노력하고 있는데 자사의 정보는 찾으려 해도 찾을 수가 없다.
- 타사는 홈페이지에 사내 사진이나 동영상을 충분하게 사용해 좋은 이미지를 받으려 하고 있는데 자사는 홈페이지에 아무것도 없다.
- 타사는 각종 복리후생을 완비하고 있는데, 자사에는 없다.
- 타사는 전형 중에 사장과 이야기할 기회가 있는데, 자사에는 없다.

타사가 어떠한 방법으로 채용활동을 하고 있는지를 모르면 자사의 어느 부분이 강점이 되는지 모르는 상태에서 채용활동을 하기 때문에 실패 확률이 높은 것이다. 타사의 채용활동을 조사하는 것은 생각보다 간단하게 할 수 있으므로 바로 실행하도록 한다. 다음과 같이 실제로 타사의 정보를 조사해 보자.

1. 취업사이트에 동종업계나 경쟁회사의 채용정보를 인쇄해 라이벌 회사의 급여나 근무조건 등을 조사한다.
2. 취업사이트에 지원자의 관점에서 업종·직종·지역을 검색하여 검색된 회사를 인쇄한다. 그리고 역시 급여나 근무조건 등을 파악하고 어떤 구인문구(키워드)를 사용하고 있는지 확인한다.
3. 당신의 회사가 속해 있는 업종·직종·지역 등으로 검색하였을 때 당신의 회사는 검색 결과에 나오는가?

지원자는 이러한 방법으로 구직활동을 하고 있다. 지원자의 관점에 서면 자사의 인재모집 활동에 필요한 것들이 보이기 시작한다.

지원자들을 유인하는 몇 가지 방법

- 회사의 명성: 회사의 명성이 높다면, 많은 지원자들이 자신의 경력을 발전시키기 위해 그 회사에 지원할 것이다. 회사의 명성을 높이기 위해서는 제품, 서비스, 문화 등을 고려하여 회사의 이미지를 개선하는 것이 필요하다.

- 구인광고: 구인광고는 지원자들에게 회사의 요구사항과 자격 조건, 급여 등을 알리는 중요한 수단이다. 구인광고를 작성할 때는 구체적이고 명확한 정보를 제공하며, 회사의 장점을 강조하는 것이 좋다.

- 인터뷰 프로세스: 인터뷰 프로세스는 지원자들이 회사에 대해 더 깊이 이해하고, 회사와의 상호작용을 통해 직무적합성을 평가하는 과정이다. 지원자들에게 좋은 인상을 남기기 위해서는 친근하고 전문적인 태도로 대해야 하며, 지원자들의 질문에 성실하게 답

변하는 것이 중요하다.

- 혜택 및 복지: 많은 지원자들이 급여와 복지 혜택을 고려하여 회사를 선택한다. 회사는 이를 고려하여 경쟁력 있는 급여 및 다양한 복리후생 제도를 제공하면서, 지원자들이 회사를 선택할 수 있도록 돕는 것이 좋다.

- 사내 문화: 회사의 문화가 좋으면, 지원자들은 그 회사에서 일하고 싶어 할 것이다. 회사는 창의성과 혁신을 장려하고, 사내 문화를 즐겁고 활발하게 유지함으로써, 지원자들의 관심을 끌 수 있다.

지원자에게 충분한 정보를 주지 않으면 안 된다

구직자가 취업하고 싶은 회사를 선택하는 판단 기준은 회사가 내고 있는 구인광고의 정보가 전부이다. 그런데 대부분의 회사들이 구인광고 게재 시 정보를 거의 제공하지 않고 있다. 특히 급여나 대우, 근무조건 등의 정보는 더더욱 그렇다. 이렇게 상호 간에 정보의 차이를 가지고 면접전형을 실시하다 보니 면접 때야 비로소 지원자들은 다양한 정보를 알게 되고 취업하고 싶은 곳에서 그렇지 않은 곳으로 변하거나, 전형을 중도에 포기하게 되는 것이다. 이것은 구직자나 구인자 모두에게 시간적, 비용적으로 엄청난 손실을 안겨 주는 일이다. 크게 생각하면 국가적 낭비인 셈이다. 아직까지는 지원자가 회사의 정보를 알 수 있는 것이 한정되어 있었고, 그나마 알 수 있는 곳이 인터넷 홈페이지나 회사 관련 기사 정도이다. 그러나 대부분 중소기업의 홈페이지는 마케팅, 즉, 그 회사의 고객을 대상으로 구성되어 있지만, 지원자를 위한 페이지는 빈약한 편이다. 비록 한 명밖에 채용하지 않아도 지원자 전용의 채용페이지를 만들고 타사와의 명확한 차이나 자사의 장점, 기업이념, 기업연혁, 일의 내용 등을 지원자 입장에서 읽기 쉽게 작성해야 한다. 이 채용페이지는 지원자의 수준을 올리기 위해서 필요한 툴이다. 경영자나 인사담당자가 채용페이지의 문장을 만들 수 없다면, 채용 성공을 위해서 채용의 프로에게 의뢰를 해서라도 제작하라. 채용페이지는 곧 자사의 자산이 되기 때문에 거기에 들어간 비용은 충분히 되찾을 수 있다. 회사가 충분한 정보를 제공하는 것으로 지원자는 회사를 잘 알 수 있다. 그 결과 자신이 그 회사에 맞지 않는다고 생각했을 경우는 지원하지 않고 맞는다고 생각했을 경우에는 지금까지의 지원자와는 완전히 다른, 높은 지원의사를 보이게 된다. 이와 같이 불합격자를 줄여 희망하는 인재의 지원의욕을 높이는 것으로 지원자의 수준이 오른다. 즉 지원자의 질을 올리기 위한 키워드는 정확한 정보제공이다.

> **MZ세대 구직자의 입사지원 결정에 영향을 미치는 요인**
>
> 최근 취업 커뮤니티를 보면 기업이 등록한 구인광고에 불만을 품은 구직자들이 많다. 모집인원을 비롯해 초봉 포함 보상 수준, 조직 내 역할 설명 등이 뚜렷하지 않고 지원하는 과정에서 이력서 외에 준비서류, 과제 등 해야 할 것이 많다는 등 다양한 불만사항을 찾아볼 수 있다.
>
> 기재 내용만으로 이해하기 어렵고 불명확한 구인광고를 접한다면 구직자들은 이를 더 살펴보고 지원할지 아니면 지원을 포기할지 그 의사를 물어본 결과, △관계없이 지원한다(10.4%) △지원하는 쪽으로 고민한다(35.8%) △지원 안 하는 쪽으로 고민한다(44.6%) △지원 안 한다(9.1%)로 응답자의 53.7%는 구인광고가 불명확하다면 지원 안 한다는 의사를 내비쳤다. 구인광고의 충실도가 구직자의 입사지원 결정에 영향을 미친다고 할 수 있다.
>
> 채용 과정에서 초봉 인상을 제외한 기업에 바라는 점은 무엇인지 꼽아 달라고 요청했다.
>
> 조사 결과, 가장 많이 꼽힌 것은 '이력서 및 자소서 분량 축소'였다. 시대와 상황을 반영해 이력서상 불필요한 항목을 없앰과 더불어 적게는 수백 자에서 많게는 수천 자를 써야 하는 자기소개서 분량을 줄여 주기를 원했다. 다음으로는 '기본급, 상여금 등 명확한 급여 공개'였고 이어 '이해하기 쉬운 직군 및 역할 설명'이 꼽혔다. 인재상이 있고 워라밸과 복지 등이 만족스러운 곳을 선호하는 경향이 강했다.

💬 지원자 수가 많으면 좋다는 고정관념을 버려라

당신은 채용활동의 변화로 이전보다 지원자 수가 많이 늘어나는 것을 기대하는 것은 아닌가? 만약 그렇게 생각한다면 그것은 바람직한 것은 아니다. 이상하게 들릴지 모르겠지만 지원자 수가 많은 것은 결코 좋은 일은 아니기 때문이다. 채용담당자들 중에는 '지원자 수를 늘리면 필연적으로 좋은 인재를 만날 수 있는 가능성도 높아진다.'라는 이론을 가지고 있는 사람이 많다. 그러나 지원자 수를 지표로 해서는 안 된다. 앞에서 설명한 것처럼 채용의 목적이 '회사가 더 높은 이익을 내기 위해서'와 '기업이념에 따라 행동하는 사람을 채용하기 위해서'라면 '전형 중의 인원수'는 전혀 관계가 없다. 적은 지원자라도 희망하는 인재를 얻을 수 있다면 그것이 전부이다. 지원자 수에 연연하는 것이 아니라 회사의 기준에 합격하는 사람이 몇 사람 있는가가 더 중요한 것이다. 채용 활동은 그렇지 않아도 시간과 비용이 많이 든다. 지원자 수가 많으면 많을수록 인적인 코스트Cost도 늘어난다. 또 중요한 것은 자기를 떨어뜨린 회사에 대해 좋은 감정을 갖는 사람은 없다는 것이다. 그러므로 불합격자는 적으면 적을수록 좋다는 것이다. 궁극의 채용활동은 한 사람의 불합격자도 내지 않고 채용하는 것이다. 채용활동으로 불합격자를 줄이는 것은 지원자를 위함이기도 하다. 그러므로 지원자가 지원하기 전에 올바른 판단을 하기 위해서라도 충분한 기업정보를 포함한 채용활동을 해야 한다.

💬 지원자의 마음을 사로잡는 구인광고란?

그러면 여기서 실제로 채용을 실패한 회사의 채용페이지의 예를 보자.

주식회사대한민국 직원채용

21세기 첨단기술 선두주자 ㈜대한민국에서는 관리 부문의 인사, 총무 및 영업 지원 관련 업무를 담당할 열성적이며 창의적인 유능한 신입 또는 경력직원을 모십니다.

■ 모집부문 및 자격요건

모집 분야	담당업무	인원	응시 자격	근무지
관리	인사, 총무, 영업 지원	0명	학사 이상 신입 또는 경력직원	서울 성수동

■ 급여조건
- 회사 내규에 따름

■ 전형방법
- 서류전형 - 1차 면접 - 2차 면접
- 각 전형별 합격자에 한하여 개별 통보

■ 제출서류
- 자사 양식 입사지원서 및 자기소개서(양식다운로드 후 작성)
- 서류전형 합격 후: 최종학교성적, 졸업증명서, 경력(재직)증명서, 각종 자격증 사본

■ 접수방법
- E-mail : 12345@korea.co.kr

- **접수처 및 접수기간**
  - 서울특별시 성동구 성수2가 2동 123 주식회사 대한민국
  - 20XX년 X월 X일까지

- **기타사항**
  - 제출된 서류는 일체 반환하지 않음
  - 보훈대상자는 관계법령에 의거 우대
  - 해외여행에 결격사유가 없는 자

이런 형태의 구인광고를 자주 보았을 것이다. 자세하지도 않고 친절하지도 않은 그저 데이터 나열형이다. 대우나 근무조건 등은 고사하고 정확히 어떤 사람을 채용하겠다는 건지 구인광고만 봐서는 정확히 알 수 없다. 이러한 형식의 구인공고가 많은 이유는 과거 신문의 구인광고로부터 지금의 취업사이트까지 이런 형태의 틀을 제공하였기 때문이다. 더욱 놀라운 일은 자사의 채용 홈페이지에도 이런 스타일의 구인광고를 흉내 내어 비슷하게 올려놓은 회사가 아주 많다는 것이다. 과연 이런 형태의 구인광고로 원하는 인재를 채용할 수 있을까? 다시 한번 말하지만 지원자는 회사가 제공한 한정된 정보만을 가지고 지원한다. 그러므로 유감스럽지만 이런 구인광고는 당연히 지원자의 수준이 떨어진다.

💬 구인광고 개발

채용 계획 및 채용 전형에 대한 내용을 바탕으로 구인광고를 개발하고 지원자에게 어필할 자사의 강점을 반드시 포함한다.

표 5-2 구인광고 필수 요소

구분	항목	내용
지원자 유인 문구	홍보문구	자사의 강점, 직무의 강점, 성장, 워라밸 등
채용 분야 및 형태	채용분야	회사 내 조직도상 채용이 이뤄지는 분야
	직무내용	상세한 직무소개 및 강점요소 안내
	채용직급	채용 직급
	채용형태	정규직·계약직·인턴 등 채용 형태
채용 분야 및 형태	채용인원	채용 분야별 채용 인원
	응시자격	지식, 기술, 태도 관련 자격 요건
	근무지역	실제 근무하게 될 지역("시·군" 단위)
연봉 및 복리후생	연봉정보	실제 받는 연봉정보
	인센티브	인센티브 또는 상여금 제도 및 소개
	복리후생	4대보험 및 기본 복리후생
	강점소개	근무 분위기, 워라밸, 성장, 교육, 휴가, 의료 등 강점이 되는 제도 소개
채용 프로세스	채용 절차	서류-필기-면접 등의 전형 절차
	일정(옵션)	전형별 세부 일정
	장소(옵션)	필기 및 면접전형 장소
	비고	서류전형 : 채용 시스템 URL 필기전형 : 필기시험 과목명 면접전형 : 면접 절차·기법
우대사항 및 제출 서류	취업지원 대상자	해당되는 경우
	장애인	해당되는 경우
	지역 인재	해당되는 경우
	자격증	입사지원서에 기재한 자격증
기타	채용일자	합격 후 실제 입사 일자
	결격사유	결격 사유
	문의사항	채용담당자 연락처

💬 효과적인 구인광고 작성을 위한 지침

- 명확하고 구체적인 정보: 구인광고는 구체적이고 명확한 정보를 제공해야 한다. 구직자들은 자신이 어떤 직무를 맡게 될지, 어떤 역량과 경험이 필요한지, 어떤 급여와 혜택을 제공받을지 등을 미리 파악하고 싶어 한다.

- 회사의 장점 강조: 회사의 장점을 강조하여 구직자들의 관심을 끌어야 한다. 예를 들어, 회사의 문화, 사내 교육 및 훈련 제도, 복리후생 제도 등을 언급하여 구직자들이 그 회사에서 일하고 싶어 하는 이유를 제공해야 한다.

- 적절한 제목: 제목은 구인광고를 작성할 때 매우 중요하다. 간결하고 명확하고 친절한 제목을 작성하여 구직자들이 관심을 가지도록 유도해야 한다.

- 올바른 문체: 구인광고를 작성할 때, 친근하고 전문적인 문체를 사용해야 한다. 간결하고 명료한 문장을 사용하여 구직자들이 쉽게 이해할 수 있도록 해야 한다.

- 공유 방법: 구인광고를 적절한 방법으로 공유해야 한다. 예를 들어, 인터넷 채용 사이트, 소셜 미디어, 사원 추천 등을 활용하여 적극적으로 구인광고를 공유해야 한다.

💬 구인광고 샘플

- 채용 계획 및 채용 전형에 대한 내용을 결정한 후 지원자를 모집하기 위한 구인광고를 작성해야 함.

- 지원자의 편의를 고려하여 홍보문구, 채용분야, 직무내용, 응시자격, 연봉조건, 복리후생, 자사의 강점, 우대사항을 상세하게 명시함.

- 지원자 유인하고 동기를 부여하며, 지원자 입장에서 친절하게 작성해야 함.

표 5-3 채용공고 샘플

처음이시라고요? 업무에 대해 자신이 없으시다고요?
시너지컨설팅 대표컨설턴트도 처음에는 할 줄 모르셨다고 합니다.
교육과 훈련 그리고 실무를 통해 충분히 전문가로 만들어 드립니다. 태도와 열정만 있으시면 됩니다.

■ 모집부문 및 자격요건

채용영역	컨설팅 비즈니스 유닛
모집부문	제안PT 전문가 경력 **[직무내용 자세히 보기-홈페이지 직무소개자료 링크]**
직무소개	• 기업의 제안요청서를 토대로 제안의 범위, 사양, 규모, 일정 등 과업의 내용을 파악 • 고객의 요구 사항이 부각될 수 있도록 제안서 목차 작성 및 목차에 포함된 정보를 수집하여 차별화된 콘텐츠 개발 및 제안서 작성 • 정확하고 쉬운 표현을 사용하여 제안 내용을 다듬고, 중요한 내용은 시각화하여 표현 • 제안 준비를 위하여 제안팀 구성, 제안서 작성, 제안서 검토, 제안서의 인쇄·제본·제출 • 고객의 요구와 수주 전략에 맞추어 제안 발표 자료, 제안 시나리오, 시연을 준비 • 자사의 서비스가 채택될 수 있도록 평가자에게 정확히 내용을 설명하고 제안의 특징과 장점을 전달할 수 있는 제안 발표 • 자사 서비스의 기능과 성능을 검증하기 위한 질의응답에 대응

자격요건	• 경력: 대졸 수준으로 경력 5년 이상인 분 • 고객 입장에서 생각하는 태도 • 성실하고 침착한 발표 태도 • 고객 요구에 제안서를 맞추고자 하는 태도 • 고객의 반론(Objection)을 유연하고 부드럽게 대응하는 긍정적인 태도 • 고객의 제안요청 의도를 이해하려는 자세 • 제안서를 꼼꼼히 검토하려는 자세 • 고객의 질의에 적극적으로 공감하고 수용하는 대처 자세 • 발표 중 돌발 상황에서도 평정심을 유지하는 태도 • 자사 제안에서 경쟁사 제안 대비 우수함을 찾아내는 태도 • 작성 기한을 준수하는 태도 • 제안요청서의 세부사항을 놓치지 않는 치밀함 • 엄청난 집중력과 탁월한 직업윤리
인원	경력 2명
위치	서울 성동구 왕십리역(지하철 2호선, 5호선, 중앙선, 분당선) 2번 출구 200m

시너지컨설팅은 스펙 없는 열린 채용으로 학력, 학점, 외국어 성적, 수상경력 등의 내용에 대해서는 자격요건이 없습니다. 다만 조직적합성을 판단하기 위해 지원 시 하단에 있는 시너지 NUTS를 숙지하시고 동의하는 분에 한하여 지원 바랍니다.

■ **급여조건**
- 컨설팅 프로젝트 제안PT전문가: 연봉 4,500~4,800만 원(직무경력에 따라 차등)
- 프로젝트 수주 및 성공적인 운영에 따른 성과급 지급
- 매년 연말 성과에 따른 초과 이익 공유(PROFIT SHARE)제도 실시
- 3개월 시용 기간 후 전환 조건
- 평가기준 (동료평가 60% + 상사평가 20% + 경영진 평가 20%)

■ **복리후생**
- 수평적 조직문화
- 젊은 연령층 구성으로 배려와 존중의 문화 정착
- 주 5일 근무(월~금)
- 법정복리후생(4대보험, 퇴직금, 자유로운 연차사용)
- 중식(식대)제공
- 간식지원(카페테리아 운영)
- 직계가족의 통원 치료비, 입원비 발생 시 최고 1,000만 원 의료비 지원
- 생일 축하금 및 조기퇴근
- 경조사비 지급(결혼, 결혼기념일, 직계가족 관혼상제)
- 명절선물 지급(설, 추석)
- 콘도지원(전국 주요 관광지에 위치한 콘도를 이용할 수 있도록 지원)
- 매주 월요일 인간관계 교육(자기개발, 인간관계, 리더십 관련)

- 매주 수요일 직무교육 진행(HR 관련 트레이닝)
- 문화활동 지원(문화예술동아리 지원, 문화회식 지원)
- 사내 학습동아리(영어, 일어 외부강사 출강)
- 독서경영(매월 1권의 필독서 제공)
- 외부교육 기회 부여로 역량강화 및 인간관계 스킬 업
- 업무 성과에 따른 각종 포상제도(해외여행, 포상금, 휴가 등)
- 시너지 가치를 공유한 인재는 근속기간과 상관없이 승진 기회 부여

■ 채용 프로세스

1단계	입사지원서 스크리닝(조직이해, 직무이해, 동기부여 적합성, 장기이해 등)
2단계	전화 인터뷰(사전 지정한 일시에 유선으로 구조화된 전화 인터뷰 실시)
3단계	현업 컨설턴트 면접(구조화된 면접 진행으로 조직, 직무, 동기적합성 확인)
4단계	TALENT-A 인성검사
5단계	대표컨설턴트 ATOM HIRING 면접 아톰은 적응력(A), 기술(T), 조직(O), 동기(M) 적합성을 평가하는 모델로서 시너지컨설팅에서 개발한 새로운 면접 개념이다.
6단계	입사 후 3개월간 동료 및 리더 평가 이후 정식 채용

■ LEARNING

시너지컨설팅이 구분되는 업계는 'HR산업'이라고 하는 카테고리에 분류됩니다만, 이 업계는 대학생이나 업계를 잘 모르는 분은 그 내용을 알기 힘들다고 생각합니다. 따라서 시너지를 포함한 '인재'나 '인사'를 비즈니스로 하고 있는 기업에 대해 이해하고, 여러분들이 시너지에 입사하면 무엇을 배울 수 있는지 그 내용을 비교해 보았습니다. 귀하가 시너지를 만나는 그 순간부터 끊임없는 학습과 훈련, 그리고 최고의 실질적인 컨설팅 노하우를 경험하고 배우게 될 것입니다.
[LEARNING 자세히 알기-홈페이지 링크]

■ TRAINING

시너지에 발을 들여놓은 입사 첫날부터, 여러분은 시너지의 리더십 그룹 및 멘토로부터 집중적인 트레이닝을 받게 됩니다. 이 트레이닝을 통해 당신은 실습 위주의 독특하고 빠른 학습을 경험할 수 있습니다. 시너지의 리더십 그룹 및 멘토들은 각 커리어 단계마다 당신에게 공식적, 비공식적으로 가이드와 피드백을 제공할 것입니다. 시너지는 HR PROFESSIONAL 육성을 위해 다양한 트레이닝과 학습에 많은 투자를 하고 있습니다. 그중 가장 강력한 트레이닝은 직무전문성에 대한 것으로 매일 제공되는 성과코칭을 통해 여러분은 시너지로부터 통찰력을 얻을 수 있습니다.
[TRAINING 자세히 알기-홈페이지 링크]

■ NUTS! 핵심가치

우리의 핵심가치 시너지 너츠는 구성원 한 사람 한 사람이 이해하고 행동하며, 하나의 행동양식이 되어 지켜 나가야 할 것을 정해 놓은 것으로 인재육성이나 평가의 기준으로 활용한다.

NUTS	INTENT	ACTION 이런 특징을 가진 인재들을 특별히 아끼고 성장시키며, 너츠가 아니라고 판단되는 사람은 스스로 버스에서 내리거나 내리게 한다.
직업윤리	양심에 따라 일하고 대가를 받는다.	도덕적 가치를 지키기 위해 경기장에서 놀지 않는다. 근무시간은 나의 시간과 열정에 대한 대가를 받는 시간이다.
고객만족	고객에게 전설의 서비스를 제공한다.	고객의 입장에서 생각하고 행동한다. 적합한 인재추천 및 최적의 솔루션을 통하여 전설의 서비스를 제공한다.
성과창출	로또는 독약이고 땀은 비타민이다.	거절이나 실패에 대한 두려움을 극복한다. 어렵고 고통스러워도 정직한 역량으로 승부하여 성과를 창출한다.
자기개발	시간이 아니라 의지가 없는 것이다.	미친 듯이 학습한다. 배우고 성장하기 위하여 주도적으로 묻고, 듣고, 읽는 것에 시간과 노력을 투자한다.
사람중심	당신 옆 동료가 최고의 사람이다.	직급보다는 사람과 능력에 집중하며, 나보다는 동료를 우선시한다. 이타적인 사람이 가장 빨리 성공한다.

■ **기타 유의사항**
- 지원서 기재착오, 누락 등으로 인한 불이익은 본인 책임이며, 기재 사항이 제출 서류와 일치하지 않거나 허위임이 판명될 경우 합격 또는 입소가 취소될 수 있습니다.

■ **연락처**
- 담당자: 홍길동
- 연락처: 010-4183-**** / 02-571-9192 (내선 123)
- e-mail: recruit@thesynergy.co.rk

💬 사람 냄새가 나는 구인광고가 인재를 끌어들인다

중소기업이 채용에서 이기기 위해서는 자세한 정보와 인간미 넘치는 정보로 승부할 수밖에 없다.

구체적인 예를 들면,

- 정확히 어떤 일을 하는 회사인가?
- 현재 채용하고 있는 일의 상세한 내용은 무엇인가?

- 그 일을 하고 있는 선배들의 이야기
- 일하고 있는 사원들의 즐거운 순간은 언제인가?
- 모두 어떤 기분으로 일하고 있는지?
- 다른 회사와 차이점은 무엇인가?
- 앞으로의 성장 가능성은 어떠한가?
- 기업이념은 무엇인가? 그것은 어떤 것인가?
- 회사가 위기적 상황에 빠진 것은 언젠가 그것을 어떻게 해결했는지?
- 사장이 어떤 생각으로 이 회사를 만들었는지?
- 사장은 향후, 이 회사를 어떻게 만들고 싶은지?

등 이러한 정보를 구인공고 안에 넣어 보자. 계속 강조하지만 지원자는 회사가 제공한 정보만으로 판단한다. 즉, 단순한 구인 데이터만을 제공하고 있을 때는 그것만 보고 판단하지만 회사의 자세한 내용과 업무내용 그리고 같이 일하는 사람들은 어떤 사람이고, 회사는 어떤 역사가 있었는지? 그리고 향후 자신은 그 회사에서 어떻게 될 수 있는 것인가? 등의 정보를 제공하는 것으로 지원자는 자신과의 부합 여부를 판단한다, 지원자가 오지 않는다, 좋은 인재가 지원하지 않는다 등의 불만을 이야기하는 회사일수록 다양한 정보를 지원자에게 제공하고 있지 않고 있다. 그러니 적합한 인재가 지원하지 않는 것은 당연한 일이다. 꼭 자사의 구인공고를 다시 한번 살펴보자. 훌륭한 인재가 지원할 만큼 다양하고 정확한 정보를 제공하고 있는지? 그리고 어떻게 성장할 수 있으며 어떻게 대우해 주겠다는 내용이 있는지? 특히 사람 냄새가 나는 정보를 제공하고 있는지?

💬 구인광고 사실을 알리는 올바른 수단 선택하기

회사가 제시해야 할 직무내용, 성장기회, 복리후생 등을 규정하였으니, 이제는 제도를 홍보하기 위한 계획을 세울 차례이다. '홍보한다'는 것은 입사 지원자에게 회사의 강점을 알리기 위해 모든 의사소통 수단을 사용하는 것이다. 사원 채용을 위한 의사소통 방식을 고려할 때마다 "효율적인 직무 수행의 필수 역량을 소유한 사람들에게 이 광고가 어떻게 도달될 것인가?"를 자문해 보자.

채용을 효율적으로 성공시키기 위해서는 새로운 홍보 방식과 적절한 전략이 필요하다. 많은 홍보 방법이 있겠지만, 상황에 따라 선별해서 사용해야 한다.

구인광고를 알리는 올바른 수단은 다양할 수 있으며, 이는 회사의 산업 및 대상 인력에 따라 다르다. 그러나 대체로 다음과 같은 방법들이 많이 사용된다.

- 회사 웹사이트: 회사 웹사이트의 '채용 정보' 또는 '인재 채용' 섹션을 통해 구인광고를 게시할 수 있다. 이 방법은 회사의 전반적인 이미지를 강화하면서 채용 정보를 알리는 효과가 있다.

- 채용 웹사이트: 온라인 채용 플랫폼인 인크루트, 사람인, 잡코리아 등 다양한 채용 웹사이트를 통해 구인광고를 게시할 수 있다. 이러한 웹사이트는 대부분 구직자들의 방문이 많기 때문에 적극적으로 활용하는 것이 좋다.

- SNS: 회사의 페이스북, 인스타그램, 링크드인 등의 SNS 계정을 통해 구인광고를 게시할 수 있다. 특히 링크드인은 전문적인 취업정보 공유 플랫폼이기 때문에 적극적으로 활용하는 것이 좋다.

- 구인 전문 언론 매체: 경제신문, 취업전문 매체, 채용정보 전문 웹사이트 등을 활용하여 구인광고를 게시할 수 있다. 이러한 매체는 전문적인 인력을 타깃으로 한다는 장점이 있다.

- 채용 박람회: 대학 캠퍼스나 전문적인 취업박람회 등에서 직접 구인광고를 알리는 것도 좋은 방법이다. 이러한 행사는 대개 많은 인력을 타깃으로 하기 때문에 좋은 결과를 기대할 수 있다.

- 대학 취업센터: 대학 취업센터는 학생들의 취업을 지원하는 기관으로, 구인광고를 게시할 수 있는 매체다. 대학 취업센터에 구인광고를 제출하면, 해당 대학의 학생들에게 직접적으로 알릴 수 있다.

위 방법들 중 선택할 때는 회사의 산업, 대상 인력, 예산 등을 고려하여 가장 효과적인 방법을 선택하는 것이 중요하다. 채용홍보의 이상적 성과는 조직, 조직의 가치 및 핵심적인 사업에 헌신하는 높은 수준의 잠재력을 가진 소수의 지원자이다. 회사는 지원자 집단을 관리하는 방법을 배워야 한다. 이것은 한 조직과 그 조직의 잠재적 지원자 간의 의사소통이 쌍방향으로, 의미 있게, 분명해질 때 가능하다. 지원자 집단을 성공적으로 관리하기 위해서는 직무내용, 성장기회, 복리후생 등의 분명한 메시지 보내기, 지원자 집단을 이해하기 그리고 마지막으로 원치 않은 지원자 걸러 내기의 세 가지 점에 집중해야 한다.

💬 홍보 방법별 주요 특징 비교

표 5-4 홍보 방법별 주요 특징

모집·홍보 방법	타깃	용이성	비용
회사 홈페이지	넓음	쉬움	적음
채용포털	매우 넓음	쉬움	많음
취업사이트(워크넷, 일모아)	넓음	쉬움	적음
대학교 학과사무실	좁음	보통	적음
대학교 취업지원센터	보통	보통	적음
채용박람회	보통	어려움	많음
캠퍼스 리크루팅	보통	어려움	많음
헤드헌팅	좁음	보통	많음
인터넷 취업카페	보통	보통	적음
인재풀 등록	좁음	쉬움	적음
한인 유학생회 홈페이지	보통	보통	적음
해외 대학교 학생회	보통	보통	적음
장애인 고용포털	좁음	쉬움	적음

💬 인터넷 채용이 가장 저렴하고 효과도 있다?

구인의 매체로 가장 적합한 것을 추천한다면 인터넷을 이용한 채용이다. 이것이 비용 대비 가장 효과가 높다. 다만 착각해선 안 되는 것이 인터넷을 이용한 채용이라고 해서 대형 취업사이트나 구인구직 사이트를 이용하라는 뜻이 아니다. 자사의 홈페이지 내에 호소력이 강한 구인페이지를 만들라는 뜻이다. 만일 당신의 회사가 지금까지 인쇄매체를 활용하여 구인활동을 한 회사라면 이해하기 어렵겠지만 인쇄매체로 메시지를 전하려고 하면 그에 따른 광고비용도 증가한다. 또한 인쇄매체는 게재 기간이 짧다는 것도 단점이다. 동일한 구인광고를 몇 년 동안 지속적으로 게재하는 인쇄매체는 존재하지 않는다. 일간지는 하루, 주간지는 1주일, 월간지는 1개월의 짧은 기간 동안 수백만 원에서 수천만 원까지의 비용을 사용하게 된다. 인터넷 취업사이트도 이와 같다. 또한 많은 비용을 들여 구인광고를 게재했지만 수많은 경쟁회사와 동시에 게재되므로 자칫 귀사의 공고는 별 효과 없이 비용만 들어갈 수 있다. 이것은 순전히 소중한 인재 채용을 운에 맡기는 것과 같다. 이것을 해결하기 위해서는 비용과 공간의 제한이 없는 매체가 필요하다. 그것이 바로 자사의 홈페이지이다. 홈페이지는 제작 시 초기 비용이 들어갈 뿐 그 후로는 기간이나 공간에 대한 제한이 없고 수정도 자유롭다. 이런 관점에서 보면 채용페이지를 만드는 것이 초기 제작비용을 감안한다 하더라도 오히려 효율적이다. 또한 동영상을 게재하거나 사진을 게재하는 것도 자유롭다. 이러한 방법은 비교적 인지도가 떨어지는 중소기업에서 자사 홈페이지를 이용하여 채용에 성공할 수 있는 비용 대비 효과적인 방법 중에 하나이다.

💬 인터넷 채용사이트의 활용현황

1 필요성 및 장점

- 적시 인력공급을 위한 상시 채용의 Systematize된 Tool(체계화)
- 다양한 인력의 데이터베이스(인력Bank)구축 및 Sourcing의 간편성
- 지방거주자에 대한 배려 및 해외 유학생 확보에 보다 유리
- 지원자 History관리 용이
- 채용비용(시간비용 포함)의 절감
- 온라인을 통한 지원자와 Communication 가능

2 단점

- 초기 투자비용 과다
- Q&A에 대한 상시 모니터링 필요

3 홍보방법에 의한 입사지원자 분석

홍보방법	접수율	합격율
인쇄매체(신문, 관련 매거진)	25%	31%
인터넷	57%	48%
대학(포스터, 모집공고)	15%	17%
기타	3%	4%

4 접수방법에 의한 합격율 분석

접수방법	접수율	합격율
인터넷(온라인시스템)	48%	47%
e-mail	40%	32%
우편	10%	17%
방문	2%	4%

💬 회사의 홈페이지 채용페이지를 보고 지원한 사람은 입사의욕이 강하다

신입사원을 채용하고 있는 저자의 고객 사례다. 그 회사는 지금까지 인터넷 취업포털(워크넷, 잡코리아, 인쿠르트, 사람인, 커리어 등)에 무료로 구인광고를 올리고 지원자를 기다리는 방식의 채용활동을 하였는데, 희망하는 인재를 채용할 수가 없어서 저자에게 컨설팅을 의뢰해 인터넷 취업포털과 더불어 자사 홈페이지에서의 채용으로 전환하였다. 때마침

동시기에 상위권의 취업사이트가 놀라울 정도의 가격할인으로 제안을 해 와 그 고객은 시험 삼아 그쪽에도 공고를 게재하였다. 그 결과 자사 홈페이지를 통해 지원한 지원자에 비해 취업사이트로부터 온 지원자들의 지원의욕이 낮다는 사실에 깜짝 놀랐다. 그도 그럴 것이 자사의 홈페이지까지 보는 사람은 회사에 관심이 있고 지원 의욕도 높은 사람이다. 반면 취업사이트에는 어느 정도 포맷이 정해져 있어 자사의 독자적인 차별성을 표현할 수 없다. 공간도 제한되어 있고 기간도 한정되어 있어 자사 홈페이지보다 지원자에게 전할 수 있는 정보가 적을 수밖에 없다. 또한 취업포털의 지원자는 무차별 지원자, 즉 허수지원자가 무척 많았다. 그만큼 불필요한 시간과 노력이 들어간 것이다.

당신 회사의 홈페이지에 어느 날 갑자기 지원자가 방문했을지도 모른다. 당신의 회사는 분명하게 정보를 전하고 있는가? 적합한 지원자가 회사 홈페이지를 보러 와서 모처럼 회사를 알릴 수 있는 기회였는데 채용페이지가 전혀 기능을 발휘하고 있지 않았다면 그것은 정말로 안타까운 일이다. 모처럼 지원자가 당신의 회사에 흥미를 가져 지원하려 하였는데 거기서 아무런 정보도 얻을 수 없어 그냥 가 버렸다면 기회손실이라고 말할 수 있다. 유료 취업사이트나 인쇄매체에 비싼 돈을 들여 깨끗한 광고를 내고 있으면서 자사 홈페이지를 방문한 의식과 수준이 높은 지원자에게 회사의 장점을 어필하고 있지 않다는 것은 비용이 아까운 일이 아닐 수 없다. 다시 한번 당신의 홈페이지를 살펴보라. 많은 정보를 제공할수록 적합한 인재를 채용할 확률은 높아진다.

공격적인 채용을 실시한다

구인광고를 낸다고 지원자가 모여드는 건 아니다. 자사에서 활약할 인재를 채용하기 위해서는 구직자에게 전달하고 싶은 메시지를 명확히 한 뒤에 보다 많은 구직자에게 전달할 전략이 필요하다. 우수한 인재가 모여들지 않으면 구인매체를 검토하거나 게재내용을 재검토해야 한다. 채용박람회에서도 부스를 내놓는 것만으로는 구직자의 흥미를 끌 수 없다. 구직자의 발걸음을 멈추게 할 아이디어를 짜내야 한다.
회사 전체가 나서서 좋은 인재를 채용하기 위한 적극적인 채용활동이 구직자에게 좋은 이미지를 전달한다. 가능하다면 경영자나 배치부서의 상층부를 끌어들여 채용을 실시한다. 경영진이 채용활동에 적극적인 기업은 사원을 소중히 여기는 풍조가 되며 기존 사원의 의식도 바뀌게 된다. 인사팀만으로 채용을 하는 것이 아니라 타부서의 사원도 필요할 때 참가시키는 채용체제를 구축한다. 좋은 인재를 채용하기 위해서는 구인매체의 고지방법, 채용 프로세스의 재검토뿐 아니라 뽑고 말겠다는 자세를 고치고, 자사에 입사하고 싶다는 결심이 서도록 설득하기 위한 전술로 전환하는 것이 중요하다.

구인 사이트에는 지원을 기다리는 것뿐 아니라 스카우트 기능을 사용해 구직자에게 다가갈 수 있는 기능이 있다. 경력자를 채용할 경우, 인재소개회사, 인재은행, 헤드헌팅 등을 활용해 추구하는 인재를 효율적으로 채용하는 것도 가능하다.

채용업무는 영업활동과 비슷하다. 기다리기만 해도 팔리는 상품은 극히 드물다. 특히 중소기업은 더욱 그렇다. 고객에게 상품의 장점을 어떻게 전달할지 전략을 강구함으로써 매출로 이어지는 것이다. 고객에게 직접 상품의 장점을 설명하고 구입하고 싶다는 마음으로 유도한다. 채용도 구직자에게 적극적으로 자사의 매력을 알리고, 채용단계에서 지원자에게 꼭 입사하고 싶은 기업이 되도록 유도하는 것이다.

공격적인 채용이란 구직자에게 자사의 장점을 전달하고 적극적으로 지원하도록 촉구하는 것이다. 직종에 따른 구인매체의 재검토도 필요할지 모른다. SNS를 활용해 구직자에게 다가가는 전략도 효과가 있다. 사내에서 리쿠르터 제도를 실시해 사원의 출신학교 학생에게 적극적으로 접근하는 것도 좋은 방법이다.

💬 인재 채용에 대해 흔들리지 않는 일관된 기준

회사를 경영하려면 흔들리지 않는 기준을 가지는 것이 중요하다. 기업이념을 명확하게 하고 거기에 따른 행동은 어떤 것들인가를 종이에 써 보자. 그리고 일이 있을 때마다 그것을 재검토해 판단기준으로 삼는 것으로 이론상 흔들리지 않는 기준이 완성된다. 사람은 날마다 성장한다. 생각도 바뀐다. 주변의 환경도 변해 간다. 기업은 환경에 민감하게 반응하여 상황에 따라 변화를 해야 한다. 그러나 그중에는 바꾸어 가야 할 것과 바꾸어선 안 되는 것이 있다. 기업의 토대가 되는 기준은 쉽게 바꿔서는 안 된다. 만일 당신이 신념이나 약속을 쉽게 바꾸는 경영자나 상사의 아래에서 일하는 것을 생각해 보라. 이러한 사람이나 회사는 어느 누구도 믿고 따라가지 않을 것이다.

본서에 쓰고 있는 내용을 충실히 실행하면 지금까지의 채용활동과 달리 근무조건에 관심을 갖는 것이 아니라 회사의 생각과 방향성에 공감하는 지원자들이 지원하게 된다. 당신의 회사도 이 인재모집방법을 활용하면 지원자는 좀 더 명확한 이미지를 가지고 지원한다. 만약 인재모집 시 제공한 내용과 실제 일의 내용이 다르면 지원자는 어떻게 생각할까? 당연히 일의 내용이 전혀 달라 지원자는 위험을 느껴 전형을 중도 포기한다. 인재모집 시에 지원자가 느낀 모습과 실제로 회사에 와 보고 느낀 모습에 차이가 있으면 전형 중 중도포기나 합격을 하여도 출근을 포기하는 사태가 일어난다.

시험 삼아 귀사의 구인페이지를 현재 근무하고 있는 사원에게 보이고 솔직하게 느낀 점을 물어보라. 만일 외부에 제공하고 있는 메시지가 경영자의 본심이라고 하면 그것을 사원에게 지속적으로 전달해 공감대를 형성할 필요가 있다. 그렇게 하지 않으면, 채용된 사람이 입사한 후에 속았다고 생각한다. 회사의 좋은 면만을 보이고 나쁜 부분은 피해 지원자를 속여 입사시켜도 결국 곧바로 퇴직하므로 자사의 손실만 더할 뿐이다. 커뮤니케이션이 좋은 회사라고 구인공고에 썼다면 사원들도 공감하여야 하고, 사원을 존중하는 기업문화라고 썼다면 실제로 사원을 존중하는 풍토가 없으면 안 된다. 이것이 인재모집의 진짜 목적이다. 지원자는 영리하고 거짓말을 곧바로 간파한다. 아무리 미사여구를 사용해도 금방 알아차린다. 그러므로 정직하게 자신의 회사의 장점을 잘 보여 주고 사람 냄새 나는 구인광고를 작성해야 한다.

인재 채용에 대한 기준을 회사와 경영자 그리고 사원이 공감하고, 그것을 효과적으로 제공하는 것이야말로 당신의 회사가 좋은 기업으로 가는 초석이 될 것이다.

제5장의 정리

① 중소기업의 채용에서는 대기업 지향의 사람을 상대하지 않는다.
② 대기업이 흉내 낼 수 없는 '독자적인 회사의 매력'을 생각해 본다.
③ 지원자 수가 많으면 불합격자 수가 많고 불합격자 수만큼 충성고객이 줄어든다.
④ 라이벌을 모르면 채용활동이 실패할 가능성이 높다.
⑤ 기업도 이력서를 써서 적합한 인재를 채용할 수 있도록 한다.
⑥ 직무내용, 성장가능성, 복리후생 등 회사가 제공한 정보로 지원자는 회사를 선택한다.
⑦ 단순한 데이터가 나열된 구인광고로는 적합한 인재를 채용할 수 없다.
⑧ 지원자는 회사가 제공한 정보로 회사를 판단한다.
⑨ 지원자 집단과 쌍방향 의사소통이 의미 있게, 분명하게 전달되는 방법을 배워야 한다.
⑩ 지원자들에게 분명한 메시지 보내기, 지원자 이해하기, 원치 않는 지원자를 걸러 낼 수 있는 구인광고 문안을 개발해야 한다.
⑪ 구인광고를 사실을 알리는 올바른 수단을 선택하여야 한다.
⑫ 게재기한이나 이용제한이 없는 자사의 홈페이지를 채용에 활용한다.
⑬ 회사의 홈페이지를 통해 지원하는 사람은 의식도 수준도 제일 높다.
⑭ 뉴노멀 시대 구직자는 더 이상 적극적이지 않다. 공격적인 채용을 해야 한다.
⑮ 기업이념을 명확히 하고 인재 채용에 대한 기준을 일관되게 지켜 나가자.

PART 06
선별 도구로서의 입사지원서

PART 06 선별 도구로서의 입사지원서

💬 서류전형의 기준을 확립한다

저자의 고객들에게 "서류전형을 실시하고 있습니까?"라고 물으면 대부분 "물론 실시하고 있다."라고 대답한다. 그럼 "어떤 기준으로 심사하고 있습니까?"라고 물으면 그 기준을 쉽게 대답하는 기업은 의외로 많지 않다. 우리나라 중소기업에서 의미하는 서류심사는 전형의 기준이 확립된 것이 아니라 평가하는 사람의 주관적 기준에 의해 결정되는 경우가 많다.

당신의 회사는 다음 경우는 없었는가?

"음, 사진의 인물이 너무 훌륭해 이 친구 면접 한번 보고 싶은데……."
"이렇게 좋은 대학을 나온 사람이라면 한 번쯤……."
"우리 회사랑 맞을 것 같은데 학점이 형편없어……."
"토익점수가 좋아. 아마 이 사람은 다른 일도 잘할 거야……."
"지원자가 없으니 이 사람이라도…….

이렇게 명확한 기준을 확립하지 않고 서류전형을 실시하는 것은 채용비용을 무시하는 행동이다. 작은 회사일수록 서류전형을 제대로 하지 않는다. 지원서가 접수되면 사람을 구하기 어려우니 지원자가 크게 수준이 떨어지는 경우를 제외하고는 대부분의 지원자에 대해 면접을 실시한다. 이런 면접에는 엄청난 채용비용이 들어간다. 서류전형을 제대로 실시하지 않고 면접을 실시하면 다음과 같은 손실이 일어난다.

면접시간 × 면접관 인원수 × 면접관 급여 × 기회비용 × 업무지연비용

우수한 인재를 채용하고 싶다면 반드시 서류전형 기준을 수립하라.
서류전형은 지원자가 제출한 서류를 바탕으로 하여 후보자의 적격성을 가려내는 시험의 방법을 말한다. 심사 대상이 되는 서류에는 입사지원서(이력서, 자기소개서), 추천서, 경력

기술서 등이 포함된다. 이러한 서류전형을 통해 응시자의 학력과 업무 경력, 개인적 자질과 일반 능력 등을 파악할 수 있다. 대부분의 선발고사에서 이용되는 서류전형은 대개 다른 시험 방법을 보충하는 수단으로 쓰이나, 이 방법만으로 적격자를 선발하기도 한다. 서류전형은 다른 시험 방법에 비해 비용이 적게 들고 편리하나, 표준화하지 않을 경우 평가자의 편견이 개입될 우려가 있다.

경력자 채용 시 경력기술서를 반드시 받아라.
경력사원 채용 시 경력기술서를 받지 않는 중소기업이 많다. 이것은 심각한 채용 오류이다. 경력사원 채용의 경우 경력기술서가 없으면 아무것도 판단할 수 없다. 신입사원의 경우 경력기술서에 입력할 내용이 없기 때문에 자사에 맞는 입사지원서를 만들어 활용하는 것이 좋다. 입사지원서에 자사가 채용을 희망하는 인재상의 질문들을 포함시켜 제출된 서류를 검토하는 것만으로도 적합 후보자인지 아닌지를 판단할 수 있도록 서류전형의 기준을 수립한다. 이렇게 하는 것으로 채용의 정밀도를 올릴 수가 있다.

💬 서류전형의 개요

서류전형은 지원자들에 대한 기초 정보를 수집하여 최소한의 자격 요건을 갖추지 못한 사람들을 배제함으로써 채용 과정의 효율성을 높이고 소요 시간과 비용을 절약하기 위한 목적으로 실시되고 있다.

표 6-1 서류전형 프로세스

1. 지원 자격 요건 확인
- 채용 모집 시 공고한 지원 자격 요건을 지원자가 충족하는지 여부를 확인해야 함
- 지원자들이 입력한 내용 중, 중복이나 오기입된 내용이 없는지 검토함

2. 입사지원서 및 자기소개서 평가
- 서류전형 평가 시 측정하기로 한 직무, 조직, 동기적합성에 대해 정량적 및 정성적 방법을 통해 평가할 수 있음

정량적 평가 (기술, 지식, 경험)	정성적 평가 (태도, 가치, 동기)

3. 가점 부여 및 지원자 순위 도출
- 채용 관련 법규 및 지침에서 규정하고 있는 우대사항을 확인하고 가점을 부여함
- 가점 부여 후 서류전형 평가 결과에 따라 지원자의 순위를 부여함

4. 서류전형 평가 결과의 검토
- 서류전형과 관련하여 지원자가 제출한 서류 및 내용의 진위 여부를 확인한 후 이상이 없으면 결과를 확정함

5. 서류전형 결과 발표
- 결과 확정 후 전형 결과를 유선, 메일, 문자 등의 수단을 통해 안내함

서류전형 개발 프로세스

서류전형 기준 개발은 평가도구 확인, 평가도구 선택, 입사지원서 개발의 프로세스로 진행한다.

표 6-2 서류전형 평가도구 확인

영역		중점 확인사항	채용공고	서류전형		
				입사지원서	자기소개서	경력기술서
조직적합성	사업이해	인재상, 가치, 미션, 비전, 사업내용, 산업이해 최근 동향화 상품·기술 등의 변화 추세 지식 보유했는가?	●		●	
	의사소통	상태의 기대나 욕구를 명확히 이해하고, 자신의 의사를 다양한 방식으로 표현 및 전달하는가? (언어적, 문서적 의사소통 능력)			●	
	관계지향	사회적 역량, 개인과 환경과의 상호작용, 타인에 대한 감정이나 자극을 받아들이고 이해하는가?			●	
직무적합성	전문성	직무이해, 역량, 직무지식과 기본 소양을 바탕으로 복합적인 사고를 발휘하여 상황을 종합적으로 해결하는가?	●	●	●	●
	직무경험	직무 관련 경험이나 경력, 직무 관련 자격증 / 일반 자격증, 직무와 유사한 경험이나 경력이 있는가?	●	●	●	●
직무적합성	직무관심	직무 관련 자기개발, 부족한 점, 잠재 능력 개발을 하고 있는가? 최근 직무 관련 잠재 능력을 연구하고 개발하고 있는가?			●	
동기적합성	동기적합	회사 또는 직무로부터 기대하거나 바라는 요인과 실제로 그 요인이 얼마나 일치하는지 파악한다.			●	
	지원동기	일반적인 취업 준비가 아닌, 우리 회사 또는 해당 직무를 위한 입사 준비를 위한 행동 확인한다.		●	●	
	성취동기	도전적인 목표에 대한 구체적인 달성 계획을 수립하고 행동하는가? 가장 최근의 성취 경험은 무엇인가?		●	●	●

표 6-3 **서류전형 평가도구 선택**

구분	내용
입사지원서	• 평가의 목적으로 직무 관련 사항을 기재하도록 요청하는 지원서 • 인적사항, 교육사항, 경력사항, 자격사항, 기타 직무 관련 사항
자기소개서	• 기업의 핵심가치, 인재상과 관련된 사항을 확인할 수 있게 구체적으로 설계된 지원자소개서
경력(경험) 기술서	• 입사지원서에 기재한 경력(경험)사항을 보다 상세히 기술한 기술서 • 직무와 관련된 업무 수행 경력(경험) 기술 또는 포트폴리오 작성

표 6-4 **입사지원서 개발**

지원서의 항목개발, 타당성 확보, 평가기준 설계를 통한 입사지원서를 개발한다.

단계	프로세스	내용
1	입사지원서 항목 도출 및 초안 개발	• 채용직무의 내용, 고용형태(정규·계약), 경력구분(신입·경력) 등의 사항을 검토 • 반드시 수집해야 할 최소한의 인적사항 구성 • 직무 관련 정보들을 기반으로 채용직무의 필수 요건 및 선발요건 설계 • 직무특성에 따라 포트폴리오 첨부 양식 개발
2	입사지원서 항목 타당성 검증	• 입사지원서 초안의 적절성 검토를 위해 채용직무 관련 직무 전문가 의견 수렴 • 관련 부서의 요구에 따라 항목과 평가 기준을 수정·확정
3	입사지원서 평가기준 설계	• 입사지원서 항목과 직무수행 간 관련성 분석 • 편견 및 차별 유발 요소 검토 및 제외 • 주요 항목별 가중치 도출 • 직무전문가를 통한 타당성 검증
4	입사지원서 최종본 개발	• 입사지원서 최종본 확정

입사지원서 개발 예시

- 채용 공고문에 기재된 사항을 누락하지 않고 기재할 수 있도록 입사지원서 항목을 구성해야 하며, 채용에 반드시 필요한 항목한 포함해야 함.
- 일반적으로 입사지원서에 포함되는 항목은 아래와 같으며, 필요시 새로운 항목을 추가할 수 있음.

표 6-5 입사지원서 개발 예시

입사지원서

1. 인적사항

사진	지원분야		희망연봉	
	성명		주민번호	앞자리만
	주소			
	휴대폰		비상연락처	
	e-mail		sns계정	
	병역	군별, 계급, 전역여부	우대사항	보훈, 장애, 기초생활

2. 학력사항

① 복수전공일 경우 모두 기재합니다.
② 졸업여부는 졸업, 졸업예정, 중퇴, 휴학으로 구분하여 기재합니다.
③ 소재지는 도시명을 기재합니다.

기간	학교명	① 전공	② 졸업여부	③ 소재지
년 월 ~ 년 월	고등학교	지원분야와 전공분야의 일관성을 파악하여 지향성을 파악할 수 있음		
년 월 ~ 년 월	대학			
년 월 ~ 년 월	대학교			
년 월 ~ 년 월	대학원			

3. 교육사항

① 채용공고의 지원분야 또는 직무기술서를 읽고 이와 관련된 교육과정(전공, 자기개발 등)을 이수한 경우 기재하여 주십시오.
② 교육과정은 정규과정 또는 비정규과정 모두를 기재할 수 있습니다.

기간	구분	교육과정(과목)명	교육내용
년 월 ~ 년 월	정규, 비정규		지원분야와 세부 전공분야의 일관성을 파악하여 전문성을 파악할 수 있음
년 월 ~ 년 월	정규, 비정규		
년 월 ~ 년 월	정규, 비정규		
년 월 ~ 년 월	정규, 비정규		

4. 자격사항

① 채용공고의 지원분야 또는 직무기술서를 읽고 이와 관련된 자격사항을 기재하여 주십시오.
② 자격사항 유형은 국가기술자격, 국가자격, 국가공인민간자격, 기타로 구분합니다.
③ 기타 자격은 본인의 다른 역량을 증명할 수 있는 IT, 언어능력, 자격 기술등을 기재합니다.

구분	취득일자	자격증명	발급기관	자격증번호
	년 월 ~ 년 월	지원분야와 관련된 자격 유무로 지원자의 직무전문성을 확인할 수 있음		
	년 월 ~ 년 월			
	년 월 ~ 년 월			
	년 월 ~ 년 월			

5. 보유기술

① 채용공고의 지원분야 또는 직무기술서를 읽고 이와 관련된 보유기술을 기재하여 주십시오.
② 구분에는 워드, 엑셀, 파워포인트, 엑셀, 더존, 기타 등 상세한 보유기술을 기재하여 주십시오.
③ 보유 능력은 전문가-상-중상-중-중하-하 로 구분합니다.

구분	보유능력	구분	보유능력
	OA, 언어 등의 보유기술 파악을 통해 지원자의 보유기술을 파악할 수 있음		

6. 경력(경험)사항 상세한 내용은 경력기술서에 작성해 주십시오

① 채용공고의 지원분야 또는 직무기술서를 읽고 이와 관련된 경력(경험)사항을 기재하여 주십시오.
② 지원분야와 유관하지 않은 경력(경험)도 기술할 수 있습니다.
③ 담당업무와 퇴직사유를 상세히 기재합니다.

근무기간	회사명	업종	근무부서
년 월~ 년 월	담당업무(과업내용)	연봉	퇴직사유
	즉시 활용 가능한 경력(경험)인지 확인		면접 시 퇴직사유를 반드시 확인
근무기간	회사명	업종	근무부서
년 월~ 년 월	담당업무(과업내용)	연봉	퇴직사유

7. 기타사항

① 위 항목에는 해당하지 않으나, 업종, 직무와 관련 있는 능력이나 어필 포인트가 있을 경우 기재합니다.
② 구분은 수상실적, 특허, 연구, 기술, 상품, 서비스, 창업, 창작, 특기, 취미, 기타 등으로 기재합니다.
③ 자신의 지원 직무와 관련된 능력 또는 역량을 증명할 수 있는 사항을 기재합니다.

구분	능력 또는 역량 어필 포인트
	성실 작성 여부에 따라 일을 대하는 자세와 입사의지(동기)를 파악할 수 있다.
	취미나 특기 등을 통해 스트레스 해소 방법 유무를 알 수 있다.

상기 본인은 귀 ○○○○에서 실시하는 직원 채용 시험 응시자로서 위의 기재 사항은 사실과 다름없음을 확인하오며 만일 허위사실이 판명되었을 때에는 시험의 무효, 합격 및 임용의 취소 처분에 이의를 제기하지 않을 것을 서약합니다.

20××년 월 일

지원자 :   (인)

○ ○ ○ ○ 대표이사 귀하

자기소개서 개발

- 자기소개서는 해당 지원자의 직무적합성(전문성·경험·자기개발), 조직적합성(핵심가치·인재상), 동기적합성(조직·직무)을 평가하기 위한 질문으로 구성.
- 지원자가 작성한 자기소개서는 정량 및 정성적인 서류전형 평가 후 면접전형에서 지원자에 대한 이해 및 평가 자료로 활용.
- 필요에 따라 자기소개서 질문을 추가할 수 있으며, 자기소개서에는 1) 직무적합성 2) 조직적합성 3) 동기적합성 등이 포함될 수 있음.

표 6-6 자기소개서 개발 내용

구분	자기소개서 평가 내용
직무적합성	지원자가 직무를 수행하기 위해 필요한 지식, 기술, 능력을 어느 정도 수준을 갖추고 있고, 개인의 욕망과 직무 특성 사이의 일치를 확인한다. 경력이 있다면 그 경험 중에서 어느 부분이 새로운 직무에 이전 가능한 것인지, 이전된다면 어떤 가치창출이 가능한지를 가늠해 본다. 단 신입의 경우 현재의 지식보다는 미래의 지식에 중심을 두고 관찰한다.
조직적합성	조직의 문화와 개인의 특성이 서로 유사하거나 합치되는 목표와 가치들을 지니고 있을 때, 조직 구성원들 사이에 조직가치와 문화의 공유가 발생하고, 이를 통해 특정 상황을 초월하는 긍정적 믿음과 정서적 신뢰 그리고 조직 효과성이 높아질 수 있다. 기업이해, 사업이해도 및 조직가치, 미션, 비전, 인재상 등과 유사한 기본적인 특성이 있는지 관찰한다.
동기적합성	회사 또는 직무로부터 기대하거나 바라는 요인과 실제로 그 요인이 얼마나 일치하는지 파악한다. 그리고 우리 회사에 입사하기 위해서 어떤 준비(행동)를 했는지 파악한다. 하고 싶은 일과 해야만 하는 일에 대해 잘 이해하고 있는지 파악한다. 그동안 지원한 업종, 직무에 대해 파악하여 지향성의 흐름이 명확한지 파악한다.

- 면접과 달리, 평가자와 상호작용이 불가능한 자기소개서의 특성을 고려하여 질문을 개발해야 함.
    - ✓ 지원자들이 질문의 의도를 쉽고 명확하게 파악할 수 있는가?
    - ✓ 모든 지원자들이 충분히 기술할 수 있는가?
    - ✓ 지원자가 거짓으로 기술할 수 있는가?
    - ✓ 모든 지원자들을 동일한 기준으로 신속하게 평가할 수 있는가?

자기소개서 개발 예시

표 6-7 다중질문형 자기소개서 개발 예시

자기소개서
- 질문에 대해 본인의 과거 행동사례를 중심으로 작성해 주시기 바랍니다. - 읽는 사람이 그 당시 상황이 그려질 수 있도록 작성해 주시기 바랍니다. - 간결하지만 자신을 충분히 표현할 수 있고, 보는 사람 즉 '읽는 사람' 위주로 작성해 주시기 바랍니다. - 많은 내용을 입력하는 것보다는 잘 정리하여 입력하는 것이 중요합니다.

1. 지원한 분야에서 다른 지원자와 차별화되는 귀하만의 전문성이나 노하우에 대해 기술하여 주십시오.

1-1. 어떤 점에서 우수하다고 여깁니까?

1-2. 그 점을 어떻게 증명할 수 있습니까?

1-3. 그런 전문성이 업무에 미칠 영향은 어느 정도입니까?

2. 지원한 분야와 관련하여 관련된 또는 유사한 경력이나 경험이 있습니까?

2-1. 어떤 측면에서 지원한 분야와 관련이 있다고 생각하십니까?

2-2. 만일 관련된 경력(경험)이 없다면 어떻게 지원한 업무를 잘 할 수 있다고 증명하시겠습니까?

3. 우리 회사의 지속성장 가능성에 대한 전망을 기술해 주십시오.

3-1. 회사가 속한 산업에서의 위치를 더 견고히 할 수 있는 방안은 무엇입니까?

3-2. 우리 회사의 경쟁사 대비 장점과 단점을 기술해 주십시오.

4. 우리 회사의 가치 미션 비전이 자신의 가치나 지향성과 일치되는 점을 기술해 주십시오.

4-1. 우리 회사가 추구하는 가치는 무엇이라고 생각하시나요?

4-2. 자신의 가치와 우리 회사의 가치와 부합되는 점은 무엇입니까?

※ 직무, 조직, 동기적합성 등 추가 영역을 필요에 따라 내용을 추가한다.

경력(경험)기술서 개발 예시

표 6-8 경력(경험)기술서 개발 샘플

경력(경험)기술서

- 입사지원서에 기술한 직무 관련 경력사항 및 직무 관련 활동 사항과 관련하여 상세히 기술해 주시기 바랍니다.
- 구체적으로 담당업무, 본인의 역할 및 구체적 행동, 주요 성과에 대해 작성해 주시기 바랍니다.

회사명		재직기간	
소속부서		담당업무	
퇴사사유			

기간	주요업무내용(성과를 창출한 사례)	역할

자유기술

- 업무 성과를 높이기 위해 본인이 기울인 노력 행동
- 성과로 인한 조직 기여 내용 및 기여 정도
- 입사지원 분야 업무 수행 시 기여할 수 있는 측면

회사명		재직기간	
소속부서		담당업무	
퇴사사유			

기간	주요업무내용(성과를 창출한 사례)	역할

자유기술

- 업무 성과를 높이기 위해 본인이 기울인 노력 행동
- 성과로 인한 조직 기여 내용 및 기여 정도
- 입사지원 분야 업무 수행 시 기여할 수 있는 측면

개인정보 취급 및 이용에 관한 동의서

표 6-9 개인정보 취급 및 이용에 관한 동의서 예시

개인정보 취급 및 이용에 관한 동의서

채용에 관련된 개인정보 수집 및 이용과 관련하여 다음의 몇 가지 사항을 안내하여 드리오니, 관련 내용을 숙지하신 후 해당 내용에 동의하여 주시기 바랍니다.
귀하께서는 이에 대한 동의를 거부할 수 있으며, 동의가 없을 경우 채용에 필요한 최소한의 개인정보 수집이 불가능하므로 정상적인 채용 전형 진행이 불가능할 수 있음을 알려 드립니다.

[개인정보 수집 및 이용에 대한 안내]

□ 수집항목
  - 입사지원 관련 항목 : 이름, 사진, 주민등록번호, 주소, 전화번호, e-mail, 학력 사항 일체, 병역사항, 장애 및 보훈 사항, 자격증 및 어학취득 사항, 근무경력 등
□ 개인정보 수집 방법 : 입사지원서
□ 개인정보 수집 목적 : 입사지원 정보 확보, 지원자 문의 응대, 지원자 식별, 전형 결과 및 채용 변경 사항 안내
□ 보존항목 : 입사지원서류 일체
□ 보존근거 : 공공기관의 기록물 관리에 관한 법률
□ 보존기간 : 5년 동안 보존, 기간 경과 시 즉시 폐기

[제3자 정보 제공에 대한 동의]

□ 회사는 지원자가 제출한 정보의 검증을 위하여 아래와 같이 타 기관에 귀하의 개인정보를 제공할 수 있으며, 이외의 목적으로 제3자에게 개인정보를 제공하지 않습니다.
  - 제공 대상 : 고용노동부 고용센터, 경찰서, 출신대학, 제출자격증 발급처, 경력상 회사
  - 제공하는 개인정보 항목 : 이름, 주민등록번호, 주소
  - 제공 정보의 이용 목적 : 입력 정보의 진위 여부 파악
  - 제공 정보의 보유 및 이용 기간 : 즉시 파기

상기 개인정보 수집 및 이용에 관한 내용을 읽었으며, 동의합니다.

성명 :   (서명)

💬 서류전형 확인 포인트

지원서류는 기재내용과 쓰는 방법에 주목한다.
경력·내용만으로 판단하지 않고 '가능성'을 찾는다.
서류전형의 첫 번째 단계는 지원서류를 검토하는 것으로부터 시작된다. 지원서(이력서 또는 입사지원서, 자기소개서)를 기본으로, 경력자 채용이면 경력기술서와 자기 PR등을 체크한다. 자사의 홈페이지나 구인사이트 등, Web상에서 지원을 받는 경우도 같다. 이외 테마를 준비해 작문이나 논문, 시장조사서 등의 제출을 요구하는 기업도 있다. 서류전형은 인사담당자들이 가장 힘들어하는 일이기도 하지만 1장에서도 이야기했듯이 회사의 운명을 결정하는 일임을 인식하고 모든 제출서류는 반드시 읽어야 한다. 특히 중소기업의 경우 대기업에서 사용하는 지원자 선별 기술(자동필터링)을 활용할 경우 성장가능성이 있는 우수한 지원자를 놓치기 십상이다. 그러므로 지원서를 꼼꼼히 검토하여 경력이나 내용만으로 판단하지 말고 성장잠재력이 큰 가능성 있는 인재를 찾아야 한다. 서류전형의 체크 포인트는 다음과 같다.

학부 전공이나 지금까지의 경험으로부터 업무수행 능력을 평가한다.
올해 졸업자로 이공계나 법률 관련직 등 전문성이 높은 직종이면, 출신 학부나 전공 분야를 확인해 업무에 필요한 전문 지식을 빨리 습득할 수 있는지를 확인한다. 경력사원 채용의 경우 지금까지 경험해 온 업계나 일의 내용, 포지션 등을 확인하여, 맡기고 싶은 업무를 해낼 수 있을지를 예측한다. 해당 분야에 경험이 없는 경우 지금까지 경험에 자사의 일과의 공통성이 있는지 확인하거나 응용할 수 있는 부분이 있는 지원자인지 주목한다.

보고서나 자료 등을 정리하는 문서 작성 능력을 판단한다.
경험 내용뿐만이 아니라 문서작성 능력에 대해 문장력, 읽는 사람에 대한 배려, 중요한 부분을 전달하고 있는지 파악한다. 직종에 따라서는 업무 능력이 높아도 문서 작성에 익숙하지 않아 골칫거리가 되는 경우도 있다. 이 때문에 자사가 모집하는 직종에 On-Off Line을 통해 커뮤니케이션을 하는 일이나, 고객 및 거래처전용의 자료, 제안서 등의 작성 업무가 포함되어 있는 경우 그것들을 순조롭게 해낼 수 있는 능력을 판단하는 기준이 된다.

부족한 점을 찾는 것보다는 '빛나는 가능성'을 찾는다.
다른 회사에 근무하면서 전직 활동을 실시하고 있는 지원자 중에는 하루하루의 과다한 업무로 인해 지원서 작성에 시간을 들일 수 없는 경우도 있다. 혹은 면접을 승부의 장소라고 생각해 지원서 작성에 그만큼 힘을 쓰지 않은 지원자도 있다. 지원 서류에 어딘지 부족함을 느낀 순간 바로 불합격 처리를 한다면 서로 좋은 만남을 할 기회를 잃게 될 수도 있다. 서류가 조금 부족하여도 어딘가 조금이라도 빛나는 가능성이 보인다면, 시간이 허락하는 한 면접의 기회를 마련해 보는 것도 하나의 방법이다. 다만 면접 전에 지원서를 근거로 해 어떤 점을 확인해야 하는지 명확히 정리하여 메모해 두자. 이것에 의해 당일 면접이 효율적으로 진행되어 가치가 있는 시간이 될 수 있다.

학력에서 전문 지식이나 목적의식을 확인한다.
학교·학과를 선택한 이유에 지향성이나 자질이 나타난다.
학력란과 학점을 통해 기초 학력 및 책임감을 추측할 수 있다. 더불어 올해 졸업자 채용이나 기졸업자이면서 미취업 상태인 신입사원 채용의 경우, 왜 그 학교·학과를 선택했는지 물어보는 것도 하나의 방법이다. 이 질문에 대해 '부모나 선생님에게 권유받아', '친구와 함께하고 싶어', '시험성적 때문에'라고 대답하는 경우도 많지만, 자기 자신이 강한 흥미를 갖거나 장래의 목표를 근거로 해 선택하였다고 한다면 목적의식이 강하고 독립성이 있다고 판단해도 좋다. 또한 학과나 연구테마를 선택한 이유와 업계·직종을 선택한 이유가 일관성을 갖는다면 가치관이 명확하고 외부환경에 크게 흔들리지 않는 사람이며 틀림없이 성장 가능성이 높은 인재다.

전공 분야로부터 기초지식의 유무를 알 수 있다.
비록 직무경력이 자사가 요구하는 실무 경험이 없다고 해도, 서류전형에서 떨어뜨리는 것은 잠시 유보하자. 졸업한 학부·학과·전공분야·전공세미나 등에 따라서는 자사 업무에 활용할 수 있는 기초지식을 몸에 지니고 있는 경우도 있다. 특히 이공계 출신자이면, 학생시절에 배운 전문 지식을 바탕으로 자사의 기술을 서서히 익혀 추후 회사발전에 큰 기여를 할 수 있는 가능성이 있다.

경험의 유무뿐만이 아니라 의사나 의욕도 판단 자료로 활용한다.
취업 빙하기 시대에 자신의 전공 분야로 취업하고 싶어도 일자리가 없어 희망직종을 포기하고 취업을 하는 사람이 다수 있다. 그러나 이들은 현재 다른 분야에 재직 중이지만, 추후 기회가 된다면 본래의 전문 분야로 돌아가고 싶어 하며, 수시로 전직 활동을 하고 있다. 그러므로 서류상의 경력만으로 판단하지 말고, 면접으로 본인의 잠재력이나 의욕을 확인하고 나서 판단해도 늦지 않다.

취미·특기에서 인품과 지향성을 본다.
취미·특기 이야기를 계기로 순조로운 면접을 진행할 수 있다.
취미·특기란은 학력이나 직업경력으로는 파악하기 힘든 개인의 인품과 지향성이 나타나는 부분이다. 자사의 조직문화와 맞을 것 같은가, 기존사원과의 관계는 어떨 것인가를 추측하는 자료로도 활용할 수 있다. 또한 여기에 쓰여 있는 내용은 면접을 시작할 때 지원자와의 라포Rapport 형성을 위한 아이스 브레이킹의 화제로 활용할 수 있다. 면접으로 인해 긴장하고 있어도, 자신이 좋아하는 일, 자신 있는 분야가 화제이면 지원자도 어느 정도 긴장이 풀려 편안한 면접을 통해 지원자의 내면을 파악할 수 있으며, 이후 면접도 순조롭게 진행될 수 있다.

취미를 대하는 자세로 일을 대하는 자세를 알 수 있다.
취미 이야기를 통해서 그 사람의 인물 타입을 알 수도 있다. 예를 들면, 다양한 취미를 가진 사람이면, 흥미의 대상이 넓고, 새로운 것에 차례차례로 도전하는 인물임을 추측할 수 있고, 같은 취미를 길게 계속하고 있는 사람이면, 한 가지에 집중하는 차분한 성격의 소유자임을 추측할 수 있다. 취미를 대하는 자세로 일을 대하는 자세를 알 수 있다.

스트레스 해소의 수단을 가지고 있는 것은 중요하다.
즐길 수 있는 취미를 가지고 있다고 하는 것은, 스트레스 해소의 수단을 가지고 있다는 것이라고 말할 수 있다. 일과 개인의 삶을 잘 조화시키고 취미를 통해 기분 전환을 하는 사람은 스트레스에 대한 컨트롤이 가능한 사람이라고 보면 된다. 또한 다양한 취미를 가진 사람의 경우 인간관계 네트워크가 다양하다고 볼 수 있다. 이런 경우, 마케팅이나 영업직 등으로 적합할 수 있다.

자격란에 업무에 필요한 자격과 학습능력을 본다.
취득 자격의 난이도로 학습능력을 추측할 수 있다.

모집 직종에 필요하거나 혹은 취득하고 있는 것이 바람직한 자격이 있다면, 자격란에서 그 유무를 확인한다. 또 자사의 업무에 그다지 관계가 없는 자격으로도 다양한 정보를 읽어낼 수 있다. 예를 들면 장기간의 학습이 필요한 자격이 있다면, 목표를 향해 계속적으로 노력하는 끈기와 인내가 있다고 추측할 수 있다. 한편, 분야에 일관성이 없는 자격을 다수 취득하고 있는 사람은 변덕스럽다고 파악되기는 하지만, 새로운 일에 대한 호기심이나 도전의욕이 왕성하고 시야가 넓은 사람이라고 판단해도 무방하다. 다만 자격 취득 자체를 의미로 하는 사람도 있기 때문에 취득의 의도를 물어보는 것도 좋다.

자격 취득의 이유로 계획성의 유무를 알 수 있다.
"왜 그 자격을 취득하려고 생각했는지?"라는 동기를 확인하는 질문을 통해 그 사람의 사물에 대한 대처 자세를 알 수 있다. '주위 사람들이 하나쯤 가지고 있기 때문에', '부모나 교사의 권유를 받았기 때문에'라고 하는 경우 주체성이 부족하고 믿음직스럽지 못한 인상을 받는다. 한편 자기 나름대로 목표를 설정해 그것을 실현하는 수단으로서 자격 취득의 길을 선택한 경우라면 목표를 향해 계획성을 갖고 노력하는 사람이라고 판단해도 좋을 것이다.

취득을 목표로 공부 중인 경우 진지함이나 진도를 확인한다.
자격란에 ○○자격 취득을 위해 공부 중이라고 기재되어 있는 경우도 있다. 이 경우, 언제부터 배우기 시작했는지, 학습 진도는 어디까지 나가고 있는지, 언제 취득을 목표로 하고 있는지를 확인해, 어느 정도 진심으로 임하고 있는지를 확인해 둔다.

지원동기란에는 쓰는 방법도 주목한다.
자사에 지원한 '의지'의 정도를 확인한다.
경력이나 자격란과는 달리 지원동기에는 그 사람의 생각이 강하게 나타난다. 많은 채용정보 중에서 '왜 자사에 관심을 갖고 지원했는지', 그리고 '반드시 이 회사에 들어가고 싶다.'라는 의지의 정도까지 확인할 수가 있다. 지원동기는 대부분 자기소개서에 기입되어 있지만 별도 첨부되는 자기 PR문서, 경력기술서에 자세하게 쓰인 경우도 있다.

요점을 간결하게 정리하는 '정보정리력'도 알수 있다.
지원동기란에서는, 그 내용뿐만이 아니라, 쓰는 법도 주목하면 좋다. '주체성'이나 '정보정리력' 등을 볼 수 있기 때문이다. 쓰는 법은 크게 3가지의 경향으로 분류할 수 있는데,

1. 한마디로 간결하게 쓰여 있다.
2. 지면 전체를 사용해, 장문으로 쓰여 있다.
3. 적은 것도 많은 것도 아니고, 적정한 양으로 정보를 정리하고 있다.

1.의 경우, 자기 어필의 의욕이 부족하거나, 면접으로 승부하려는 사람일지도 모른다. 짧은 내용에 비해 내용이 정리가 잘 되어 있고 전문적인 용어가 사용되었다면 지원서 작성 샘플을 활용한 가능성도 있다.

2.의 경우, 자기 어필에 적극적으로 의욕이 있는 사람이다. 그러나 너무 빽빽이 쓰여 있어 핵심을 잡기 어려운 장문이라면, 요점을 간결하게 정리하는 정보정리력이 약하다고 생각할 수 있다.

3.과 같이 읽기 쉬운 적절한 문장량이면서 내용에 설득력이 있다면, 정보를 간결하게 정리해 제삼자에게 알기 쉽게 전달하는 스킬이 있다고 기대할 수 있다.

자기소개서는 자사에 맞게 작성하였는지 독창성을 확인한다.

자기소개서를 통해 필요한 정보를 얻는다.
자기소개서를 주의 깊게 읽어 보면 꽤 가치 있는 정보들이 들어 있으므로 단순히 형식적으로만 취급하지 말자. 예를 들어, 입사 지원자가 회사의 특정 직위에 지원할 때, 자신의 배경과 관심 분야에 대한 정보를 추가적으로 제공한다. 따라서 자기소개서를 평가할 때 전문인으로서의 정신, 독창성, 그리고 전반적인 인상에 주의를 기울여 검토한다. 또한 자기소개서는 공식적인 지원서 중의 하나이다. 따라서 그에 걸맞은 형식으로 쓰여야 한다. 형식적인 요소를 모두 갖추어 작성되었는지 확인한다. 문법이나 철자 또는 그 외의 실수가 있는가? 당신이 채용하려는 인력이 서류 작성 업무를 해야 한다면 그런 실수도 진지하게 고려해야 한다. 의식이 있는 지원자라면 정확도를 높이기 위해서 두 번, 세 번 검토할 것이다. 결국, 이런 사항들이 지원자의 첫인상을 좌우하는 것이다.

자사만을 위한 자기소개서인지 확인한다.
취업이 어렵다 보니 지원자들은 여기저기 수백여 통의 자기소개서를 발송한다. 만일 자기소개서에 자사만을 위한 내용이 없다면 그 지원자를 면접 보는 것은 시간 낭비일지 모른다. 최소한의 지원 의지가 보이지 않기 때문이다. 자사만을 위한 독창성 있는 자기소개서는 그만큼 지원자의 입사의지를 엿볼 수 있다. 자사에 보내기 위해 각별히 시간을 투자해 자기소개서를 작성한 지원자라면 아마 회사에 입사하려는 동기가 뚜렷할 것이다. 더구나 그런 지원자가 회사에 관한 이해도와 채용포지션에 대한 질문 사항을 언급한다면 이 또한 많은 것을 시사한다. 최근에는 지원하려는 회사에 대해 실제로 사전 조사를 하는 지원자가 매우 드물다. 특히 이미 만들어 둔 이력서 파일을 뿌려 대는 경우가 비일비재하다.

긍정적이며 적극성이 있는가?
강점은 구체적 사실을 솔직하고 적극적으로 해야 한다. 하지만 강점만 강조하지 않고 부족한 점도 솔직하게 인정하며 극복 대안을 제시하는 순수하고 긍정적, 적극적인 지원자도 면접 대상에 반드시 포함시켜야 한다. 준재가 아니라도, 순수하면서 긍정적이며 자신을 잘못을 잘 받아들이고, 적극성과 끈기가 있어 열정이 있다면 회사나 자신의 성장에 초석이 될 수 있다. 반대로 미사여구를 동원하거나 과대 포장하는 지원자는 인성이나 성품 평가에서 반드시 고려해 보아야 할 대상자로, 탈락시켜야 할 것이다. 특히 학력과 경력은 화려하여 흠잡을 곳이 없으나, 또한 선택해야 할 가치가 없는 '화려한 백수'는 당연히 제외해야 한다.

경력기술서는 간결하고 읽기 쉽게 작성하였는가에 주목한다.

'A4용지 2매 정도 많아도 4매 이내'
경력기술서의 고유양식은 없지만 작성하는 방법은 크게 2가지로 분류할 수 있다. 연월에 따라 업무내용을 정리하는 편년체식과 직무분야 마다 정리하는 커리어식이다. 방식은 2가지나 이를 판단하는 공통된 기준이 있다. 그 하나가 읽는 사람을 배려해서 작성하였는가 아닌가이다. A4용지 1매 정도, 경력이 긴 사람이라도 2매 이내에 간결하게 정리되어 있으면, 읽기 쉽게 느껴진다. 반대로 이것저것을 다 기입하여 4, 5매 이상 써서 제출하는 지원자는, 상대에게 배려가 부족할 가능성도 있다. 자기가 말하고 싶은 것을 상대방 의사와는 상관없이 길게 이야기하는 제멋대로인 사람일 수도 있다.

기입한 내용이 적은 경우는 지원 의지를 의심케 한다.
반대로, 내용이 너무 적은 것도 생각해 볼 일이다. 직무경험이 적기 때문에 A4용지 1매의 반 이하로 작성한 경우 지원 의지에 의문을 느끼지 않을 수 없다. 경력이 짧기 때문에 경력기술서를 다 채우지 못할 경우 자기 PR이나 지원동기를 작성하여 A4 1매 정도를 채워 지원하는 지원자들도 있다. 이런 사람에게는 지원 의지나 자세가 느껴진다.

채용하고 있는 직무에 대한 경험이나 스킬을 한눈에 알 수 있다.
어떠한 경험이나 스킬을 가지고 있는지 한눈에 알기 쉽게 작성하였는가도 중요하다. 예를 들면 응시직종에 필요한 스킬이나 경험을 파악해 그 부분을 중심으로 구성하고, 어필할 수 있는 장점을 강조하고 있으면 지원자의 경험이나 능력을 파악하기 쉬울 것이다. 이러한 배려를 할 수 있는 지원자라면 이미 충분한 자질을 가진 후보자이다.

지원서 확인 포인트

경력지원자 이력서의 확인 포인트
좋은 인재를 확인하는 데에 지원자의 제출서류도 중요하지만, 기재되어 있는 내용에 대해 체크할 수 있는 스킬이 없다면 지원자의 본질을 꿰뚫어 볼 수 없다. 제출된 서류를 바탕으로 면접을 시행하기 때문에 좋은 인재를 채용하기 위해서 서류전형이 중요하다.
이력서의 포인트는 기재되어 있는 지원동기에서 자사에 대한 입사 의욕이나 직무능력을 확인하는 것이다. 희망조건란에 기재되어 있는 내용이 자사의 조건과 다르면 우수한 인재라도 채용은 어려울지 모른다.
자격증란에 지원 직종과 상관없는 자격증이 많이 기재되어 있다면 원래 희망하던 직종이 아닐지도 모르고, 자격증 마니아로 업무보다 직종에 상관없는 자기계발에 집중하는 사람이라는 걸 예측할 수 있다. 이력서를 통해 지원기업에 대한 의욕이나 사람 됨됨이를 체크한다.

표 6-10 이력서의 확인 포인트

체크 항목	직무 적합	동기 적합	근로 의욕	조기 퇴사
사진이 증명사진이 아니거나 흐리다		○	○	○
주소란에 모든 주소 일부가 생략되어 있다		○	○	
비상연락망 또는 집 전화가 기재되어 있지 않다			○	○
출신 학교명이나 기업명이 정식명칭으로 기재되어 있지 않다	○	○	○	
입학, 졸업 연도가 잘못 기재되어 있다	○			○
전공 및 동아리 활동이 불분명하다	○	○		
6개월 이상의 불명확한 공백 기간이 있다				○
많은 분야의 자격증을 취득하고 있다				○
통근할 수 없는 먼 곳에서 지원했다	○	○	○	○
대우 면에 협상의 여지가 없다	○	○		○
자사를 향한 지원동기가 아니다		○		
자기 PR 내용이 구체적이지 않다	○	○		
다채로운 취미가 기재되어 있다			○	○
퇴직 이유가 분명하지 않고 일신상의 이유, 이사 등으로 기재되어 있다	○			○

○는 확인 또는 문제가 있는 분야.

1 사진이 증명사진이 아니거나 흐리다.

이력서 사진을 통해 지원자의 업무에 대한 의욕, 열의를 읽어 낸다. 면접에서도 활용할 수 있는 부분인데, 제대로 된 증명사진을 부착한 지원자는 일에 자신감이 있고 입사 의욕도 높은 지원자라고 볼 수 있다. 반대로 증명사진이 아닌 스냅사진이거나 선명하지 못한 사진을 부착한 지원자는 입사 의욕이 낮고 일을 엉터리로밖에 처리하지 못할 가능성이 있다. 고액의 사진관이 아니어도 상관없지만, 사진관에서 촬영했다는 점에서 진지하게 임하고 있다는 자세가 느껴지는 것이다.

사진만으로 모든 것을 파악할 수는 없지만, 사진의 표정은 말 이상으로 신빙성이 있으니 특히 눈에 힘이 있는지를 통해 업무에 대한 의욕을 확인해야 한다.

지원자의 사람 됨됨이를 사진을 통해 파악할 수 있는데, 조직에 적응성이 없는 지원자는 표정도 어둡고 패기를 느낄 수가 없다. 업무는 팀워크가 중요하니 사진에서 불안감이 느껴진다면 면접 시에 팀으로 일했던 내용을 물어봐야 한다.

일은 개인의 실력뿐 아니라 주변의 협력이나 인간관계가 크게 영향을 끼친다. 사진에서 뭔가 석연치 않은 부분이 있다면 그냥 흘려 보지 말고 면접에서 체크하기 바란다.

예측할 수 있는 점
- 제대로 된 사진을 제출한 지원자는 입사 의욕이 높다.
- 호감이 가지 않는 사진을 통해 인간성 문제를 의심해 본다.

2 주소란에 모든 주소가 기재되어 있지 않고 생략되어 있다.

아무 생각 없이 이력서를 읽고 있으면 간과하기 쉬운 것이 주소란이다. 주소란에 모든 주소가 기재되어 있지 않고 생략되어 있다면 어떤 이유인지 체크해야 한다. 이력서가 지원기업에 제출하는 정식문서라면 주소를 생략하지 말고 정식 주소를 기재해야 한다. 주소가 제대로 기재되어 있는지 아닌지로 지원자의 지원 의욕을 파악할 수 있다. 주소를 정식으로 작성하지 않은 지원자는 지원 의욕이 별로 없을 뿐 아니라 요령은 있지만, 적당히 일을 처리할 가능성이 있으니 면접에서 체크해야 한다.

불합격이 계속되는 지원자의 이력서는 일단 쓰고 보자는 마음이라서, 지원서의 여러 부문을 생략하고 기재하는 경향이 있다.

학교명이나 기업명 그리고 직무내용을 제대로 작성하지 않거나 생략해서 기재하는 지원자도 면접을 통해 일에 대한 자세나 자사에 관한 생각을 확인해야만 한다. 주소란은 대부분 이력서의 맨 위에 있고 가장 처음에 기재하는 사항이다. 면접 시 어떤 생각으로 그렇게 기재했는지 파악해야 한다.

예측할 수 있는 점
- 사무처리 능력이 부족하다.
- 불합격이 계속되며 지원서가 지저분하게 기재되어 있다.

3 입학·졸업 연도가 잘못 기재되어 있다.

학력에 기재된 입학, 졸업 연도에 대해 체크해야 한다. 연도가 틀린 경우, 그 후의 직무경력 연도에 대해서도 틀렸을 가능성이 있다. 주의력이 부족한 것뿐이라면 수정한 이력서를 제출하면 되지만, 고의로 기재한 경우에는 문제가 있다. 입학·졸업 연도에 틀린 부분이 없는지 입학·졸업 연도를 꼭 체크하기 바란다. 입학·졸업 연도를 잘못 기재한 지원자는 주의력이 부족할 가능성이 있다. 업무에서도 자기만의 생각으로 일을 진행시켜 버리기 때문에 큰 트러블을 일으킬지도 모른다. 이때 지원자의 반응으로부터 업무에 임하는 방식을 체크할 수 있다. 잘못을 솔직하게 인정하고 대응할 수 있는 지원자라면 전망이 있지만, 변명이 앞선다면 책임감이 없고 개선능력이 결여된 지원자라 할 수 있다.

기재되어 있는 내용에 의구심을 가지고 확인함으로써 지원자의 본질을 확인할 수 있는 것이다.

예측할 수 있는 점
- 주의력이 부족하다.
- 자기 생각이 강하고 여유가 없다.

4 급여·대우 등의 조건에 고집을 부린다.

서류제출 단계에서 급여, 대우 면에 고집을 부리는 지원자는 조건만으로 지원했을 가능성이 있다. 임금에 고집을 부리는 지원자는 실력이 없거나 일에 대한 동기가 낮으므로 입사 후의 승급이나 승격 가능성이 적을 거라 생각해 입사 시의 조건에 집착하는 것이다. 원래 면접에서 실력을 보여 준 뒤에 교섭해야 하지만 실력에 자신감이 없으므로 미리 기재해 놓는 거로 생각해 볼 수 있다.

조건 때문에 입사를 결정하는 지원자는 더욱 좋은 조건의 기업이 나타나면 정착하지 못하고 이직해 버리기 때문에 면접 시에 업무 자세나 장래성에 대해 확인해야만 한다.

구인 광고에 게재된 내용 이상의 조건을 희망한다고 기재한 지원자의 경우, 실력을 과신하고 있으며 기존 사원과 잘해 나가지 못할 가능성이 있다. 경험이 풍부한 지원자일지라도 입사하면 신입사원으로서 실력을 쌓아 가고자 하는 겸허함이 없다면 즉 전력이 될 만한 인재라 할 수 없다.

급여·대우 면에 고집을 부리는 지원자는 조건을 충족시켜 입사해도 곧바로 새로운 요구를 해 오는 경우가 있으니 신중하게 채용 여부를 판단해야 한다.

예측할 수 있는 점
- 실력에 불안감이 있거나 목표가 임금이기 때문에 채용 시 조건에 집착한다.
- 추후 업무내용보다 조건 때문에 이직한다.

5 자사를 향한 지원동기가 아니다.

지원동기는 희망하는 직무내용과 자사를 향한 지원동기를 체크함으로써 지원자가 가장 중요하게 여기는 것이 무엇인지를 확인할 수 있다. 지원동기에서 기업의 외적 상황만을 지원동기로 삼고 있고, 직무에 대한 적합한 동기가 보여지지 않을 경우, 동기부여 적합성이 낮은 지원자일 가능성이 있다.
불합격이 계속되는 지원자는 기업연구를 소홀히 해, 어느 기업이든 적용되는 지원동기를 기재하는 경향이 있다. 면접에서 많은 기업 중에서 왜 자사인지 확인해야 한다.
중도 채용에서는 지금까지 경험해 온 직종과 일치한다는 이유만으로는 정착하지 못할 가능성이 있다.
공간 없이 빼곡히 작은 글씨로 기재하는 지원자가 있는데 자기 생각이 강한 지원자로, 입사 후 미스 매칭의 원인이 될지도 모른다. 면접 시에 혹독한 면을 포함시켜 직무내용을 설명하고 반응을 확인해야 한다.

예측할 수 있는 점
- 막연한 지원동기는 제1지망이 아니다.
- 직무에 대한 명확한 파악이 되어 있지 않을 경우, 실무능력에 의문이 생긴다.

💬 신규채용 지원서의 확인 포인트

신규채용에서는 실무경험을 평가할 수 없기 때문에 지금까지 배운 것들, 아르바이트 경험, 자기 PR 등을 통해 확인할 필요가 있다. 특히 일에 대한 의욕과 스트레스 내성은 확인 포인트이며 지원동기, 자기 PR뿐 아니라 실패 경험 등을 기재시켜 점검하도록 한다. 추상적인 내용뿐 아니라 지금까지의 경험을 담아서 기재하고 있는지 어떤지를 확인한다.

신규채용에서는 경험이 없으므로 많은 업계나 직종을 비교하는 경우가 있는데, 업계연구, 기업연구, 직무연구를 충분히 해서 기재했는지 확인한다.

동아리 활동에서는 상하관계나 역할을 잘 수행했는지, 아르바이트 경험에서는 인간관계나 실무와 관련된 스킬에 대해 확인한다. 지원서 작성법은 매뉴얼 서적이나 학교의 지도로 습득하기 때문에 기재 내용의 신빙성에 대해 더욱 깊이 파고들어 면접에서 질문하여 본질을 확인하는 것이 중요하다.

표 6-11 신규채용 지원서의 확인 포인트

항목	직무 적합	동기 적합	스트레스 내성	조기 퇴사
자사에 대한 지원동기가 아니다	○	○		○
학창시절의 어필만 기재되어 있다	○	○		○
자기 PR이 막연하다	○	○		○
다른 사람이 평가하는 자기 평가가 기재되어 있지 않다	○		○	○
아르바이트에서 무슨 일을 하였는지 기재되어 있다	○			
자격증이 없거나 지원한 직무와 무관하다	○	○		○
직무와 전공과의 관련성이 없다	○			
직무와 유관한 차별화된 특성이나 강조하는 전문성이 없다	○	○		○
단점에서 개선의식이 없다			○	○
취미, 특기, 좋아하는 것에 대한 언급이 없다		○	○	○
지원자가 꿈꾸는 장래희망 즉 커리어 플랜이 기재되어 있지 않다		○		○
정보정리력, 정보전달력, 문장력이 부족하다 이해하기 어려운 내용이나 채용 대상 직무에 맞지 않는 용어로 작성되어 있다	○	○		
대인관계에 대한 언급이 없다			○	○

○는 문제가 있는 분야.

1 자사를 향한 지원동기가 아니다.

홈페이지 내용을 그대로 기재한 것 같다면 지원자의 동기부여 적합성을 확인해야 한다. 학업이나 아르바이트 경험 등 지원동기로 이어질 에피소드가 담겨 있어야 하고, 더욱이, 하고 싶은 일이 자사 또는 해당 직무의 내용과 얼마나 일치하는지 확인해야 한다. 채용 시즌인데도 업계나 직무가 정해져 있지 않은 것 같다면 정착하지 못하고 그만둘 가능성이 있다. 지점이나 매장이 있는 기업의 경우, 지원동기를 통해 현장에 찾아간 적이 있는지를 확인해 본다. 또한, 하고 싶은 일뿐 아니라 해야만 하는 일을 파악하고 쓰인 것인지를 확인해 본다. 업계나 직무에 대한 생각과, 많은 관련 기업 중에서 왜 자사인지 이해하기 쉽게 기재되어 있는 것이 중요 포인트이다.

지원서에서 지원동기에 의문이 생기면 면접 시에 타사가 아닌 왜 자사인지 질문한다. 자사의 독자성이나 강점을 설명하고 있지만 모호한 대답이라면 채용을 충분히 검토해야만 한다.

예측할 수 있는 점
- 제1지망이 아니고, 입사 포기 가능성이 있다.
- 취업에 대한 의식이 옅고 하고 싶은 일이 따로 있다.

2 자기 PR이 막연하다.

대부분 기업은 홈페이지나 기타 정보를 통해 기업의 인재상이나 핵심 가치, 비전, 미션 등을 홍보하고 있기 때문에 지원자는 기업에서 추구하는 인재상을 상정하기 쉬운데, 자기 PR이 막연하고 자사의 직무와 관련성이 없다면 직무에 대한 동기가 낮고 적성이나 능력도 확인해야 한다.

실무경험이 없어도 지원기업에서 해야 하는 일을 이해하고 있는 지원자는 지금까지 배운 것들이나 아르바이트 경험을 섞어 발휘할 수 있는 능력을 어필한다. 추상적인 내용일 경우, 자기분석이 되어 있지 않기 때문에 좀 더 자신에게 잘 맞는 직업이 있을 거라 변명하고 그만둬 버릴 가능성이 있다. 자기 PR의 결론을 마지막에 기재하는 지원자는 커뮤니케이션 능력에 문제가 있을지도 모른다. 결론을 뒤로 미룸으로써 무엇을 전달하고 싶은 것인지 읽는 이가 이해하기 어려운 사례가 있다. 자기 PR은 어필 내용뿐 아니라 쉽게 읽을 수 있도록 쓰여 있는지도 체크해 본다. 자기 PR에 경험사례가 쓰여 있지 않을 경우에는 면접에서 확인한다. 자기 자신의 강점을 이해하고 있는 지원자라면 일에서도 해야 하는 일을 발견해 낼 수 있다.

예측할 수 있는 점
- 자기분석이 되어 있지 않다.
- 하고 싶은 일이 명확하지 않다.

3 아르바이트 경험만을 어필하고 있다.

학창 시절의 에피소드가 아르바이트 경험이나 동아리 활동으로만 기재되어 있는 경우, 학업에 대해 면접에서 확인하자. 아르바이트나 동아리 활동도 어필 재료가 되지만, 본업인 학업을 통해 배운 것들이나 에피소드가 없어서는 문제가 될 수 있다. 아르바이트 경험에 대해서는 종사했던 경험 기간에 대해서도 면접에서 확인해 본다. 몇 주간의 경험을 강조해 기재하는 것 같다면 억지로 어필할 재료를 찾아낸 것에 불과하다. 장기간, 같은 아르바이트를 경험하고 정사원과 다를 바 없는 일을 수행해 온 학생이라면 실무 면에서는 기대할 수 있지만, 아르바이트 경험이 긴 만큼 새로운 사회인으로서의 솔직함이나 배워 가고자 하는 탐욕스러움이 결여된 경우가 있으니 면접에서 확인하기를 바란다.

아르바이트나 동아리 활동만 기재하는 지원자에 대해서는 앞으로의 비전을 체크해 보라. 예를 들면 연극에 몰두해 온 학생이 졸업 후에도 사실은 연극을 지속하고 싶어 하는 경우가 있다. 취업은 동아리 활동이나 아르바이트의 연장이 아니다. 마음을 새롭게 바꿔 임하는 자세가 요구된다.

예측할 수 있는 점
- 학업에서 어필할 수 있는 내용이 없다.
- 하고 싶은 게 이 일이 아닐 가능성이 있다.

4 기업연구가 되어 있지 않다.

자사에서 추구하는 인재상을 파악하여 쓰고 있는지 체크해 본다. 문장이 훌륭해도 자사에서 필요로 하는 스킬이나 경험과의 관련성이 없다면 제1지망이 아니며 기업연구도 소홀히

했을 가능성이 있다.

면접에서는 답변 내용뿐 아니라 지원자의 표정이나 태도에서 진심도를 확인하는데, 지원서에도 추상적이 표현이 아닌 지원 기업에서 발휘할 수 있는 능력을 의식하며 기재하고 있다면 제1지망이며 진심도가 높다고 생각된다.

회사안내나 채용공고 내용을 그대로 인용하는 것 같다면 그 자리 때우기 식으로 기재했을 가능성이 있다. 추구하는 직무나 인재상에 대해 지금까지 배워 온 내용이나 경험을 뒷받침할 만한 신빙성 있는 내용으로 쓰여 있지 않다면 많은 기업 중 하나에 불과할지 모른다. 기업연구를 한 지원자는 좋은 부분뿐 아니라 업무의 혹독함이나 넘어야 하는 장벽에 대해서도 이해하고 있다. 지원동기나 자기 PR의 내용을 통해 기업을 연구하고 입사 후의 모습을 그려 보며 썼는지를 체크한다.

예측할 수 있는 점
- 많은 기업 중 하나에 불과하다.
- 일에 대한 의욕이나 흥미가 옅다.

5 생각이 강하고 실제상황을 이해하고 있지 않다.

생각이 강한 만큼 실제상황을 파악하고 있지 않은 지원자라면 입사 후 생각했던 일과 다를 경우 낙담하고 퇴직해 버린다. 지원기업에 대한 생각뿐 아니라 실제상황을 충분히 이해하고 지원을 한 것인지, 면접에서 설명해 확인할 필요가 있다. 고정관념이나 자기만의 생각이 강한 지원자는 동료나 상사와 잘 어울리지 못하고 입사 후 실력을 발휘하지 못하는 경우가 있다. 일에 대해 신념이 있는 지원자는 좋게 전망해 볼 수 있지만 자기중심적인 신념이라면 조직에 잘 적응하지 못하고 표류해 버리는 것이다.

면접에서는 의욕이나 의사뿐 아니라 해야만 하는 일을 이해하고 있는지 체크한다. 생각이 강한 지원자에 대해서는 업무의 혹독함이나 자사의 문제점에 대해 반드시 설명할 필요가 있다.

생각이 강한 지원자는 다른 업계나 기업을 조사하지 않고 강한 마음만으로 지원했을 가능성이 있고, 입사 후 좀 더 조사했어야 했다고 후회할 사람이다.

생각이 없는 지원자보다 훨씬 전망이 좋지만, 실제상황을 제대로 설명하고 납득시킨 뒤에 채용해야만 한다.

예측할 수 있는 점
- 실제상황을 이해하고 있지 않기 때문에 퇴직할 가능성이 있다.
- 다른 업계나 기업 연구를 게을리했을 가능성이 있다.

6 되고 싶은 자신의 모습이 쓰여 있지 않다.

지원서가 채용 전형에 합격하기 위해 날조된 내용이라면 훌륭한 문장일지라도 평가할 가치가 없다. 진심이 적힌 지원서는 되고 싶은 자기 모습을 이해한 뒤에 지원 기업을 선택했다는 사실이 문장에서도 드러난다. 문장력이 없어도 되고 싶은 것이 명확하고 하고 싶은 일을 지원 기업에서 실현할 수 있다는 흐름을 이해할 수 있는 것이다.

신규 채용의 가장 중요한 포인트는 업무에 대한 포텐셜인데, 포텐셜이 낮은 지원자는 현실만 그려 볼 뿐 수년 후의 자기 모습을 상상하지 못한다.

되고 싶은 자기 모습이 명확한 지원자는 목표를 향해 한 발씩 스텝을 올리지만, 일은 다 똑같다고 생각하는 지원자는 힘든 일이나 곤란을 극복할 수 없다.

되고 싶은 자신의 모습에 대해 면접에서 더욱 깊이 파고들어 질문해 보면 진심으로 생각하고 있는지 확인할 수 있다. 지원서에서는 지금까지의 경험이나 배운 점들과 같은 과거의 내용뿐 아니라 앞으로의 방향성에 관해서도 확인한다.

예측할 수 있는 점
- 방향성을 발견하지 못해 정착하지 못한다.
- 산업이나 회사 또는 직무에 대한 지향성이 없다.

경력기술서 확인 포인트

경력 채용에서는 지금까지의 직무 경험이 채용 여부에서 큰 비중을 차지하기 때문에 경력기술서를 통해 자사에서 추구하고 있는 직무와의 관련성이나 발휘할 수 있는 강점을 파악하는 것이 중요하다. 인간성이 좋아도 단기간에 전력이 될 수 없는 지원자라면 채용은 어려울 것이다.

경력기술서는 이력서와 달리, 일반적으로 서식이 정해져 있지 않기 때문에 지원자가 쓰고 싶은 내용만 기재하는 경향이 있고, 그중에는 그렇게까지 경험이 없음에도 거짓으로 기재되는 경우도 있다.

추구하고 있는 직무 경험을 강조하고 실적이나 평가가 기재되어 있는 경력기술서라면 면접에서 신빙성을 확인할 필요가 있지만, 어느 정도 좋은 평가를 내릴 수 있다. 지원자는 입사하고 싶은 마음에 추구하고 있는 직무 경험과 일치시켜 기재하는 경향이 있으니 기재 내용을 있는 그대로 받아들이지 말고 면접에서 확인하는 것이 중요하다.

경력기술서의 신빙성을 꿰뚫어 보기 위해서는 그 내용을 기재한 지원자의 의도를 읽어 내고, 구체적인 경험이나 실적을 면접에서 확인한다. 기재내용에 의구심을 갖지 않고 질문을 하지 않으면 직무능력에 대해 잘못된 판단을 하게 된다.

경력기술서를 정확히 읽어 내 면접으로 이어질 포인트에 대해 설명한다.

표 6-12 경력기술서의 확인 포인트

항목	직무 적합	동기 적합	근로 의욕	조기 퇴사
최소한의 내용밖에 기재되어 있지 않다	○	○	○	
이직 횟수가 많고 직무의 일관성을 찾아볼 수 없다	○		○	○
추구하는 직무와 지원 직무와의 공통성을 찾아볼 수 없다	○	○		○
경력기술서를 4장 이상 기재했다		○		○
평가, 실적 등이 기재되어 있지 않거나 구체적이지 않다	○			
막연한 표현으로 기재되어 있다	○	○		
미경험 직무이고 이전 직장과의 연관성이 없다	○	○		○
지원동기가 막연하다	○	○		○
추구하고 있는 직무를 강조하고 있지 않다	○	○		
서류에 오자, 탈자가 있다	○			
복수의 기업을 한데 묶어 두었다	○			○
35세 이상인데 매니지먼트(관리) 경험이 없다	○			○
타인과 함께 일한 내용이 없다		○		○
부정적인 표현이 많다			○	○
첫 이직으로 이전 직장에서 10년 이상 근무하였다				○

○는 문제가 있는 분야.

1 최소한의 내용밖에 기재되어 있지 않다.

근무처 회사명과 종사했던 직무에 관한 최소한의 내용밖에 쓰여 있지 않은 경력기술서로는 일에 대한 의욕이나 직무능력에 대해 평가할 수 없다. 자사에서 추구하는 직무와 관련성이 없다면 제1지망이 아닐지도 모른다. 최소한의 기재 내용으로는 채용해도 성과를 기대할 수는 없다.

현직에 근무하면서 이직 활동을 하는 지원자 중에는 내정을 내려도 입사하지 않는 케이스가 있다. 이러한 지원자는 의욕이나 열의 없이 경력기술서를 작성해 지원하는 상황이니 채용 여부는 충분히 검토해야만 한다.

최소한의 내용밖에 기재하지 않는 지원자는 수동적으로 일하고 스스로 개선해 가는 능력이 부족한 경우도 있다. 또한 프레젠테이션 능력이 약하기 때문에 기존 사원과의 관계에 문제가 생길 가능성도 있다. 어필할 수 있는 내용이 없는 것인지, 어필할 재료가 있는데도 어필하지 않는 것인지 확인할 필요가 있다.

진심으로 입사하고 싶다면 사소한 경험일지라도 지원한 기업이 추구하고 있는 직무와의 관련성을 발견하여 어필한다.

예측할 수 있는 점
- 어필할 수 있는 재료가 없다.
- 이직할 의사가 약하다.

2 직무경력에 일관성이 없다.

직무경력에 일관성이 없고 이직을 반복하는 지원자는 채용해도 다시 이직을 반복할 가능성이 있다. 일관성이 없다는 점을 본인이 자각하고 앞으로의 자세에 대해 기재하고 있는 경우에는 면접에서 신빙성을 확인해야 한다.

일관성이 없는 것 같은 직무경력일지라도 지원자가 일관성을 발견하고 있는 경우에는 어느 정도 좋게 평가해야 한다. 이직 횟수가 많다는 이유만으로 지원자를 판단하는 것이 아니라 현재의 직무능력을 자사에서 살릴 수 있을지 어떨지, 더욱이 앞으로의 업무 자세에 대해서도 면접에서 확인한다.

이직 횟수가 많은 지원자 중에는 자기 능력을 과대평가하는 경우가 있다. 어느 기업에서도 정당한 평가를 해 주지 않는다며 불만이 격해져 이직을 반복하는 것이다. 또한, 양호한 인간관계를 구축하지 못하고 이직을 반복하는 사람도 있다.

지금까지 퇴직했던 이유를 면접에서 확인한 뒤에 자사에서도 똑같은 문제가 일어나지는 않을지 확인한다.

예측할 수 있는 점
- 이상이 높고 늘 자신에게 맞는 기업을 추구한다.
- 스트레스 내성이 약하고 싫은 일이 있으면 그만둬 버린다.

3 장문으로 썼다.

경력기술서의 자기 PR이나 지원동기에 대해 서식이 자유롭기 때문에 행도 바꾸지 않고 장문으로 기재하는 지원자는 열의는 좋게 평가할 수 있을지 몰라도 읽는 이의 입장을 고려하지 않은 자기중심적인 지원자일지도 모른다. 읽는 이의 입장을 고려하면 표제를 덧붙인 뒤 하나의 문장을 길어도 300자 정도로 마칠 것이다.

전달하고 싶은 내용을 정확하게 전달할 수 없는 지원자는 우선사항을 정하지 못하고 열심히 했음에도 실적을 올리지 못하기 때문에 문제가 발생할 가능성이 있다. 이러한 지원자는 집단면접에서도 다른 지원자를 배려하지 않고 장황하게 이야기를 한다.

경력기술서의 장수에 대해서도 특별히 정해져 있지 않지만 많아도 3장 정도로 정리해야만 한다. 기술계 지원자 중에는 다루어 왔던 안건을 모두 기재해 4장 이상이 되는 경우가 있는데 지원기업에서 흥미가 있는 내용이 아닌 이상 모든 내용을 읽고 싶다고는 생각하지 않을 것이다. 장문으로 기재했다고 해서 잘라 낼 필요는 없지만, 장문이기 때문에 열의가 있다는 식으로 생각하지 말고 지원자의 업무 방식이나 성격에 대해 체크해 보길 바란다.

예측할 수 있는 점
- 자기 생각이 강하고 주변을 살펴보지 않는다.
- 모든 내용을 기재하면 좋은 평가를 받을 거라 오해하고 있다.

4 자사에서 살릴 수 있는 직무경험이 어필되어 있지 않다.

경력기술서는 지원기업에서 추구하는 직무를 상정한 뒤에 지금까지의 직무 경력과의 관련성을 나타내는 프레젠테이션 자료인데, 자사에서 살릴 수 있는 직무 경험이 어필되어 있지 않을 경우, 어느 기업에든 똑같은 경력기술서를 제출했을 가능성이 있다. 제1지망이라면 기업에 대해 연구를 해서, 보다 어필하고 싶다고 생각하기 때문에 이럴 땐 많은 기업 중 한 개에 불과할지도 모른다.

미경험 직종일지라도 의욕이 있는 지원자는 관련성을 발견해 기재하는데, 자사에서 살릴 수 있는 직무경험이 어필되어 있지 않은 경력기술서는 지원에 대한 의욕이 낮기 때문에 일단 작성한 경력기술서를 재검토하지 않고 돌려쓰는 것이다.

이러한 지원자를 채용해도 시키는 일밖에 못 하고 진취적으로 일을 수행하지 못할 가능성이 높으니 채용은 신중히 해야만 한다.

우수한 인재일지라도 지원기업에서 해야만 하는 일을 이해하고 있지 않은 지원자는 일에 대한 모티베이션이 낮기 때문에 활약을 기대할 수 없을 것이다.

예측할 수 있는 점
- 지원기업에서 추구하고 있는 직무를 상정하고 있지 않다.
- 수동적으로 일을 하며 적극성이 결여되어 있다.

5 이전 직장에서의 경험이 10년 이상이다.

이직 횟수가 적고 이전 직장에서의 경험이 10년 이상인 지원자에 대해 높이 평가하는 채용담당자가 있는데 이러한 지원자 중에는 이전 직장에 대한 마음이 강하고, 새로운 환경에 적응하지 못하는 케이스가 있다. 직무경력에서 어느 정도 좋게 평가할 수 있다면 면접에서 자사의 상황에 대해 숨김없이 설명하고 지원자의 납득을 얻어 채용해야 한다.

이전 직장에서의 경험이 길면 이직한 기업의 방식에 순응하지 못하고 기존 사원과 잘해 나가지 못하기 때문에 그 후 이직을 반복하게 되는 사람도 있다. 길게 근무해 온 점은 단기간에 이직을 반복하는 지원자와 비교해 어느 정도 좋은 평가를 할 수 있지만 이직처에서 무엇을 할 수 있는지, 어떤 비전을 가지고 있는지 확인한 뒤에 채용 여부를 결단해야 한다.

이직 경험이 있는 사람은 환경의 차이에 순응하기 쉽고, 이직처 기업에 과도한 기대를 하지 않지만, 처음으로 이직하는 지원자는 신규 채용 때처럼 더할 나위 없는 연수나 환대를 기대하는 경우도 있다. 업적 부진으로 이직하는 경우라도 새로운 마음으로 일할 자세가 있는지 확인해야 한다.

예측할 수 있는 점
- 이전 직장과 비교하며 불평불만을 갖는다.
- 환경에 익숙해지지 못하고 정착하지 못한다.

제6장의 정리

① 우수한 인재를 채용하고 싶다면 반드시 서류전형 기준을 수립하라.
② 서류전형 기준 확립을 통해 채용비용을 큰 폭으로 절감하고, 면접의 정밀도도 높일 수 있다.
③ 지원서류는 기재내용과 쓰는 방법에 주목한다.
④ 학력에서 전문 지식이나 목적의식을 확인한다.
⑤ 취미·특기에서 인품과 지향성을 본다.
⑥ 자격란에 업무에 필요한 자격과 학습능력을 본다.
⑦ 지원동기란에는 쓰는 방법도 주목한다.
⑧ 경력기술서는 간결하고 읽기 쉽게 작성하였는가에 주목한다.
⑨ 자기소개서는 자사에 맞게 작성하였는지 독창성을 확인한다.
⑩ 이력서·자기소개서 체크포인트를 이해하고 자사에 도입해 본다.
⑪ 체계화된 서류전형 기준의 실례를 참조하여 자사만의 서류전형 기준을 만든다.

PART 07
체계적이고 과학적인 면접

PART 07 체계적이고 과학적인 면접

💬 면접의 중요성

면접이란 면접관이 입사 후보자를 직접 만나 그의 인품, 언행, 지식의 정도 등을 알아보는 시험이다. 즉, 서류전형에 의한 근거자료를 바탕으로 직접 후보자와 면접관이 대면하여 질문과 대답이라는 과정을 통하여 잠재적인 능력이나 창의력 또는 업무추진력, 사고력 등을 알아보고자 하는 것으로, 후보자의 능력에 대한 총체적인 정보를 파악하고자 하는 것이다.

기업은 더 이상 모범생 인재만을 선호하지 않는다. 기존 서류전형과 필기시험 위주의 채용방식에서 면접시험, 적성검사, 외국어 능력 평가 등을 중시하며, 기존의 채용방식으로는 입사 지원자의 인간성, 성장 가능성 등을 파악할 수 없기 때문이다. 무엇보다 기업이 원하는 인재를 선택함에 있어서 심층 면접을 통해 신중을 기하고 있다.

최근 많은 기업들이 면접에 많은 비중을 두거나, 개별면접이나 집단면접 식으로 두세 차례의 면접을 거쳐 합격자를 결정하는 방법을 택하는 등 면접시험을 강화하는 경향이 두드러지고 있다. 특히 면접은 서류전형(이력서 또는 입사지원서, 자기소개서, 경력기술서)에서 발견해 내지 못한 인물, 성격적인 장단점, 자세, 말씨, 행동, 직업관, 가치관, 표현력, 기본지식 등을 면접관이 질문을 통해 지원자를 종합 평가한다. 이때 지원자가 가지고 있는 잠재력, 지도력, 적응력, 발전성 등 그 적성이 기업에 맞아 기업의 발전에 기여할 수 있느냐의 여부가 합격의 관건이 되는 것이다. 즉 기업에서 사원을 가려 뽑을 때 성적보다는 재목이 어떠한가를 중요시하고 있다. 지난 4월 초, 한 채용정보사이트에서 기업 인사담당자 1,416명을 대상으로 '채용기준'에 대해 조사한 결과 가장 많은 기업이(41.7%) '서류전형 30%, 면접 70%'의 비율로 입사 시험을 진행하는 것으로 조사됐다. 또한, 채용 시 중요하게 여기는 요소에 대한 질문에는 '인성'과 '실무능력 및 경험'을 중시한다는 응답이 전체의 49%를 차지하였다. 이력서 또는 입사지원서나 자기소개서, 경력기술서에서는 객관적으로 검증하기 어려운 항목들임을 볼 때, 면접 시 위의 두 항목에 대한 평가가 가장 적절히 이루어져야 함을 반증하는 것이라 할 수 있다. 지난 하반기부터 대졸 신입사원 공개채용을 진행한 기업들의 대다수가 서류전형에서 배점된 내용을 이후 전형에서는 고려치 않고 지원자들을 동등한 위치에 놓고 전형을 진행하였다는 것에서도 확인할 수 있다. 이는 단순히 서류점수가 좋은 인재들보다는, 실무에 바로 투입할 수 있는 융통성과 지적 능력, 지원한 회사와 업무에 대한 열정을 가진 '실무형 인재'를 채용하고자 하는 목적에 가장 부합하는 전형 방법이 '면접전형'이라 할 수 있기 때문이다.

기업에서 면접을 강화하는 배경
- 사원 재교육의 낭비 방지
- 수시 및 소수 정예 채용의 증가
- 미래 가능성에 투자
- 조직에의 융화 및 기업지표에서의 동화 가능성

면접의 5가지 목적

면접을 시행하는 이유는 매우 다양하다. 일부 기업은 입사 지원자가 대상 직위에서 성공할 수 있는 기술과 능력을 소유하고 있는지 판단하기 위한 자료수집 과정으로 면접의 의미를 한정하고 있다. 어떤 기업은 입사 지원자들에게 회사의 문화를 소개하는 기회로 삼아 회사 견학뿐 아니라 다양한 직위에 있는 사원들과의 열린 대화의 장을 마련하기도 한다. 어떠한 면접이든 간에 최소한 5가지의 목적은 가지고 있다. 이 중 한 가지 목적에 중점을 두어야 면접 체계를 결정하는 데 도움이 된다.

1 지원자의 업무 수행 능력을 평가한다.

이것은 매우 중요한 목적이다. 면접을 통해 업무상 현재와 미래의 성공을 위한 필수 요건과 지원자의 스킬, 능력을 정확하게 비교 평가할 수 있는 정보를 수집한다.

2 지원자가 직무환경에 적합한지 평가한다.

최고의 숙련자라 하여도 반드시 귀사의 작업 환경에서도 최상의 능력을 발휘한다는 보장은 없다. 면접을 통해서 복잡한 업무 내용, 사내 문화, 근무 환경, 직장동료에 대한 지원자의 적응력을 판단할 수 있다.

3 지원자가 조직 및 가치에 적합한지 판단한다.

조직의 문화와 개인의 특성이 얼마나 부합하는지를 평가한다. 조직의 문화와 개인의 특성이 서로 유사하거나 합치되는 목표와 가치들을 지니고 있을 때 조직 구성원들 사이에 조직 가치와 문화의 공유가 발생하고 이를 통해 특정상황을 초월하는 긍정적 믿음과 정서적 신뢰 그리고 조직 효과성이 높아질 수 있다.

4. 현실적인 사전 직무점검의 기회를 통해 동기적합성을 파악한다.
면접은 직장 생활을 솔직하고 간단하게 보여 줄 수 있는 유일한 기회이다. 지원자에게는 직무에 관한 의문점을 해결할 수 있는 기회이기도 하다. 따라서 터놓고 대화함으로써 직무에 적합한 지원자에게 회사에 입사하도록 격려하고, 적합하지 않은 지원자에게는 스스로 물러나도록 할 수 있다. 신입사원이 "진작 그것을 알았다면 입사하지 않았을 텐데……"라고 말하는 최악의 상황을 미리 예방하는 방법이다.

5. 지원자에 관한 정보자료를 완성한다.
대부분의 지원자는 이미 지원서를 작성하여 제출하였다. 면접은 지원자의 관심 분야에 대해 좀 더 자세히 알고, 누락된 정보를 마저 얻을 수 있는 절호의 찬스이다. 특히 특정 기술을 요하는 전문직일 경우에는 더욱 유익하다. 지원서에 얼마나 상세하고 정확한 정보를 제공하느냐는 지원자에 따라 크게 다르다. 언뜻 중요한 듯 보이는 정보도 '나머지 내용'을 읽고 나면 신통치 않은 정보인 경우가 있는 반면, 별로 대단하지 않은 듯한 이야기가 결국에는 매우 중요한 정보가 되기도 한다.

💬 준비된 면접은 준비된 인재를 선발한다

요즘 TV프로그램에서 가장 인기 있는 장르가 바로 공개 오디션 프로그램이다. 이 프로그램이 인기를 끄는 이유가 바로 공개로 진행되는 면접을 통해 탈락자를 결정하는 것이기 때문이다. 이와 같이 오늘날 대부분의 기업에서도 필답 고사가 없어지고 서류전형과 면접으로만 인력을 선발하기 시작하면서 면접은 채용을 결정하는 가장 중요한 요소가 되었다. 게다가 경제 위기 상황으로 인해 취업 기회가 제한되어 3~5배수 면접까지도 일상화되어 면접 과정에서 드러나는 지원자의 성향과 스타일 등이 중요한 판단 자료가 되며 면접을 통해서는 심층적 정보를 확보할 수 있다. 지원자를 모집하는 과정이 인재를 모으는 과정이라면 서류전형 이후의 과정은 확보된 인재 후보들 중에서 부적격자를 추려 나가는 과정이다. 기업에 가장 적합한 인재를 뽑는다는 적극적 관점이 아니라 부적합한 인력을 탈락시켜 가며 최적의 선택 대안을 찾는 소극적 과정으로 볼 수 있다. 일단 모집을 통하여 잠재적 후보 집단이 구성되면 선발 과정을 통해서는 기업 또는 직무에 부적합한 인력을 배제해 나가며 보유 지식, 역량, 성품 등에서 가장 조화를 이루는 인력을 선발하게 된다. 이러한 의미에서 채용의 절차가 진행될수록 탈락되는 지원자들은 기업에 대해 부정적 이미지를 갖기 때문에, 채용 과정의 낮은 단계에서 부적합한 인력을 거부하는 것이 필요하다. 면접은 채용에서 필수적, 보편적으로 쓰이고 있는 인력 평가 과정이며 지원자의 모든 정보를 종합적으로 파악할 수 있는 중요한 방법이다. 지원자와 평가자 사이의 양방향 의사소통에 의하여 인력이 채용에 적합한지를 논의하고 판단하는 과정이기 때문에 평가자의 주관에 의한 판단 오류가 일어나지 않도록 평가의 기준 또는 지표 선정이 선행되는 것이 반드시 필요하다. 준비된 면접은 준비된 인재를 선발하게 한다. 면접을 통하여 기업은 지원자의 자질에 대하여 지원 서류나 필답 고사에서 심층적으로 다루어지지 않은 유용한 정보를 수집할 수 있어야 한다. 면접은 매우 탄력적인 선발 도구이기 때문에 인성, 역량 등 평가의 차원을 분할하여 운용하는 등 유연하게 적용될 수 있는 반면 정교한 설계가 선행되지 않으면 천차만별의 결과를 갖고 오게 된다. 면접은 기업의 인재 선발 과정에서 매우 활용도가 높고 중요성도 높이 평가되고 있으나 체계적으로 설계되지 않으면 성과 예측에 대한 타당성이 낮고 실효를 거두기 힘들게 된다.

💬 기존의 면접방식이 효과적이지 못한 이유

완벽한 면접을 하려고 하기 전에 면접 과정 중 발생할 수 있는 일반적인 실수에 대해 이해해야 한다. 여러 산업 분야, 직위, 기업에서 면접 중에 발생하는 실수와, 그로 인한 크고 작은 파장을 쉽게 관찰할 수 있다. 성공한 기업이 컴퓨터 자판에 익숙하지 않은 사무직원, 전화 통화하기를 싫어하는 고객 서비스 직원, 리더십이 부족한 팀장, 그리고 전략적인 사고력이 부족한 중역을 채용하는 경우를 볼 수 있다. 이유가 뭘까? 아래에 소개하는 면접에 관한 실수 중 일부는 그 여파를 무시할 수 없는 것들이다.

면접의 목적이 불명확한 경우
면접을 실시하기 전에 '면접의 목적은 무엇인가? 나는 지원자에게 회사에 대한 홍보를 하려고 온 것인가? 전문 기술의 소유 여부에 중점을 두어야 할까? 현실적으로 사전 직무점검을 하려고 해야 할까? 지원자에게 의문 사항을 질문할 시간을 할애해 주어야 할까? 참, 다른 면접관들은 어떤 내용을 다룰 것인지 궁금하군.' 하는 생각이 떠오르기 시작한다. 정말 대단한 면접관이다! 면접이 시작되기 직전에서야 이런 의문점들을 고려하면 안 된다.

직무에 필요한 역량을 명확히 정의하지 못한 경우
면접관은 어떠한 지원자가 성공에 필요한 '열쇠'를 가지고 있는지 꿰뚫어 보는 데 유용한 질문을 하려고 최선을 다한다. 그러나 문제가 되는 것은 바로 그 '열쇠'가 무엇인지 면접 전에 미리 정의를 내리지 않는 것이다. 직위에 따라서 그 '열쇠'가 바로 성공적인 업무 수행에 필요한 직위 역량으로 해석되기도 한다.

면접 체계가 부족한 경우
길을 가다가 완전히 방향을 잃었을 때의 좌절감을 아는가? 이런 경우 가장 좋은 특효약은 방향을 명확히 알려 주는 지도일 것이다. 체계 없이 면접을 진행하는 것은 마치 지도 한 장 없이 초행길을 운전하는 것과 흡사하다. 우리가 흔히 방향을 묻거나 지도를 사용하고 싶어 하지 않는 것처럼 면접관들도 정확한 정보 수집에 필요한 체계적인 과정을 무시한 채 적합한 지원자를 선별하려고 한다. 그러나 이런 경우에 위험률은 더욱 높아진다. 단순히 시간 낭비만 하는 것이 아니라 돈까지도 낭비하는 셈이다. 효율적인 면접 체계를 마련하려면 직위 역량을 기본으로 사전에 고안한 질문 목록과 체계적인 등급 형식으로 짜여진 면접 지침이 필요하다.

사전 준비가 미비한 경우
아무런 준비 없이 면접에 임해 본 적이 있는가? 이력서나 입사지원서를 슬쩍 들여다보고는 바로 면접에 들어간 적이 있는지 말이다. 대부분이 그렇게 해 왔을 것이다. 실로 시간 낭비가 아닐 수 없다. 심지어는 체계적인 면접 절차가 있는데도 바쁜 업무에 시달려서 적절한 준비를 하지 못하는 경우도 다반사이다. 이런 경우에는 면접을 하는 동안 지원자에게 전문인의 이미지보다는 허둥대는 모습을 들키고 중요한 정보를 놓치고 만다. 직무 자격 요건과 지원자의 이력서나 입사지원서, 그리고 면접 질문 목록을 사전에 몇 분간 검토하는 것은 생산적인 면접을 하는 데 필수이다.

질문을 하는 기술이 부족한 경우
면접관이 스스로 '옳다'고 믿는 것에 대해 편견을 드러내는 질문을 하는 경우가 종종 있다. 체계 없이 한 가지 역량에 대해 연이은 질문을 하면 법정에서 '증인에게 유도신문'하듯 지원자에게 '옳은' 답이 무엇인지 내비치는 꼴이 된다. 영리한 지원자라면 면접관의 편견에 부응하여 그에 맞는 대답을 할 것이다. 예를 들어 "입사하시면 열심히 일할 자신이 있습니까?"라는 식의 답변이 뻔히 예상되는 질문은 아무 의미가 없다.

법적인 책임이 따르는 경우
별로 흠잡을 데가 없을 줄 알았던 면접이 별 뜻 없이 내뱉은 말 한마디로 인해 난관에 봉착하기도 한다. 흔히 나누는 대화의 주제인데도 공식적인 면접에서는 금기시되는 경우가 많다. 그 차이점을 분명히 알고 있어야 한다. 일반적으로 직무와 관련이 없는 것은 부적절하다고 보면 된다.

면접에서 편견을 드러내는 경우
면접에서 지원자의 운명은 초반 2분에서 5분 사이에 결정된다. 면접하는 사람의 개인적인 선호도, 신념, 좋아하는 것과 싫어하는 것 등 직무와 아무런 관련이 없는 요소들이 강한 영향력을 행사하기 때문이다.

💬 귀사의 면접 체계는?

전형의 흐름 중에서 가장 중요한 것은 역시 면접이다. 면접에도 여러 가지 종류와 편성 방법이 있다. 대기업의 경우 1차 면접을 그룹면접으로 전형을 진행하는 기업이 많다. 사실 여기에는 이유가 숨어 있다. 대기업은 지원자가 많기 때문에 짧은 기간 많은 지원자를 평가해야 한다. 그렇기 때문에 다수의 면접관이 1회에 5~8명 내외의 지원자를 평가한다. 수백 명이 넘은 서류전형 합격자에 대한 면접평가를 기간 내에 완료할 수 있기 때문이다. 그룹면접은 대비효과를 측정하는 면접방식이다. 그래서 지원자 개인이 어떤 그룹에 속하냐에 따라 개인의 실력과 상관없이 당락이 결정될 수 있다. 즉, 스펙spec이나 능력이 뛰어난 그룹에 속해 있다면 자신이 돋보이지 않을 것이고, 그 반대의 경우라면 자신이 돋보일 것이다. 대기업의 경우 자체개발이나 전문 업체와 프로그램을 연동해 서류전형 후 인·적성검사를 실시하여 기본적인 성품이나 역량을 보유하지 않은 후보자는 사전에 탈락을 시키고 난 후 면접을 실시한다. 그렇기 때문에 일부를 제외하곤 대부분의 지원자들이 기본 수준 이상의 후보자이다. 그러나 필자는 중소기업의 면접전형에는 그룹면접 방식을 추천하고 싶지는 않다. 다수의 면접관이 다수의 지원자를 한꺼번에 비교 평가하는 방식으로는 기업이 바라는 인재상에 적합한지를 파악하기 어렵기 때문이다. 정말로 개인의 능력을 보고 싶다면 개별면접이나 개인면접을 추천한다. 만약 그룹면접을 도입하고 싶다면 개인면접을 실시해 합격한 지원자만 진행하는 것이 좋다. 그리고 아주 영세한 기업이 아니라면 온라인 적성검사를 추천하고 싶다. 기업의 업종과 문화 등에 적합한 판정 기준을 설정하여 대상자들의 인·적성 종합직무능력을 검사하는 과정이다. 한두 명의 사람에 의해 조직문화의 변동 및 사업 승패여부 가능성이 높아짐에 따라 제대로 된 사람을 뽑아야 할 필요성이 강조되고 있다. 개별 기업의 가치, 인재상, 핵심역량, 직무, 직급에 적절한 Tool을 찾아 활용할 수 있어야 한다. 대기업을 제외하고는 일반적으로 인·적성 검사는 자체 개발보다는 이미 개발되고 사용 되고 있는 Tool을 활용하는 것이 효과적이다. 자체 개발에 따른 비용, 시간 등의 고려 시 소규모 채용에는 효용성이 없기 때문이다. 면접의 종류에는 개별면접, 개인면접, 집단(그룹)면접, 집단토론면접, PT PresenTation 면접 등 정형면접이 있으며 최근 들어 무자료면접, 합숙면접, 술자리면접 등의 비정형 면접이 다양하게 이용되고 있다. 자세한 내용은 다음 장을 참고하기 바란다.

면접의 종류

표 7-1 면접전형 유형

구분	구술면접(역량/상황)	시뮬레이션 면접(발표/토론)
방법	• 질의 응답을 통해 개인의 성격, 태도, 동기, 가치 등의 특성을 평가	• 과제를 부여한 후, 지원자들이 과제를 수행하는 과정과 결과를 관찰하여 평가
면접 위원 역할	• 해당 역량이 드러날 수 있는 적절한 시작 질문Main과 심층화 질문Probing을 하여 평가	• 평가하고자 하는 역량을 판단할 수 있는 행동들을 정확히 관찰, 기록하고 평가
대표적 유형	• 자유면접, 역량면접CBI, 행동면접BEI, 상황면접 등	• 발표면접, 토론면접, 역할연기, 서류함기법In-Basket 등
구조화 수준	• 필요한 질문방향 정도가 사전에 준비되고, 구체적 질문은 평가자 재량 • 비구조화 또는 반구조화 면접	• 일정 형식의 내용을 준비하여 면접 운영, 질문범위를 벗어난 평가가 불가능 • 구조화 면접
장점	• 개인의 다양한 태도와 능력평가에 적합	• 개인의 직무능력 요소를 평가하는 데 적합

표 7-2 주요 면접 방식별 특징

방식	특징
자유면접	가장 보편적인 방법으로 면접관의 자유재량에 의하여 질문방법·내용·순서·기타 시간 등의 구애를 받지 않고 진행한다. 면접관이나 후보자에 따라 면접시간이 길어지기도 하고, 짧아지기도 하는데 면접시간의 장단이 당락에 영향을 미치는 것은 아니다. 이 방법은 후보자에 따라 그 장소의 분위기나 화제를 자유롭게 정할 수 있으므로 후보자의 진솔한 면을 볼 수 있는 방법이기도 하다. 그러나 경험과 흥미의 방향이 해당 면접관의 개성에 의한 질문이 될 수 있으므로 평가가 주관적인 것이 되기 쉬운 단점이 있다.
구조화면접	이 방법은 주관적인 평가가 나올 수 있는 자유면접의 결점을 보완하기 위한 방법으로 면접관이 후보자에게 질문할 항목을 동일화하여 기계적으로 후보자를 평가하는 방법이다. 그러나 면접관의 주관이 개입할 여지가 없어져 객관적 평가를 유도해 낼 수 있으나 지나치면 너무 기계적이게 되어 필기시험과 같아진다. 표준면접은 능률적으로 면접을 진행할 수 있으므로 면접관은 질문 내용이나 판정에 대해 신경을 쓰지 않아도 되나, 후보자의 개성에 부합하는 질문을 할 수가 없으므로 후보자의 특기나 장·단점을 파악하기 힘들다. 무엇보다 면접관에게 면접 질문 내용의 재량권이 없으므로 진행이 원활하지 못한 경우가 발생하기도 한다.
혼용면접	자유면접 방식과 표준면접 방식을 병행하는 것으로 두 면접 방법의 단점을 보완할 수 있다. 즉, 표준면접 방법의 기계적인 질문으로 파생되는 도식적 평가의 결함을 보완한 것으로 질문 항목을 사전에 정한 범주 안에서 면접관이 상황의 변화에 따라 질문 내용을 변경시킴으로써 후보자의 자질을 알아낼 수 있다.

방식	특징
연구주제 발표	• 지원자의 발표와 면접위원의 질의응답으로 진행되며, 해당 분야의 전문성을 평가하기 위한 방법으로 주로 활용된다. • 학위 논문, 최근 연구 논문 등 본인의 연구 성과를 보여 줄 수 있으면서 채용 분야와 관련된 내용을 사전에 준비하여 발표하고, 면접위원과 추가적인 사항들을 질의응답하는 방식이다.
세미나	• 지원자의 발표와 다수의 청중(면접위원, 타 지원자, 현직자 등)의 질의응답으로 진행되며, 해당 분야의 전문성을 평가하기 위한 방법으로 주로 활용된다. • 개별적인 연구 주제 발표 내용에 대해 지원자와 면접위원뿐만 아니라, 타 지원자 및 해당 분야의 현직자들이 모두 참여하여 논의하는 방식이다.
압박면접	면접관이 후보자에게 일정한 상황설정을 해 준 다음 의식적, 인공적으로 충격을 주어 긴장 상태가 되면 어떤 반응과 행동을 나타내는지 관찰한다. 즉 스트레스를 유도하여 후보자가 긴장하거나 불안한 상황에서 면접을 진행한다. 압박면접의 특색으로는 후보자의 스트레스 대응 능력을 평가할 수 있다는 점에서 평상시 발견되지 않는 자제력, 인내력, 적응력 등을 정확하게 발견할 수 있으므로 방송인, 항공사 승무원, 경찰관 등 긴장도가 높은 직종에서 주로 사용하고 있다. 다만 근래 면접 갑질로 오해될 수 있어 사용하지 않는 추세이다.
비지시적면접	이 면접 방법은 면접관이 '로저스의 비지시 요법'을 활용한 것으로 지원자가 침묵, 긴장을 하고 있으면 친밀감을 느끼게 해 주는 화젯거리로 편안하고 자유롭게 말할 수 있도록 이끌어 가는 방법을 말한다. 이 방법은 지원자에게 특별히 질문을 하지 않고도 지원자 스스로가 자기 자신의 특성을 표현할 수 있도록 하는 것이다.
무자료면접	신입사원 채용 면접에서 지원자의 학력, 본적, 주소 등에 관한 자료를 없애고 필기시험, 학교, 학과에 따른 선입견을 배제한 면접 방식으로 최근 각 기업체에서 널리 이용되고 있다.
진단면접	면접관이 미리 준비한 심리 테스트지를 활용하는 방법으로 특색은 사회적응성(사회적 성숙도)과 감정진단(희로애락, 신경질, 동료 의식) 등이 과학적, 수치적으로 심사되지만, 전인격적인 평가에는 미흡한 점이 있어 예비 면접단계의 보충 질문으로 활용한다. 면접관은 다음과 같은 질문을 하게 된다. ※ 예제 - 동료들과 모여 떠들며 식사하는 것을 좋아하는가? - 쉽게 사소한 것을 걱정하는가? - 급한 성격의 소유자인가? - 평소 약속 시간은 잘 지키는가? - 성격이 우유부단한 편인가?
다차원면접	지원자와 면접관이 특정 장소나 특정한 놀이를 하면서 평가하는 방법으로 지원자의 개성, 조직적응력, 리더십 등을 자연스럽게 평가하는 방법이다.
인재풀Pool제	1년 365일 입사지원서를 받아 인력 충원이 필요할 때 별도의 절차 없이 지원자의 자료를 판단하여 입사 의사 타진 → 면접 → 부서 배치를 방법으로 입사희망자는 접수만 하면 월 1회 치러지는 면접시험에서 떨어져도 계속 입사 기회를 갖게 된다.

방식	특징
동료평가 면접	서류전형을 통과한 지원자들끼리 상호 평가하는 방법이다. 합숙 면접 등 장기간 같이 생활하는 시간을 많을 경우 동료 후보자들을 평가할 수 있는 방법이다. 객관적 기준이기보다는 개인의 주관적인 성향이 강하므로 참고 자료로만 활용하기도 한다.
선배 사원 면접	기업 내에 선배 사원들이 후배 사원들을 평가하는 방법이다. 학연에 치중한다는 오해의 소지가 있어서 많이 사용되지 않지만, 어느 정도 입사가 결정된 후보자들을 대상으로 대인관계 능력이나, 조직 성향을 알아볼 수 있는 방법 중에 하나이다.
사원 (신입사원) 면접	사원이 신입사원을 평가하게 함으로써 조직적응 면에서 동질성을 가진 후보자들을 선별하는 방법이다. 조직문화나 인재상이 뚜렷한 기업의 경우, 동일한 시각을 가지고 선별될 수 있지만, 그렇지 못한 기업의 경우 주관적인 성향에 의해 평가될 위험이 있다.

구조화면접과 비구조화면접

구조화면접과 비구조화면접은 일반적으로 면접에서 사용되는 두 가지 주요 형식이다. 각각의 차이점은 다음과 같다.

구조화면접Structured Interview:
구조화면접은 면접 질문과 관련된 주제에 대한 구체적인 질문 목록이 있는 형태이다. 면접관은 미리 정의된 질문 목록에 따라 질문을 하며, 후보자의 답변을 평가한다. 이러한 형식은 질문과 답변이 일정하고 표준화되어 있어 평가가 일관성 있게 이루어진다. 객관적인 데이터 수집에 유리하며, 신뢰도와 타당성이 높다. 예를 들어, "과거 경험 중 어떤 문제를 해결했는지에 대해 설명해 주세요."와 같은 구체적인 질문이 포함될 수 있다.

비구조화면접Unstructured Interview:
비구조화면접은 질문 목록이 미리 정의되어 있지 않으며 자유로운 형식으로 진행된다. 면접관은 후보자의 답변에 따라 추가 질문을 하거나 대화의 방향을 조정할 수 있다. 이러한 형식은 보다 자유롭고 개인화된 대화를 가능하게 한다. 개인의 특성과 반응을 더 잘 파악할 수 있지만, 신뢰도와 타당성이 구조화면접에 비해 낮을 수 있다.
예를 들어, "귀하가 특히 자랑스러운 경력 성과가 있다면 이야기해 주세요."와 같은 개방형 질문이 포함될 수 있습니다.

결론적으로, 구조화면접은 미리 정의된 질문 목록을 사용하고 일관성 있는 평가를 위해 설계되었으며, 비구조화면접은 자유로운 대화와 개인화된 평가를 위해 사용된다. 회사나 직무에 따라 적합한 면접 형식을 선택하는 것이 중요하다.

구조화된 면접의 특징

구조화 수준은 3단계(비구조적<반구조적<구조적)로 구분할 수 있으며, 전형의 타당성 및 신뢰성 확보를 위해서 구조적 방식 도입으로 전환이 요구됨

표 7-3 구조화 정도에 따른 특징

단계	정의	장점	단점	비고
구조적 수준 Structured Selection	• 일정 질문 내용을 준비하여 면접, 질문 범위를 벗어난 질문 불가	• 평가공정성이 높음 • 면접타당도가 높음	• 지원자의 다른 재능을 평가할 수 없음	• 가장 선진적 • 해외 선진사례
반구조적 수준 Semi-Structured Selection	• 필요한 질문 방향 정도가 사전에 준비되고, 구체적 질문은 평가자 재량	• 구조적 면접보다 평가자의 재량, 진행의 유연성 부여	• 객관성과 주관성의 혼재로 평가품질의 일관성 확보 곤란	• 국내 우수사례
비구조적 수준 Non-Structured Selection	• 일정 양식이 없음: 즉흥적 질문 가능	• 지원자 수가 적고, 시간 여유가 있을 때 적합 • 지원자에게 자신을 소개할 수 있는 재량을 자유로이 부여	• 평가자 주관 개입으로 객관성·신뢰성 저하(오랜 인사경험에 주로 의존)	• 국내 보통사례

💬 면접, 무엇을 측정할 것인가?

Buckley와 Weitzel(1999)의 정의에 따르면 (1) 인지능력, (2) 인간관계 스킬, (3) 직무 관련 지식, 스킬 및 능력KSA 그리고 (4)장기적 동기를 측정하는 데 활용된다고 한다. Goodale(1992)의 정의를 보면 (1) 지원자가가진 KSA, (2) 지원자가 직무책임을 수행할 수 있는 능력과 동기, (3) 지원자의 전반적 적합도 (4) 지원자의 개인적 특질을 측정할 수 있다고 주장했다. 여기서 KSA란 KSA: Knowledge지식, Skill스킬, Ability능력을 나타내는 용어다. 통상 KSAOsKnowledge, Skill, Ability, Other Characteristics로 쓰기도 한다. 여기서 Other

Characteristics는 동기, 가치관, 태도 등을 의미한다. 우리나라 공공기관의 경우 NCS 능력중심 채용에서 활용되는 (1) 직업기초능력, (2) 직무수행능력, (3) 능력단위, (4) 능력단위요소, (5) 수행준거 (6) KSA 등이 있다. Open AI의 CahtGPT에게 채용기준에 대한 질문을 하면 다음과 같이 응답한다.

> **CahtGPT 답변 1**
> - 채용기준은 회사나 기관에 따라 다를 수 있습니다. 일반적으로 회사는 자격요건, 경력, 학력, 기술 및 역량, 인성, 동기 등을 고려하여 채용기준을 정합니다.
> - 자격요건은 일반적으로 해당 분야에서 필요한 기술, 지식, 경험 등을 의미하며, 학력은 대학교 졸업 여부, 전공 등을 고려합니다. 경력은 이전 직장에서의 경험 및 성과를 평가하여 채용 여부를 결정하고, 기술 및 역량은 지원자가 보유한 기술, 언어, 프로그래밍 등에 대한 능력을 평가합니다.
> - 인성은 지원자의 인격, 태도, 커뮤니케이션 능력, 책임감, 성실성 등을 평가합니다. 동기적합은 일하는 사람의 개인적 특성과 일자리의 요구 사항이 서로 적합한지를 평가합니다. 즉, 일자리가 일하는 사람의 관심사, 가치관, 성격 등과 부합하면 일하는 사람은 일을 더 즐기고 성과를 더 높일 가능성이 높아집니다. 이러한 채용기준을 토대로 회사는 인재를 채용하며, 이러한 기준을 공정하고 명확하게 적용하여 채용 절차를 수행합니다.

> **CahtGPT 답변 2**
> 채용기준은 기업이 채용을 진행할 때 고려하는 기준으로, 다양한 요소가 포함될 수 있습니다. 일반적으로는 다음과 같은 요소들이 고려됩니다.
> ① 학력: 채용 기업은 지원자의 학력을 확인하며, 대학교 졸업 여부나 전공 분야 등을 고려합니다.
> ② 경력: 경력이 있는 경우 이를 고려하여 지원자의 경력과 업무 경험을 검토합니다.
> ③ 기술 및 능력: 기술과 능력은 해당 직무와 관련된 기술 및 역량을 말합니다. 기술과 능력은 지원자의 이력서와 경험을 통해 확인할 수 있습니다.
> ④ 성과와 인성: 지원자의 성격과 인성은 채용 기업에서 중요하게 고려되는 요소 중 하나입니다. 이는 적극성, 협업 능력, 문제 해결 능력 등과 같은 개인적인 특성을 의미합니다.
> ⑤ 언어 능력: 일부 기업에서는 외국어 능력을 필수 조건으로 고려하기도 합니다. 특히 글로벌 기업이나 외국계 기업의 경우에는 영어나 다른 언어의 구사 능력이 필요합니다.
> ⑥ 기타 요소: 기타 요소로는 자격증, 수상 경력, 봉사 활동 등이 있습니다.

적합성을 평가하라

Lewin(1935)은 인간의 행동은 개인과 환경의 상호작용을 통해 나타나는 것으로 주장하였다. 이러한 개인과 환경의 상호작용의 측면에서 개인의 태도와 행동을 예측하고

자 하는 노력이 개인-환경적합성person-environmentfit에 대한 연구로 나타났다. 개인-환경적합성은 조직행동, 조직심리와 인적자원관리 연구에서 중심되는 개념으로 연구되고 있다(Edwards,Cable, Williamson, Lambert, & Shipp, 2006). 초기의 연구들은 개인이 속한 조직이나 직무에 대한 적합성, 조직 내 직장상사와의 적합성 연구에서 시작하여 최근 팀제의 확산으로 개인과 팀, 그룹의 적합성 연구가 이루어지고 있다(Kristof-Brown,Zimmerman, & Johnson, 2005).

특히 개인-직무, 집단, 팀, 상사 등 다양한 적합성의 개념이 소개되면서 그에 따른 측정 방법과 분석 방법도 다양하다(Edwards등, 2006; Kristof-Brown, 2000).

면접에서 적합성 평가는 지원자의 역량과 조직의 요구 사항 간의 일치 여부를 평가하는 과정을 의미한다. 면접 중에는 일련의 질문과 상황 시뮬레이션을 통해 지원자의 기술, 경험, 태도, 그리고 문화 적합성을 평가한다. 적합성에 관련된 연구를 살펴볼 때 가장 먼저 등장하는 개념이 개인-환경적합성Person-Environment Fit, P-E Fit이다. 일반적 의미에서 개인-환경적합성은 개인과 환경 간의 적합성congruence, 일치성match, 유사성similarity 또는 조화correspondence로서 정의되어 왔다(Edwards & Shipp, 2007). 개인의 욕구와 환경이 제공하는 요소 간의 적합성이 높을수록 개인이 더 만족하고 대상 환경에 대해 더욱 긍정적인 태도를 갖게 될 것이라고 했다. 여기서의 환경은 개인이 속한 조직인 경우 개인-조직적합성person-organization fit, 개인이 조직 내에서 담당하게 되는 직무로 보는 경우, 개인-직무적합성person-job fit, 이외에도 개인-직업적합성person-vocation fit, 개인-상사적합성person-supervisor fit, 개인-집단적합성person-group fit 등으로 구분될 수 있다(Amy L. K., Ryan D. Z., & Erin C. J., 2005).

시너지 평가모델 ATOM

위에서 살펴보았듯이 면접에서 무엇을 측정할 것인가의 많은 이론 및 배경을 보면 크게 여섯 가지로 정리할 수 있다.

1. 개인의 독특하고 안정적인 일련의 특성과 행동을 의미하는(Baron & Greeberg, 1990) 지원자의 성격적 특징
2. 지원자의 근무경험 및 경력, 학교교육, 기타교육, 자격 등의 훈련과 경험
3. 직무수행에 필요한 지식, 스킬 그리고 능력을 의미하는 직무역량

4. 개인이 현재와 환경에 적응하거나 현재에 속한 환경을 개인의 기술, 흥미 또는 가치에 더 잘 부합되도록 조성하는 사회적 역량
5. 지원자의 가치관이나 성격 등이 조직의 가치와 얼마나 부합하는가 확인하는 조직과 지원자의 적합성
6. 지원자가 회사에 대한 이해, 직무에 대한 열정, 직무로부터 기대하는 내용 등을 평가하는 지원동기

위 여섯 가지 측정지표와 시너지컨설팅에서 지난 20년간 채용 컨설팅을 진행한 데이터를 토대로, 아래와 같이 평가모델 ATOM을 개발했다. 귀사의 측정지표가 무엇이든 대부분 아래의 ATOM모델에 포함될 것이라고 확신한다.

표 7-4 ATOM 채용모델

측정지표	지표 내용	ATOM HIRING®	
성격적 특징	각 개인의 독특하고 안정적인 일련의 특성과 행동 등의 성격 특질을 측정	Attitude	상사, 동료, 고객으로부터 받은 피드백을 수용하고 실행하는 태도가 어느 정도인지를 관찰한다.
훈련과 경험	근무 경험 및 경력, 학교교육, 기타교육, 자격 등의 훈련과 경험을 평가	Technical	지원자가 직무를 수행하기 위해 필요한 지식, 기술, 능력을 어느 정도 갖추고 있는지 확인한다.
직무 역량	직무수행에 필요한 지식, 스킬, 능력을 평가하며 해당 직무 관련 자기개발		
사회적 역량	개인이 현재의 환경에 적응하거나 현재에 속한 환경을 개인의 기술	Organization	조직의 문화와 개인의 특성이 서로 유사하거나 합치되는 가치들을 지니고 있는지 관찰한다.
조직적합성	지원자의 가치관이나 성격 등이 조직의 가치관이나 문화와 부합하는 정도		
지원 동기	회사에 대한 이해, 직무에 대한 열정, 직무로부터 기대하는 내용 등을 평가	Motivation	회사 또는 직무로부터 기대하거나 바라는 요인과 실제로 그 내용이 얼마나 일치하는지 파악한다.

💬 면접전형 개발

면접전형을 설계할 때는 몇 가지 주요 요소를 고려해야 한다. 아래에는 면접전형을 설계하는 데 도움이 되는 몇 가지 단계를 기술하였다.

표 7-5 면접전형 개발프로세스

단계	개발 프로세스 내용
① 평가설계	**목표설정** 먼저 면접의 목표를 명확히 설정해야 한다. 예를 들어, 지원자의 기술과 경험을 평가하거나 문제해결 능력과 커뮤니케이션 스킬 같은 기술적 능력 평가와 조직에 어울릴 수 있는 특성 즉 문화적 적합성을 살펴보는 것과 같은 목표를 설정해야 한다. **평가영역 선정** • 직무기술서 또는 채용직무기술서를 기반으로 평가영역을 선정한다. (능력, 과업, 역량, 태도, 기술, 경험 등) • 채용 예정 부문의 직무전문가와 인터뷰를 통해 결정한다. • 평가영역 선정은 회사소개, 비전체계, 조직가치, 인재상, 부서목표 등의 내용을 활용하여 선정한다. **ASSESSMENT MIX 작성** 평가영역 × 평가도구를 확인할 수 있는 매트릭스를 작성하여 관리한다. **평가영역별 면접형식 결정** • 평가영역이 결정되었다면 그 영역별로 적용하기 적합한 면접유형을 결정한다. • 주로 사용되는 면접 평가도구로는 구술면접과 시뮬레이션 면접이 있다. **면접의 구조화** 질문내용의 표준화, 일관된 면접 진행 프로세스, 판단기준의 표준화, 평점의 표준화, 면접관 간 측정지표 표준화, 역할 배분 등을 고려하여 구조화 면접을 준비한다.
② 면접질문 및 과제개발	**측정지표 선정** 직무기술서, 채용직무기술서, 핵심성과지표, 인재상 등을 활용하여 선정한다. **기초자료 수집** 직무기술서, 채용직무기술서, 직무전문가 인터뷰 활용, 조직의 가치체계, 인재상 부합 가능성, 직무내용, 직무상황, 사례도출 등을 통해 자료를 수집하고 질문 내용을 표준화한다. **문제 해결 및 분석 능력 평가** 지원자가 문제를 해결하고 분석할 수 있는 능력을 평가할 수 있는 질문을 포함해야 한다.

단계	개발 프로세스 내용
② 면접질문 및 과제개발	**문화 적합성** 조직의 문화와의 일치 여부를 평가하기 위해 문화 적합성 관련 질문을 포함할 필요가 있다. **지원자 경험 평가** 이력서나 자기소개서에 언급된 경험들을 깊이 있게 탐구하여 평가할 수 있는 질문을 포함해야 한다. **반응 및 행동 평가** 지원자의 반응 및 행동 패턴을 평가하기 위해 상황에 따른 질문을 포함해야 한다.
③ 타당성 검증 및 개발완료	**질문의 다양성** 각 지원자에게 물어볼 질문을 정하고, 이에 따른 평가 기준을 설정한다. 이를 통해 지원자들을 공평하게 평가할 수 있다. 다양한 유형의 질문을 포함하여 기술적인 질문, 상황에 대한 대처능력을 확인할 수 있는 질문, 예상치 못한 상황에 대한 대응력을 평가할 수 있는 질문 등을 포함시키는 것이 좋다. **질문의 일관성** 동일한 질문에 대해 모든 지원자에게 동일한 기회를 제공하여 공정한 평가를 할 수 있도록 한다. **평가 기준 및 가중치** 각 질문 또는 평가 항목의 상대적인 중요성을 결정하고 가중치를 할당해야 한다. **피드백 및 평가 프로세스** 면접 후 후속 조치를 포함한 피드백 및 평가 프로세스를 계획해야 한다. 예시: 평가 양식 작성, 평가자 간 토론 및 일치 평가 등. **면접질문 및 과제 검증** 마지막으로 직무전문가 및 평가전문가 의견수렴 및 사전 모의 테스트를 통한 수정 보완을 실시한다. 사전 모의 테스트 항목으로는 타당성, 신뢰성, 정보 이해의 용이성, 과제 수행시간의 적합성, 면접과정에서의 어려움, 제공되는 정보량의 적정성 및 추가 필요 정도 등이 있다. 이러한 사항들을 고려하여 면접전형을 설계하면 지원자를 효과적으로 평가할 수 있다.

표 7-6 synergy assessment mix matrix model

영역	세부항목	중점 확인사항	평가 방법	역량 면접	PT 면접	임원 인성
조직적 합성	사업 이해	인재상, 가치, 미션, 비전, 사업내용, 산업이해 최근 동향화 상품·기술 등의 변화 추세 지식 보유	질문&답변	●		
	의사 소통	상대의 기대나 욕구를 명확히 이해하고, 자신의 의사를 다양한 방식으로 표현 및 전달, 언어적, 문서적(지원서)	질문&답변	●		
	관계 지향	사회적 역량, 개인 환경과의 상호작용, 타인에 대한 감정이나 자극을 받아들이고 이해	질문&답변	●		
	자기 통제	감정적 손상을 입게 되더라도 이를 유연하게 대처하고 관리, 성격적 특징·인성(성품)이 발현되는 것이 태도	질문&답변	●		
직무 적합성	직무 전문	직무역량, 직무지식과 기본 소양을 바탕으로 복합적인 사고를 발휘하여 상황을 종합적으로 해결	발표/질문&답변		●	
	직무 경험	훈련과 경험, 직무 관련 자격증, 일반 자격증, 직무 관련 경험과 경력, 기타 경험이나 경력	발표/질문&답변		●	
	직무 관심	직무 관련 자기개발, 부족한 점, 잠재능력 개발 최근 직무 관련 잠재능력을 연구하고 개발	발표/질문&답변		●	
	문제 해결	문제인식, 정확한 원인 파악, 적절한 정보 활용 문제를 해결/처리하는 능력	발표/질문&답변		●	
동기 적합성	동기 적합	회사 또는 직무로부터 기대하거나 바라는 요인과 실제로 그 요인이 얼마나 일치하는지 파악	질문&답변			●
	지원 동기	일반적인 취업준비가 아닌, 우리 회사만의 입사 준비를 위한 행동 확인	질문&답변			●
	성취 동기	도전적인 목표에 대한 구체적인 달성계획을 수립하고 행동함, 과거의 성취 경험	질문&답변			●

표 7-7 측정지표의 타당성 확인

측정 지표			면접 평가 도구		
영역	세부항목	중점 확인사항	직무 관련성	평가 용이성	지표 변별력
조직적합성	사업 이해	인재상, 가치, 미션, 비전, 사업내용, 산업이해, 최근 동향화 상품·기술 등의 변화 추세 지식 보유	◐	◐	◐
	의사 소통	상대의 기대나 욕구를 명확히 이해 자신의 의사를 다양한 방식으로 표현 및 전달, 언어적, 문서적(지원서)	◐	◐	●
	관계 지향	사회적 역량, 개인 환경과의 상호작용, 타인에 대한 감정이나 자극을 받아들이고 이해	◐	◐	●
	자기 통제	감정적 손상을 입게 되더라도 이를 유연하게 대처하고 관리, 성격적 특징·인성(성품)이 발현되는 것이 태도	◐	◐	●
직무전문역량	직무 전문	직무역량, 직무지식과 기본 소양을 바탕으로 복합적인 사고를 발휘하여 상황을 종합적으로 해결	●	●	●
	직무 경험	훈련과 경험, 직무 관련 자격증, 일반 자격증, 직무 관련 경험과 경력, 기타 경험이나 경력	●	●	●
	직무 관심	직무 관련 자기개발, 부족한 점, 잠재능력 개발, 최근 직무 관련 잠재능력을 연구하고 개발	●	●	●
	문제 해결	문제인식, 정확한 원인 파악, 적절한 정보 활용 문제를 해결·처리하는 능력	●	●	●
동기적합	동기 적합	회사 또는 직무로부터 기대하거나 바라는 요인과 실제로 그 요인이 얼마나 일치하는지 파악	◐	◐	●
	지원 동기	일반적인 취업준비가 아닌, 우리 회사만의 입사 준비를 위한 행동 확인	◐	◐	●
	성취 동기	도전적인 목표에 대한 구체적인 달성계획을 수립하고 행동함, 과거의 성취 경험	◐	◐	●

측정지표의 타당성 정도
● 매우높음 ◐ 높음 ◐ 보통 ◐ 낮음

💬 면접을 Role play 해 보자

본서를 여기까지 읽어 오면서 전형이나 면접에 관한 지식을 꽤 익혔을 것이라고 생각한다. 그러나 여기까지 학습했다고 해서 갑자기 회사의 면접력面接力이 갑자기 높아지는 것은 아니다. 근래의 지원자는 학교나 교수, 모의면접, 친구, 컨설턴트, 선배 등을 통해 면접 전 충분한 연습을 해 온다. 이 책을 읽고 있는 지금 인터넷에 면접이란 단어를 검색해 보라. 면접방법에 대한 수 많은 노하우를 검색하여 얻을 수 있다. 그런데도 전형하는 기업 측은 아무것도 준비하지 않고 면접전형을 실시하기 때문에 지원자 중 면접의 달인들에게 당하는 것이다. 조금 심한 표현일지는 모르겠지만 채용은 기업의 백년대계에 지대한 영향을 차지하는 중요한 사안이므로 준비하지 않는 회사나 채용담당자는 당한다는 표현을 들어야 되는 것이 아닐까? 면접의 달인들에게 당하지 않으려면 여기서 배운 지식들을 반드시 Role play예행연습를 하라는 것이다. 채용담당자를 포함해 면접관 2명과 지원자 역할 1명으로 팀을 구성하여 모의 면접을 사내에서 연출해 본다. 이 예행연습을 통하여 면접분위기, 면접질문, 면접매너, 면접매뉴얼 등 다양한 경험과 실수를 바탕으로 적합한 인재를 채용할 수 있는 면접력面接力을 높일 수 있다. 실제 면접에서 실패하면 만회할 수 없기 때문에 면접 예행연습을 충분히 실시하여 실전에서 채용실패로 이어지지 않도록 한다.

채용 예행연습을 실시하면

- 지원자의 마음을 알 수 있다.
- 귀사의 인재상을 정확히 수립할 수 있다.
- 귀사의 채용 시스템을 점검할 수 있다.
- 면접이나 전형에 대해 충분히 이해할 수 있다.
- 채용실패 상황을 예방할 수 있다.

저자가 운영하는 회사의 면접관 교육 커리큘럼에는 반드시 이 Role play(모의실습)가 포함되어 있다. 그러니 귀사의 면접관의 교육 시에도 Role play를 넣어 두자. 이것을 실시하느냐 아니냐에 따라 면접의 정밀도가 정해진다. 실패하지 않는 면접을 실시하기 위해서는 최소한 면접관 1인당 3회 이상의 예행연습을 실시한다.

💬 면접 Role play 시나리오

1 면접계획: 사전 준비 자료

다음과 같은 자료를 사전에 준비해야 함.

- 모의면접은 면접관 3명과 모의지원자 3명을 준비
- 면접시간은 1회 50분이며, 면접관 3명과 지원자 1명으로 구성
  - 위와 같은 내용으로 총 3회를 실시
- 입사지원서(이력서 + 자기소개서)
- 측정하려는 측정지표 리스트
- 채용·직무에 대한 구조화된 질문문항
- 면접관의 오류를 예방하는 면접평가표 및 메모지
- 모의 지원자에게 제공할 직무 및 회사에 대한 정보 자료

2 역량·태도·경험·상황면접 진행 스케줄

면접 진행은 크게 Pre-Interview, Interview, Post-Interview의 3단계로 구분된다.

표 7-8 면접 Role play 시나리오

단계	권장 시간	세부내용
Pre Interview	사전 준비 및 역할 분담 (50분)	1. 반드시 사전 준비모임을 갖는다. 면접 경험이 있다 하더라도 면접 분야에 대한 사전 정보습득 및 면접관 간의 사전 협의를 위한 모임을 가질 필요가 있다.
		2. 회사의 인재상(공통역량) 및 해당 직무의 요구 역량(직무역량)을 숙지한다. 인터뷰는 지원자가 회사가 요구하는 역량을 어느 정도 보유하고 있는지를 측정하기 위한 것이다. 그러므로 면접위원은 회사의 인재상 및 요구역량에 대해 익히고 숙지하고 있어야 한다. 응시 분야에 대한 정보를 정확히 알고 있어야 제대로 된 질문과 평가를 할 수 있다.

단계	권장 시간	세부내용
Pre Interview	사전 준비 및 역할 분담 (50분)	3. 면접관 트레이닝 교재 내용을 숙지한다. 교재에는 면접 전략, 질문 예제 및 평가 방법, 면접위원 유의 사항 등을 기술한 가이드로서, 평가위원들은 가이드를 참조하여 구조화된 인터뷰를 실시한다. 이 면접관 트레이닝 교재는 인터뷰에서 발생할 수 있는 오류를 최소화하고 평가의 공정성 및 객관성을 확보하기 위해 마련되었다.
		4. 채용원칙을 제대로 이해한다. 즉, 면접 진행 방법, 구조화된 측정지표, 과학적인 면접 질문, 오류 예방을 위한 평가표 이해, 자신의 역할 및 책임 사항을 숙지한다.
		5. 지원자에 대한 개인정보를 확인하고 질문을 통해 확인할 사항을 점검한다. 사전에 배부된 자료나 지원서(이력서, 자기소개서)를 검토해 자신의 의견을 정리해 놓아라. 의문점이나 확인이 필요한 부분은 메모를 해 둬야 한다. 자기소개서를 꼼꼼히 읽으면서 의문스러운 부분을 체크하고, 각 역량을 측정하기 위해 어떤 질문을 해야 하는지 정해야 한다. 지원자를 평가할 수 있는 질문과 평가 기준을 공유한다. 각 평가위원들이 적절하게 질문 분야를 나누고 자신이 맡은 영역에 대한 답변 레벨링을 준비한다.
		6. 면접위원 간 역할 분담을 한다. 면접시간이 제한적이기 때문에 평가할 내용에 대해 면접관들이 사전에 역할을 분담하여 질문하도록 한다. 특히, 시작과 끝의 역할을 정해 짜임새 있게 진행한다.
		7. 면접시간보다 여유 있게 도착한다. 면접시간보다 30분~1시간 정도 일찍 도착하여 면접 준비를 한다. 특히, 사전 면접 모임이 없었던 경우 이 시간을 이용하여 면접관들이 협의하는 것이 좋다.
Interview	도입 (5분)	1. 환영 인사, 면접 참여에 대한 감사의 말, 긴장 완화, 라포 형성 등의 활동을 통하여 최대한 편안한 상태를 만든다.
		2. 지원자를 확인(이름, 수험번호(블라인드))하고 지원(응시) 부문을 확인한다.
		3. 면접관 소개를 한다.
		4. 면접 목적과 프로세스를 간략하게 소개한다. **면접 목적** 1) 지원자의 적합성에 대해 자세하게 앎으로써, 그를 통해 회사와의 적합성 여부를 판단하고자 한다. 2) 지원자가 회사의 지원부서 및 직무에 대해 궁금한 사항이 있을 때 대답하기 위해 마련되었다. **면접 프로세스** 1) 우리 회사는 인재를 중요시하는 기업임을 설명하고 면접 프로세스를 설명한다.

단계	권장 시간	세부내용
Interview	도입 (5분)	2) 각 면접위원은 지원자가 과거 경험했던 일이나 특정 상황에서 어떻게 행동했는지를 질문할 것이라는 점을 설명한다. 3) 인터뷰는 30~50분(회사 기준 수립)가량 소요되며, 인터뷰 후에는 지원자가 질문할 시간을 주겠다는 점을 설명한다. 5. 간략한 자기소개를 시킨다. 6. 공정한 평가가 될 수 있도록 메모나 입력을 한다고 말한다. 7. 지원자들이 시작할 준비가 되었는지 묻는다. 8. 면접 시작을 고지한다. **면접 도입 (부문) 샘플 멘트** 안녕하십니까? 저는 인사팀에서 채용을 맡고 있는 홍길동이라고 합니다. 이렇게 한국기업에 지원해 주셔서 감사합니다. 오시는 데 불편한 점은 없으셨습니까? 오늘 면접은 지원자의 적합성에 대해 자세하게 앎으로써, 회사와의 적합성 여부를 판단하고, 지원자가 회사의 지원부서 및 직무에 대해 궁금한 사항이 있을 때 대답하기 위해 마련되었습니다. 우리 한국기업은 인재를 중요시하는 회사로서 편안한 상태에서 최대한 상호 이해하는 데 집중하는 면접을 실시하려고 합니다. 오늘 면접은 약 50분가량 소요되며, 면접 후에는 지원자께서 궁금한 사항을 해소할 수 있는 질문 시간을 제공해 드리겠습니다. 대부분의 질문은 지원자가 과거 경험했던 일이나 특정 상황에서 어떻게 행동했는지를 질문할 예정이며, 이에 대해 자신의 경험을 기반으로 답변해 주시면 됩니다. 마음을 편히 가지시고 저희들이 묻는 질문에 있는 그대로 말씀해 주시면 고맙겠습니다. 혹시 면접이 진행되는 중에 이해를 못 하겠거나 궁금한 사항이 있으면 주저하지 마시고 언제든지 말씀하여 주시기 바랍니다. 지원자 답변 준비가 되셨는지요? 최대한 긴장을 푸시고 편안한 상태로 답변해 주시기 바랍니다. 그러면 지금부터 면접을 시작하겠습니다.
	질문 (40분)	1. 지원자별로 각 측정 항목에 대해 10분 내외로 진행 (태도적합, 직무적합, 조직적합, 동기적합, 회사이해, 산업이해, 직무기초능력, 참여, 협업, 의사소통, 인재상 등) 2. 면접위원 3~4명이 각 영역을 전담하여 질문하는 것이 효과적이다. 3. 지원자의 경험이나 전문성을 파악할 수 있는 질문을 한다. 해당 직위의 직무나 직책 수준에 적합한 경험이나 전문성 파악에 초점을 맞추고 '상황/배경-행동-결과/성과' 등을 자세히 설명할 수 있도록 질문한다.

단계	권장 시간	세부내용
Interview	질문 (40분)	4. 질문에 일관성을 유지한다. 평가는 동일한 척도로 지원자의 우열을 판단하는 것이다. 따라서 일관성 있는 질문을 통해 지원자들의 능력을 판단할 수 있도록 한다. 질문에 일관성이 없으면 비교평가가 어렵다.
		5. 지원자에게 질문이 공평하게 배당될 수 있도록 사전에 구조화한다.
		6. 확산형 질문을 한 후, 지원자가 최대한 구체적인 답변을 하도록 유도한다. 지원자들은 때로 자신이 답하기 쉬운 부분에 자신 있게 답변하는 반면, 회피하고 싶은 부분에 대해서는 평가가 곤란할 정도로 애매한 답변으로 얼버무린다. 이런 경우 자세한 추가 질문을 통해 평가 가능한 답변을 이끌어 내야 한다. 때로 침묵을 하면서 지원자를 응시하게 되면, 지원자는 답변이 미흡하다고 판단하여 보충 답변을 하게 된다.
		7. 질문은 되도록 간단히 하고 답변을 많이 듣고 기록한다. 사전에 질문을 준비하여 단계별로 간략하게 질문하고 지원자의 답변을 많이 듣도록 노력한다. 또한, 피면접자에게 '질문을 하지는 않았지만, 꼭 하고 싶은 말이 있습니까?' 등의 기회를 제공하는 것도 바람직하다.
		8. 실제 행동·성과를 파악하는 데 집중한다. 면접 과정에서 지원자는 자신의 능력이나 성과를 과장하려는 경향이 있어 지원자의 실제 행동이나 성과를 제대로 파악하지 못하면 과대평가하는 오류를 범하게 된다. 따라서 체계적인 질문 등을 통해 실제 행동·성과 등을 심도 있게 파악해야 한다.
		9. 구체적인 상황 질문을 한다. 지원자의 경험·업무 수행에 바탕을 둔 상황질문을 하여 지원자가 처한 상황에서 발휘한 능력을 평가한다.
		10. 평가 중 주요 발언이나 확인할 사항들은 요약한다. 다음의 표현을 사용하면 좋다. – ○○○이 중요한 역량이라고 하셨습니다. 맞습니까? – 여기서 잠깐 답변을 정리해 보겠습니다. – 답변 내용이 복잡하고 새로운 내용이 많군요. 더 진행하기 전에 내용을 되짚어 보겠습니다. **답변을 유도하는 스킬** 지원자가 회피하더라도 답변을 얻어 낸다. 지원자들이 특정 질문에 대해 답변하지 못하는 경우 3R Repeat, Rephrase, Require 면접 기술을 통해 해결한다. – Repeat 반복하라: 지원자가 답변을 회피할 때 – Rephrase 쉽게 풀어서 질문하라: 지원자가 답변 자체를 이해하지 못할 때 – Require 결국 답변을 얻어 내라: 어떤 어려운 상황에서도 답변하도록 유도
		11. 한 참석자(면접관, 지원자)의 발언이 장황하면 적절하게 개입한다. 발언이 길면 "○○○ 지원자 정리해 주세요~" 등

단계	권장 시간	세부내용
Interview	질문 (40분)	12. 지원자의 답변을 제대로 이해했다는 증거를 보여 줘라. (탈락수용성 상승)
		13. 비언어적 행동 유의(이력서, 필기도구, 동작 등). 서류를 정리하거나 펜으로 책상 등을 두드리지 않는다.
		14. 답변은 항시 메모 및 정리한다(주의 깊게 note taking). 지원자에게 관심을 갖고 보고 듣고, 지원자를 정확하게 평가하기 위해 관찰 내용을 기록한다. **Tips for an Effective Note-Taking** - 주의 깊게 Note-Taking을 한다. - 키워드를 기록한다. - 각각의 행동 사례에 대한 기술을 명확히 할 수 있는 한도 내에서, 축약형 및 시간을 줄일 수 있는 방법을 사용해도 좋다. - 시간이 없는 경우 지원자가 말한 것을 가능하면 실제 그대로 면접 평가서에 옮기고, 면접이 끝난 후에 자신이 생각하고 있는 것을 유추하면서 다시 평가서를 작성한다. - 평가와 선발 결과의 정당성을 입증할 수 있는 핵심 증거를 기록한다. - 지원자가 실제로 말한 사실만을 기록한다. (평가자의 생각, 느낌 등 주관 배제) - 면접에 방해되지 않는 범위에서 지원자 평가에 충분하도록 Note-Taking한다. - Note-Taking을 하는 것이 지원자의 반응을 변화시키는 요인이 되어서는 안 된다. - 인터뷰의 모든 부분을 문서화한다. 이것이 Note-Taking의 성공 요소이다. - 인터뷰 도중, 면접위원이 Note-Taking을 완료하기까지 침묵이 생길 수 있다. - Note-Taking은 인터뷰의 공정성 및 합법성을 증명할 수 있는 자료가 될 수 있다. - 면접을 시작할 때 공정한 평가가 될 수 있도록 기록하겠다고 알려 준다. - 공개적으로 기록하되 기록 내용은 보여 주지 않는다. - 기록을 하고 있을 때 지원자가 보지 않도록 주의한다. 특히 지원자의 사적인 사항, 불리하다고 판단되는 사항은 대화 내용이 바뀐 후에 기록한다. - 자신에게 맞는 기록 방법을 사용한다. - 평가자가 두 명 이상인 경우 역할을 나누어 각자 특정 측면에 집중하여 기록하는 것도 하나의 방법이다.
		15. 발언 및 경청 스킬 - 질문을 하는 데에만 몰두하여 지원자의 답변을 듣고 이해하는 데에 소홀하지 않도록 주의한다. - 천천히 또박또박 말을 하고, 불편한 시선이나 표정을 보이지 마라. - 작은 움직임도 상대방에게는 크게 보이기 때문에 제스처나 표정에 주의해야 한다. - 상대의 발언에 대해 추측하지 말고 질문으로 확인하라. - 장황하고 복잡한 질문은 피하라. - 상대의 "예"라는 답을 그대로 믿지 말고, 어떻게 이해하고 있는지 확인하라. - 적극적인 경청 기술을 활용하라. - 탈락수용성 행동 - 발언원칙 준수 - 이해가 필요할 때는 질문으로 확인한다.

단계	권장 시간	세부내용
Interview	질문 (40분)	16. 적극적인 경청 및 관찰을 한다. 질문을 하는 데에만 몰두하여 지원자의 답변을 듣는 데에 소홀하지 않도록 한다. **적극적인 경청** 적극적 경청이란 답변 내용뿐만 아니라 지원자의 특성을 나타내 주는 답변 태도에도 관심을 기울이는 것을 의미한다. – 특정 질문 영역에 대한 회피 – 질문에 대한 답변을 하는 데 있어서 적극적이지 못한 태도 – 의도적으로 질문 의도를 전환 – 질문에 대한 반응 속도 – 말 속도의 변화 – 목소리 높낮이의 변화 – 적절하지 못한 답변 – 얼버무리는 태도
		17. 면접의 페이스 유지 – 면접의 페이스 유지함으로써, 다양한 분야에 대한 지원자 정보를 얻기 위해서는 면접 구조와 계획을 반드시 준수해야 한다. – 지원자가 단답형이거나 너무 짧게 응답할 경우에는 탐침 질문이나 추가 질문을 사용해서 구체적인 정보를 얻어 내야 한다. – 지원자가 너무 많은 이야기를 할 경우, 정중하게 이야기를 끊고, 다른 분야로 이동해야 함을 말해 주어야 한다. – 지원자에게 항상 면접 스케줄을 지켜야 한다는 것을 인식시켜 주어야 한다.
		18. 기타 면접 진행 유의 사항 – 지원자 이름을 정확하게 불러 주어라. – 지원자의 자존심을 건드리지 말아라. – 지원자를 존중하는 행동과 태도를 가져라. – 지원자 응답에 대해 부정적 피드백을 하지 말아라. – 면접관이나 지원자가 발언 중에는 끼어들지 않는다. – 시선은 지원자 50%, 평가표, 지원서 등 50% – 인터뷰 중 면접위원 간 이야기는 절대 금지하며, 이력서를 이리저리 넘겨 보지 말 것 – 면접관들은 비언어적 커뮤니케이션에 주의한다.
	마무리 감사 인사 (5분)	1. 지원자가 궁금한 것이 있는지 확인하며, 친절하게 답변한다. – 궁금한 것이 없는 지원자는 회사나 직무연구를 충실히 하지 않는 지원자일 수 있다.
		2. 지원자에게 최종 1분간 어필할 시간을 할애한다. – 어필할 내용이 없는 지원자는 입사동기가 부족하거나 간절하지 않다.
		3. 지원자에게 추후 진행 사항과 일정을 알려 준다.

단계	권장 시간	세부내용
Interview	마무리 감사 인사 (5분)	4. 지원자에게 면접을 위해 시간을 내 준 것과 성실히 답변한 것에 대해 감사의 뜻을 표한다. 끝인사는 면접의 만족도를 높이고, 기업의 이미지를 높이는 데 도움이 된다. 그러나 지원자가 면접을 잘 봤다는 느낌을 받게 하는 표현은 쓰지 않도록 유의한다. 5. 합격 여부나 보상수준에 대해서는 언급을 하지 않는다. 6. 최종 종료 고지 및 퇴실 안내 7. 퇴실 후 약 2~3초 이후까지 긴장하고, 응원하는 표정을 지어라. **마무리 샘플 멘트** 이상으로 면접 질문을 마치겠습니다. 수고하셨습니다. 마지막으로 하고 싶은 이야기나 궁금한 점이 있으면 말씀해 주시죠. (질문에 대해 친절하게 답변한다.) 더불어 지원자가 준비했는데 우리가 질문하지 않았거나 이 말은 꼭 해야겠다고 하는 사항이 있다면 추가로 어필 시간을 드리겠습니다. (답변을 듣고) 네, 감사합니다. 바쁜 시간 중에도 시간을 내 주시고 면접 질문에 성실히 답해 주신 데 대해 감사를 드립니다. 면접에 대한 결과는 평가에 대한 평정 회의를 거친 후 차주 ○요일에 그 결과를 알려 드릴 예정입니다. 그때 다시 연락을 드리도록 하겠습니다. 돌아가시는 길이 편안하고 안전하게 돌아가시기 바라며, 다시 한 번 한국기업에 지원해 주신 것에 감사드립니다. 수고하셨습니다.
Post Interview	결과 정리 및 의견 교환 (10분)	1. 면접이 끝날 때까지 기다린다. 평가 오류를 예방하기 위해 면접 중에는 평가점수를 기입하지 않는다. 2. 자신의 기록 내용을 모두 읽어 본다. 면접 종료 후 메모를 기초로 지원자를 평가한다. 3. 따라서 면접 중 메모는 평가와 선발 결과의 정당성을 입증할 수 있는 핵심 증거를 기록해야 한다. **지원자의 행동을 측정하는 방법** 지원자들의 답변뿐 아니라 면접에 임하는 행동 단서를 주목한다. – 얼굴 표정, 목소리 톤, 몸짓 또는 긴장한 태도 등은 질문 주제가 된다. – 지원자의 경험에 대해 스스로 어떻게 느끼는지를 보여 주는 단서 혹은 지원자의 스트레스 정도 및 인터뷰 질문에 대한 이해도를 파악하는 수단이 될 수 있다. – 특정 움직임이나 태도를 통해 비언어적 단서를 해석하려고 해서는 안 되며, 지원자의 언어, 태도, 자세 등에 있어서 평상시와 다른 갑작스러운 변화를 감지해 내는 데에 초점을 둔다. 4. 면접에 대한 종합 결과 기입 평가표에 제시되어 있는 측정지표와 수집한 정보를 비교한다. 평가척도를 참고해서, 해당 평가항목에 대해 지원자를 평가한다.

단계	권장 시간	세부내용
Post Interview	결과 정리 및 의견 교환 (10분)	5. 면접위원 개별 평가 후 위원 간 대화를 통한 정보 교환 면접관들이 평가 기준을 바탕으로 평가 결과를 공유·논의하여 보다 객관적인 평가 결과를 도출하고 근거와 함께 제시하는 것이 바람직하다. 또한, 면접위원 간 평정 점수 차이가 많을 경우 반드시 근거(메모 또는 기록 내용)를 기반으로 한 협의를 통하여 편차를 조정한다.
		6. 채용 결정 매트릭스를 활용하여 최종 평정을 실시
		7. 평가표 정리 및 다음 면접 준비

💬 면접전형 프로세스별 체크리스트

표 7-9 면접전형 프로세스별 체크 시트

지원자 정보	지원자		평가자 정보	평가자		면접 일시	20 년 월 일
	분야			소속			

단계	준비사항	주요행동	체크
사전 준비	• 지원자 및 면접관에게 최소 5일 전 면접 일정을 발송했는가?		
	• 참가자 전원이 언제, 어디서 면접이 진행되고 자신의 역할이 무엇인지 알고 있나?		
	• 면접관이 질문할 수 있는 예상 질문에 관련된 정보를 수집했는가?		
	• 해당 직무에 제시되어야 할 질문유형이 선별되었는가?		
	• 필요한 최소한의 면접 시간이 확보되었는가? (최소 30분 이상)		
	• 면접 시, 작성할 면접평가표가 준비되어 있는가?		
	• 면접이 진행될 장소는 확보되었으며 적절한 장소인가? (면접관이나 지원자가 노출되지 않고 소음 등으로부터 방해받지 않는 장소)		
	• 면접에 필요한 정보 및 기구 등이 준비되어 있나?		
	• 지원자를 안내할 인력을 확보하고 배치하였나?		
면접 준비	• 사전모임: 면접 분야에 대한 사전 정보 습득 및 면접관 간의 사전 협의를 위한 모임을 갖는다.	면접 시간보다 최소 30분~1시간 정도 일찍 도착하여, 사전모임 실시	
	• 정보파악: 응시 분야 및 응시자의 이력 확인을 통해 면접 시 구체적으로 확인해야 할 사항을 파악	응시 분야에 대한 정보를 정확히 알고 있어야 명확한 질문과 평가가 가능하다	

단계	준비사항		주요행동	체크
면접 준비	• 채용원칙: 명확한 측정지표, 과학적인 면접질문, 구조화된 면접평가표를 이해한다.		응시자에게 확인해야 할 내용과 질문을 확인하고 사전에 타 면접관과 공유	
	• 역할분담: 면접시간이 제한적이기 때문에 평가할 내용에 대해 면접관들이 사전에 역할을 분담하여 질문		특히, 시작과 끝의 역할을 정해 짜임새 있게 진행한다.	
도입 · 공감 형성	• 환영인사: 우리 회사에 지원한 것과 서류전형 통과를 축하하며 긴장 완화를 유도한다.		응시자가 본연의 모습을 제대로 보일 수 있도록 분위기를 형성한다.	
	• 전형소개: 지원직무에 대한 간략한 소개와 면접전형 프로세스 및 공정채용에 대해 설명한다.		지원직무 소개를 통해 직무 및 동기적합성을 확보한다.	
	• 자기소개: 지원자에게 자기소개를 시킨다. 긴장완화의 하나의 프로그램이다. 평가와 무관하다.		응시자가 가장 많이 준비한 것이 자기소개이므로 면접 도입을 편안히 유도한다.	
면접 질문	태도적 합성	• 코칭수용: 이전 직장(인턴, 아르바이트 등) 상사는 어떤 분이었나요? 그리고 긍정적 영향력과 부정적 영향력은 무엇인가요?		
		• 인정포용: 우리가 만약에 그 상사에게 물어본다면, 지원자의 장점을 무엇이라 할까요? 반대로 부족한 점은 무엇이라 할 것 같나요?		
		• 충성만족: 이전에 일한 회사를 추천한다면 어떤 이유에서인가요? 이와 반대로 비추천 한다면 어떤 이유에서인가요?		
	직무적 합성	• 직무지식: 지원한 분야에서 다른 지원자와 차별화되는 귀하만의 노하우나 전문성은 무엇입니까?		
		• 직무경험: 이번에 지원한 분야와 관련된 경험을 가진 것이 있다면 소개해 주십시오.		
		• 직무관심: 지원자는 직무 관련 전문 지식을 어떻게 최신으로 유지합니까? 최근 학습한 내용은 무엇입니까?		
	조직적 합성	• 사업이해: 우리 회사의 대표적인 상품 또는 서비스에 대해 말씀해 주세요. 그렇다면 그것과 경쟁하는 서비스에 대해 말씀해 주세요.		
		• 의사소통: 지원자를 반드시 채용해야 하는 이유를 논리적으로 설명해 주십시오.		
		• 자기통제: 어떤 사람에 의해, 혹은 상황에 의해 부당한 대우를 받았던 경험에 대해 말씀해 주세요.		
	동기적 합성	• 동기적합: 지원한 부문에 입사한다면 가장 하고 싶은 일은 무엇입니까? 그렇다면 반드시 해야만 하는 일은 알고 있습니까?		
		• 지원동기: 우리 회사에 입사하기 위해 어떤 준비를 하셨는지 구체적으로 말씀해 주십시오. 우리 회사만의 입사준비는?		
		• 성취동기: 지원한 직무와 관련하여 최근 무언가를 성취했다면 무엇인가요? 왜 그것을 했나요?		

단계	준비사항	주요행동	체크
종료 및 감사	• 최종질문: 지원자에게 최종 질문을 하도록 한다. 혹은 최종 1분간 자기 PR 시간을 할애한다.	지원자의 질문이 있는 경우 친절한 답변을 제공한다. 최종 1분간 PR 시간 할애한다.	
	• 감사인사: 면접에 참석한 것에 대한 감사인사를 하고 최종 종료 고지 및 퇴실 안내를 한다.	이때 합격여부나 이를 유추할 수 있는 언어는 절대 사용하지 않는다. 결과 회신일을 고지한다.	
결과 평정	• 평정기록: 평가와 선발 결과의 정당성을 입증할 수 있는 핵심 증거들을 기록한다.	수집한 정보를 비교한다. 평가 척도를 참고해서, 해당 평가항목에 대해 지원자를 평가한다.	
	• 의사결정: 긍정과 부정요소의 균형을 파악하여 4점 척도로 평가하고 공유 및 논의한다.	평가결과를 공유 및 논의하여 보다 객관적인 평가결과를 도출하는 것이 바람직하다.	

💬 질문하는 기술을 사전에 공부한다

면접 질문을 개발할 때는 지원자의 태도, 기술적 역량, 경험, 회사 문화와의 적합성 그리고 동기부여 적합성을 평가할 수 있는 질문들을 포함해야 한다.

표 7-10 ATOM Fit

Attitude Fit	코칭 수용성이란 적대적인 환경에서 살아남으려는 적응 노력을 말한다. 즉 상사, 동료, 고객으로부터 받은 피드백을 수용하고 실행하는 태도가 어느 정도인지를 관찰한다. 경쟁력 있는 회사가 되려면, 모든 것과 모든 사람이 가장 효율적인 방식으로 임무를 완수하기 위해 협력해야 한다. 이것은 지시와 절차를 기꺼이 따르려는 순종을 요구한다.
Technical Fit	지원자가 직무를 수행하기 위해 필요한 지식, 기술, 능력을 어느 정도 수준을 갖추고 있고, 개인의 욕망과 직무 특성 사이의 일치를 확인한다. 경력이 있다면 그 경험 중에서 어느 부분이 새로운 직무에 이전 가능한 것인지, 이전된다면 어떤 가치창출이 가능한지를 가늠해 본다. 단, 신입의 경우 현재의 지식보다는 미래의 지식에 중심을 두고 관찰한다.
Organization Fit	조직의 문화와 개인의 특성이 서로 유사하거나 합치되는 목표와 가치들을 지니고 있을 때 조직 구성원들 사이에 조직가치와 문화의 공유가 발생하고 이를 통해 특정상황을 초월하는 긍정적 믿음과 정서적 신뢰, 그리고 조직 효과성이 높아질 수 있다. 기업이해, 사업이해도 및 조직가치, 미션, 비전, 인재상 등과 유사한 기본적인 특성이 있는지 관찰한다.

Motivational Fit	'왜 이 일을 하고 싶은가'에 대한 분명한 이유를 가지고 있는가의 문제이다. 회사 또는 직무로부터 기대하거나 바라는 요인과 실제로 그 요인이 얼마나 일치하는지 파악한다. 그리고 우리 회사에 입사하기 위해서 어떤 준비(행동)를 했는지 파악한다. 하고 싶은 일과 해야만 하는 일에 대해 잘 이해하고 있는지 파악한다. 그동안 지원한 업종, 직무에 대해 파악하여 지향성의 흐름이 명확한지 파악한다.

표 7-11 ATOM 질문 샘플

① ATTITUDE FIT

평가항목	확인 항목
태도, 코칭 수용도, 수용성, 적응, 순응, 신뢰, 충성, 만족, 포용, 직업윤리	• 적대적인 환경에서 살아남으려는 적응 노력 • 상사, 동료, 고객으로부터 받은 피드백을 수용하고 실행하는 능력 • 인성, 순응, 신뢰, 충성, 만족, 포용, 직업윤리, 신뢰성, 책임의식

태도적합성		
도입질문	심화질문	질문의도 및 체크포인트
① 이전 상사(동료, 교수, 선생님)는 어떤 사람이었는지 말씀해 주세요.(인턴, 아르바이트 등 가급적 경력 위주로 질문)	1) 그렇게 생각하는 이유를 설명해 주세요.	• 상사에 대해 말해 보라고 한다. 상사를 어떻게 표현하는지 살펴본다. • 각각 상사들의 강점과 단점을 어떻게 보고 있는지 그리고 어떻게 표현하는지 살펴본다. • 인간관계 유형은 어떤 편인가. 관계 중심인지 업무 중심인지 살펴본다. • 상사와의 불화로 이직하게 된 경우라면, 같은 사례가 일어날 수도 있다.
② 이전 상사(동료, 교수, 선생님)에게 지원자의 장점을 물어본다면 무엇이라고 말할까요.	1) 왜 그렇게 생각하십니까. 2) 그렇게 판단 받는 이유는 무엇인가요. 3) 그런 장점을 타인에게도 들은 적이 있나요.	• 이전 상사가 지원자의 어떤 점을 강점이라 여겼는지 물어보라. • 어떤 성향의 사람인가. • 왜 그렇게 평가받는지 자기 탐색이 되어 있는가. • 팀워크나 대인관계에서 지나치게 모나지 않는가. • 주변 사람들의 평판은 어떠한가.

② TECHNICAL FIT

태도적합성		
도입질문	심화질문	질문의도 및 체크포인트
③ 누구나 개선해야 할 부분이 있습니다. 만일 이전 상사에게 지원자의 부족한 점(혹은 전공의 부족한 점)을 물어본다면 무엇이라 말할까요.	1) 왜 그렇게 생각하십니까. 2) 그렇게 판단 받는 이유는 무엇인가요. 3) 그런 부족한 점을 타인에게도 들은 적이 있나요. 4) 부족한 점을 개선하기 위해 어떤 노력을 해 왔나요. 5) 그 결과 어느 부분이 개선되었나요.	• 전 상사는 지원자의 어떤 점을 부족한 점이라 여겼는지 물어보라. • 어느 정도 정직한가. • 단점을 극복하려는 노력을 해 본 적이 있는가. • 업무과 결부시켜 보완점을 찾고자 하는가. • 자기 존중감의 수준은 어느 정도인가. • 문제가 될 만한 단점은 없는가. • 솔직하지만 완곡하게 표현하는가.(너무 직설적으로 표현하면 오히려 상대방을 불편하게 할 수 있으므로 사회성 결여로 간주한다.)
④ 이전에 근무한 회사(인턴, 아르바이트)는 어떤 회사였나요. 타인에게 추천한다면 그 이유는 무엇입니까. (답변을 듣고) 만일 비추천한다면 그 이유는.	1) 지인에게도 소개할 의향이 있습니까. 2) 좋다면 그 이유를 설명해 주세요. 3) 여러 좋은 이유 중 가장 좋았던 것은 무엇이었습니까. 4) 좋지 않은 부분(아쉬운)을 한 가지 말한다면 어떤 것입니까.	• 자신이 몸담았던 조직에 대해 어떻게 표현하는가. • 좋았다면 특별히 그 회사를 좋게 말하는 이유는 무엇인가. • 선택의 기준이 된 고려 요소 중 최우선 요소는 무엇인가. • 내적 동기(직무, 인간관계)에 관련된 내용인가, 아니면 외적(급여, 회사위치)동기에 관련된 내용인가. • 지원자가 추천 또는 비추천한 내용과 우리 조직과는 어떠한가. • 비추천한 내용들이 우리 회사에도 있다면 고려해야 한다.

평가항목	확인 항목
직무적합, 직무경험 직무관심, 직무지향 학습능력, 학습개발 자기개발, 문제해결	• 지원자들이 앞으로 일하게 될 직무에 대해 얼마나 이해하고 있는지를 알아보는 질문이다. • 직무적합성, 직무이해도, 직무 관련 자격, 직무 관련 경험, 직무 관련 경력, 직무 관련 교육이수, 경력흐름

직무적합성		
도입질문	심화질문	질문의도 및 체크포인트
① 지원한 분야에서 다른 지원자와 차별화되는 귀하만의 노하우나 응용 능력을 밝힐 만한 것은 무엇입니까.	1) 어떤 점에서 우수하다고 여깁니까. 2) 어떤 근거로 그것을 증명할 수 있습니까.	• 전문성은 '깊이', 응용 능력은 '폭'과 관련된다. • 폭과 깊이를 함께 가졌다면 이상적이다. • 막연함보다는 근거를 밝힐 수 있는지 살핀다. • 객관성인 전문성을 가졌나. • 전문 지식, 전문 경험, 응용 능력 등을 모두 포함한다. • 전문성의 수준은 조직이 기대하는 수준인가.
② 이번에 지원한 분야와 관련하여 이룩한 가장 큰 성과는 무엇입니까.	1) 구체적인 예를 들어주세요. 2) 그 성과를 달성하는 데 있어서 어떤 것이 어려운 과제였나요. 3) 그 과제를 어떻게 해결했습니까. 4) 그 성과는 지원자에게 어떤 의미입니까.	• 자신이 성과라고 여기는 내용이 현업과 유관한 내용인가. • 성과는 객관적이고 측정이 가능한가. • 성과 결과에 대해 얼마나 정직한가. • 자신의 성과 수준을 평가받은 적이 있나. • 어떤 피드백을 받았나. / 평가 결과가 어떠했나. • (무경력자) 스스로의 성과에 대한 이해와 성과 관리를 할 수 있는가. • (경력자) 성과 관리 및 목표 관리를 할 수 있는가.
③ 이번에 지원한 분야에서 가장 중요하게 생각하는 역량은 무엇입니까. (답변을 듣고) 지원자는 그 역량이 있다고 생각하십니까. (답변을 듣고) 그렇다면 그 역량을 유지 또는 상승시키기 위해 현재 학습하는 것이 있습니까. 최근의 예를 통해서 설명해 주시기 바랍니다.	1) 왜 그것을 공부하였습니까. 2) 어떤 기관(학원, 학교)에서 학습을 하고 있습니까. 3) 얼마나 되었습니까. 4) 얼마나 자주 합니까. 5) 최근에 학습(교육내용)한 내용은 무엇입니까.	• 직무와 관련된 학습을 꾸준히 하고 있는가. • 평생학습을 하고자 하는 자세를 견지하는가. • 신기술·기능에 대한 호기심은 어느 정도인가. • 새로 습득한 기술·기능과 이번에 지원하고자 하는 업무와 연계성은 있는가. • 개인적인 학습열의(자기개발) 수준을 알아본다. • 허황된 주장인지 아닌지 신뢰성 여부를 심층 질문한다.
④ 지원자는 전문적인 능력을 어떻게 최신으로 유지합니까.	1) 왜 그것을 공부하였습니까. 2) 그런 경험이 있습니까. 예를 들어 말씀해 보십시오. 3) 어떤 기술이었습니까. 4) 어떤 학습을 하였습니까. 5) 결과는 어떠했습니까. 6) 언제 시작하였습니까. 7) 주, 월, 연간 그 빈도(횟수)는.	• 직업적으로 성장할수록 자신의 지적 수준을 정기적으로 심화시키는 정보원은 무엇인가. • 날마다(매주·격주로·매월·분기마다) 읽고 있는 것이 있는가. • 전문가 협회와 얼마나 접촉(참석)하고 있는가.

③ ORGANIZATION FIT

평가항목	확인 항목
회사에 대한 관심, 입사의지, 의사소통, 대인관계, 관계지향, 팀워크, 스트레스 해소	• 지원자가 해당 회사에서 추구하는 가치와 얼마나 부합하는지 확인한다. • 지원자가 앞으로 일하게 될 산업, 회사에 대해 얼마나 분석하고 깊이 고민한 흔적이 있는지 알아보는 질문이다.

조직적합성		
도입질문	심화질문	질문의도 및 체크포인트
① 우리 회사가 속한 해당 산업 전반에 대해 아는 대로 말해 보십시오.	1) 해당 산업의 최신 이슈를 말씀해 주시겠습니까. 2) 그 정보의 출처는 어디입니까.	• 우리 회사가 속한 산업과 회사를 제대로 파악하고 지원한 것인가. • 그 업종에 관련된 각종 이슈에 민감한가. • 회사에 대해 알고 있는 정보를 통해 전문적인 지식의 깊이를 가늠한다. • 어떤 경로를 통해서 정보를 수집하는가. • 천편일률적인 내용인가, 자신만의 준비가 돋보이는 의견인가.
② 우리 회사가 가진 가장 탁월한 경쟁력은 뭐라고 여기십니까.	1) 그렇다면 반대로 가장 큰 문제점은 뭐라고 생각하십니까. 2) 왜 그렇다고 생각하십니까. 3) 우리 회사의 제품이나 서비스를 사용해 본 적이 있습니까. 4) 우리 회사와 경쟁이 될 만한 회사가 있다면 어디입니까.	• 해당 경쟁력에 대한 식견과 안목은 어느 정도인가. • 천편일률적인 내용인가, 자신만의 준비가 돋보이는 의견인가. • 긍정적 평가를 나열해 입발림으로 생색내는 것은 아닌가. • 서비스나 제품을 접해 본 경험이 있는가. • 경쟁사라고 해서 무조건 부정적인 의견만을 말한다면 균형 잡힌 시각이라고 보기 어렵다. • 경쟁사 대비 장단점은 파악하고 있는가.
③ 지원자를 반드시 채용해야 하는 이유를 논리적으로 설명해 주십시오. (또는) 수많은 인재 중에서 지원자를 불합격시키면 안 되는 이유를 논리적으로 설명해 주십시오.	1) 그 이유가 본인에게만 있다고 판단하십니까. 2) 좀 더 차별화된 이유는 없습니까. 3) 그것을 통해 우리 회사의 어떤 분야에서 기여를 할 수 있습니까. 4) 좀 더 논리적으로 설명해 주십시오.	• 논리적 의사소통(설명)이란 어떤 주장이나 의견을 타당한 근거와 추론을 통해 설득력 있게 전달하는 것이다. • 주장: 설명하고자 하는 내용이나 입장이다. 주장은 명확하고 구체적이어야 한다. • 근거: 주장을 뒷받침하는 자료나 사실. 본인이 선발되어야 하는 근거는 객관적이고 신뢰할 수 있는 출처에서 가져와야 한다. • 추론: 주장과 근거를 연결하는 논리적인 과정이다. 추론은 일관되고 모순이 없어야 한다.

조직적합성		
도입질문	심화질문	질문의도 및 체크포인트
④ 어떤 사람에 의해, 혹은 상황에 의해 부당한 대우를 받았던 경험이 있다면 말씀해 주세요.	1) 어떤 경험이었는지 구체적으로 말씀해 주십시오. 2) 왜 그런 상황이 발생했다고 생각하십니까. 3) 그 상황에서 어떤 반응을 취하셨습니까. 4) 왜 그런 반응을 보이셨습니까. 5) 이 경험을 통해 느낀 점이 있다면 무엇입니까. 6) 왜 그렇게 느끼셨습니까.	• 자신의 기분이나 상황에만 국한되어 부당함을 이야기하는가. • 부당한 경험에 대해 어떻게 반응하는가. • 부정적인 경험이 자신에게 어떤 영향을 끼쳤다고 생각하는가. • 자신이 부당하다고 생각하는 상황에 대한 합리적인 이유가 있다. • 부당한 상황이지만 이해하려고 노력한다. • 부당한 상황을 만든 대상이 가진 긍정적인 속성을 함께 이야기한다. • 자신의 성향을 긍정적이라고 이야기한다. • 부정적인 경험이더라도 긍정적으로 해석하여 성장하고자 한다.

④ MOTIVATION FIT

평가항목	확인 항목
동기부여적합성, 내적동기, 외적동기, 지원동기, 성취동기	• 지원자들이 산업·직무에 대한 지향성, 지원자가 직무로부터 기대하거나 바라는 요인과 직무가 실제로 제공하는 요인의 일치 정도를 측정한다. • 추가로 지원동기, 성취동기, 고객지향, 채용정보 이해도, 우리 회사 직무에 입사하기 위해 활동한 행동 사례를 파악하는 영역이다.

동기부여 적합성		
도입질문	심화질문	질문의도 및 체크포인트
① 우리 회사에 원하는 부서(팀)에 입사한다면 가장 하고 싶은 일은 무엇입니까.	1) 그 이유는 무엇입니까. 2) 그 일이 가장 중요한 일이라고 생각하십니까. 3) 왜 그렇게 생각하십니까.	• 직무에 특징, 즉 하고 싶은 일과 실제 직무에서 해야만 하는 일에 대한 파악이 제대로 되어 있는가. • 하고 싶은 일과 해야만 하는 일에 GAP은 어느 정도인가. • 지원자가 지원한 직무에 대해 바라는 것은 무엇인가. 하고 싶은 일은 무엇인가. • 그 일을 잘할 수 있는 객관적인 증거(전공, 자격, 경험 등)는 있는가.

동기부여 적합성		
도입질문	심화질문	질문의도 및 체크포인트
② 지원한 부서(팀)에 입사한다면 어떤(무슨) 일을 할 것 같습니까. (답변을 들은 후) 그렇다면 그 부서(팀)에서 반드시 해야만 하는 일은 어떤 것들이 있다고 알고 있습니까.	1) 왜 그렇게 생각하십니까. 2) 그렇게 생각하게 된 근거는 무엇입니까. 3) 그 외에 어떤 일(업무)들이 있다고 생각하십니까.	• 하고 싶은 일과 해야만 하는 일에 대한 구분, 즉, Want vs. Must를 구분하고 있는가. • 직무에 특징, 즉 하고 싶은 일과 해야만 하는 일에 대한 파악이 제대로 되어 있는가. • 하고 싶은 일과 해야만 하는 일에 GAP은 어느 정도인가.
③ 우리 회사 입사를 위해 어떤 준비를 하셨나요. 우리 회사만의 취업준비에 대한 과거 행동에 대해 말씀해 주십시오.	1) 타인과 다른 준비는 어떤 것들이 있나요. 2) 전공, 자격증 취득, 인터넷 검색 등의 준비 외에 다른 행동 사례가 있나요. 3) 만일 다른 지원자와 비교하여 준비가 부족한 점이 있다면 무엇인가요.	• 전공, 자격증, 동아리 활동은 우리 회사만의 준비가 아니다. • 일반적인 취업 준비가 아닌 우리 회사에 입사(지원)하기 위한 준비를 했는가. • 우리 회사에 입사하기 위해 실제로 행동한 사례가 있는가. 있다면 얼마나 제대로인가. • 다양한 전공, 자격 취득이 아니라 우리 회사가 속한 산업, 또는 지원한 직무 등에 일관성 있게 준비를 했는가. • 다른 지원자와 비교하여 준비가 부족함 점을 솔직하게 이야기하는가.
④ (최근) 자신이 이룬 성과 중, 가장 훌륭하다고 말할 수 있는 성과에 대해서 얘기해 주세요.	1) 그 과정은 어땠나요. 2) 다른 사람들은 당신의 성과를 어떻게 평가했나요. 3) 어떤 방법으로 어려움을 극복했나요. 4) 그 성과를 통해 어떤 교훈을 얻었습니까. 5) 지원 직무와 어떤 유관성이 있나요.	• 성과라는 의미를 어떻게 인식하고 있는가. • 대단한 경험보다는 미약하지만 성취감을 만끽한 경험이 있는가. • 그 경험을 통해 어떤 면에서, 얼마나 성장했는가. • 성취감을 느낄 때 기분이 어떠했는가. • 성과를 통해 장점을 강화시키는가. • 지원자가 말하는 성과는 직무와 유관한가. • 성취의 난이도는 어떠한가.

표 7-12 효과적인 질문 vs. 부적절한 질문

효과적인 질문	부적절한 질문
• 라포Rapport를 형성할 수 있는 질문 • 사실을 확인하고 추론할 수 있는 개방형의 기본분석 및 심층분석 질문 • 가능하면 직접 화법으로 하는 질문 • 한 번에 한 가지씩 하는 질문 • 전체적인 배경으로 시작하여 직무의 구체적인 부문으로 진행하는 질문 • 과거의 기억/행동을 통해 역량을 확인할 수 있는 질문 • 직무/역량을 확인할 수 있는 구조화된 심층분석 질문 • 개인의 활동에 초점을 맞춘 질문	• 따지거나 조사하는 듯한 압박질문 • 답을 암시·유도하는 폐쇄형 질문 • 복잡한 구조의 질문 • 한 번에 두 가지 이상의 질문 • 기본적인 질문을 생략하고 구체적인 것부터 시작하는 질문 • 미래에 대한 생각·사고를 묻는 질문 • 개인적 호기심을 충족하기 위한 질문 • 사생활(본적, 부모직업, 재산 상황 등)을 침해하는 질문 • 차별(결혼, 출산, 여성 등)과 관련된 질문 • 조직의 활동에 초점이 맞추어진 질문

면접관은 회사를 대표한다는 자세로 지원자를 대해야 한다. 합격여부와 별도로 회사의 위상에 따르는 파급 효과를 고려하여 귀사에 대해 좋은 이미지를 가질 수 있도록 언행에 각별히 유의해야 한다. 면접 시작 후 첫 몇 분 동안은 지원자에게 좋은 인상을 주려고 노력해야 하며 지나치게 공격적인 질문으로 지원자를 당황하게 하거나, 지원자의 주장을 무시하는 발언은 지양해야 한다. 면접 시 무엇이나 물어봐도 상관없다고 생각하는 사람은 없을 것이다. 그렇다면 당신은 바람직하지 않은 질문에 대해 알고 있는가?

표 7-13 피해야 할 질문 구조

질문 유형	예시
막연한 생각이나 의견 또는 태도를 묻는 질문	'현재 회사의 비전에 대해서 어떻게 생각하십니까?'
현재형으로 묻는 질문	'어떻게 그 일을 하십니까?'(과거 특정 상황에서 직접 행한 행동이 아닌 일반적으로 해야 하는 행동을 답하게 됨)
Yes/No로 대답이 가능한 질문	'성과 관리를 잘하신다고 생각하십니까?'
가(설)상 질문	'만약 이런 상황이라면 어떻게 …?' • 가설적 상황을 설정하고 그 상황에서 어떻게 할 것인지 묻는 질문 • 가설적 상황에서는 실제 의도와는 다른 행동을 한다고 반응할 수 있기 때문에 정확히 판단하기 어려운 경우가 발생할 수 있음
지원자가 방어를 해야 하는 비판적인 질문	'그 상황에서는 더욱 체계적인 전략수립이 선행되었어야 한다고 생각하지 않으십니까?'

질문 유형	예시
모호한 질문	'당신 자신에 대해 말씀해 보세요'
다중 선택 질문	'회사를 떠난 이유가 급여 때문인가요, 아니면 커리어 때문인가요?'
유도질문	'리더십이 조직관리에 어느 정도나 중요하다고 보십니까?' • 특정 응답을 유도하는 질문들 • 예: 그 방법을 사용하면 예산이 문제가 될 텐데, 예산에 대해서는 어떻게 하실 겁니까?
관련성이 없는 질문	'한국 축구 수준에 대해 어떻게 생각하시나요?'
이중 질문	'이 문제의 원인은 무엇이었고 어떤 해결안을 고려하셨나요?' • 하나의 질문에 여러 개의 질문이 포함되어 있는 유형 • 예: 그 사원은 얼마나 유능하고 성격이 좋다고 생각하십니까?
마라톤 질문	'…(이러쿵저러쿵)… 어떻게 생각하십니까?'
비평적인 질문	'그 회사의 인력 수준은 별로라고 생각되는데, 그렇지 않나요?'
차별적 질문	'몇 살입니까?'

표 7-14 직무연관성이 없는 사생활 침해의 오해를 줄 수 있는 질문

구분	국가인원위원회 시정 권고 항목
개인신상	성별, 나이, 출신학교, 본교·분교, 재산, 주·야간, 종교, 출신지역, 혼인여부, 직장 내 가족·지인, 고시·자격증, 병역면제사유, 성장과정, 주거형태, 추천인, 가입단체·회원가입
신체사항	신장, 체중, 색맹·색약, 시력, 혈액형, 장애 종류·급수, 건강, 특이사항, 과거 질병
가족사항	성명, 연령, 학교, 출신학교, 근무처, 직위, 동거여부, 부모, 생존여부, 종교, 학비 지급자, 거주지, 가족 월수입, 형제관계
기타	면접관의 개인적 친분, 성향 고정관념에 관한 질문 현 정부 정책에 대한 개인적인 의견을 묻는 질문 지원자와 특정 주제에 대한 논쟁이나 설득, 훈계식의 질문

※ 직무 관련성이 있는 학력, 자격증, 사회활동, 개인특성은 질문 가능

면접에서 편견을 배제하기

모든 면접관들이 어느 정도는 개인적인 선호도와 과거 경험에 의해 영향을 받는다. 그러한 편견을 스스로 인식하고 지원자의 행동에 중점을 둔 체계적인 면접기법을 사용하여 편견

을 다스려야 한다. 일반적으로 면접관들이 빠지기 쉬운 편견이나 오류를 알아보고 여기에 빠지지 않기 위한 대응방법을 알아보자.

표 7-15 면접관들이 빠지기 쉬운 편견이나 오류

유형	특징	대응방법
면접질문 오류	면접질문의 신뢰도 및 타당도의 결여	평가항목(측정지표)과 관련 없는 질문은 회피한다. 질문 내용이 직무 관련성과 관련이 있는지 확인한다.
평가위원 투사 오류	자신과 유사성을 가진 지원자의 단점은 간과하고 상이성을 가진 지원자의 장점은 평가 절하시킨다.	지원자가 자신과 얼마나 유사하거나 상이한지, 그리고 그것이 평가에 얼마나 영향을 미치는지 자문해 본다. 직무와 무관한 문제에 대해 논하는 시간을 줄인다.
첫인상 지배	지원자의 첫인상(외모, 어조, 복장)이 편견을 조성하여 직무 관련 분야를 판단하는 데 영향을 준다. 대부분의 면접담당자는 이런 유형의 편견에 자신들이 얼마나 영향을 받고 있는지 자각하지 못하고 있다.	면접 초반 2분 동안에 형성된 인상이 평가 결과에 중대한 영향을 미치지 않게 주의한다. 면접 초반 5분 내에 지원자의 어디가 마음에 들고 마음에 안 드는지 확실히 집어낸다. 그 점에 대해 스스로 어떻게 느끼는지 인식하여 직무 관련 분야를 평가할 때는 적용시키지 않도록 한다.
후광오류	한 분야에서의 우수함이 부각되어 다른 분야에까지 미치는 경향 한 가지 긍정적 요소 → 나머지 모든 것을 긍정적으로 평가 한 가지 부정적 요소 → 나머지 모든 것을 부정적으로 평가	각 평가요소를 별도로 평가한다. 한 가지 요소를 평가한 등급이 다른 요소의 등급평가에 영향을 미치지 않게 주의한다.
대비오류	지원자들을 서로 비교하는 것은 한 지원자에서 다음 지원자로 바뀔 때 여러분의 기대치를 낮추거나 높이는 역할을 한다. 결과적으로 대개 부적격자를 고용하게 된다.	평가할 각 요소에 업무 수행 기준을 마련한다. 각 지원자들을 다른 지원자가 아닌 평가 기준과 비교하도록 총체적인 노력을 한다.
선택적 지각	자신의 성격 이론이나 인간관, 조직관, 편견과 선입견 등에 따라 정보를 선택적으로 인식하거나 수용	자신만의 감정이나 편견에 치우치지 않는지 유념한다.
관대화 경향 엄격화 경향	사실 근거보다 더 관대/엄격하게 평가	이러한 경향을 항상 유의한다. 솔직하고 건설적인 평가에 의해서만 적합인재를 선발할 수 있다는 사실을 명심한다.
중심화 경향	개인차를 극소화하려는 경향 평가자의 리스크를 최소화하려는 동기에서 나온다. 평가자로서의 자신감이 부족하다.	

유형	특징	대응방법
기타	낙인효과	후광효과의 반대개념으로, 부정적인 정보가 확인되지 않은 다른 정보에 악영향을 미치는 것이다. 학점이 낮으면 능력도 떨어진다고 생각하는 것이 대표적이다.
	외모현혹	외모를 무시할 수는 없다. 하지만 외모에 지나치게 비중을 두는 것은 위험하다. 인물은 멀쩡하지만 무능한 사람도 많기 때문이다. 외모의 영향력은 시간이 짧을수록, 면접경험이 부족할수록, 면접이 구조화되어 있지 않을수록 크다.
	말솜씨	말을 못하는 것보다는 잘하는 것이 좋다. 하지만 말을 잘한다고 반드시 일을 잘하는 것은 아니다. 말만 앞서고 행동이 따르지 않는 사람들을 조심해야 한다.
	비언어적 단서들에 대한 부적절한 사용	말투, 태도, 복장, 자세, 걸음걸이, 음성, 신체적 조건 등에 대한 지나친 의존

💬 인재를 알아보는 면접기법

지원자가 과연 귀사에 적합한 인재일까? 이것을 알아보는 것은 쉽지 않다. 지원자들은 항상 본심을 말하지는 않기 때문이다. 또, 면접관이라도 항상 상대의 장점을 알아낼 수는 없다. 왜냐하면 면접관의 질문과 그 방법에 따라 상대의 반응이 변할 수 있기 때문이다. 설사 완벽을 기한 면접이라도 상대의 본심이 아닌 연출된 행동에 유혹되어 인물을 잘못 보는 경우를 종종 경험한다. 이런 상대의 연출에 속지 않기 위해서라도 항상 심층적인 면접 방법이 요구된다. 인사채용담당자들은 지원자의 표면만을 확인하는 정도인 단편적인 면접이 아니라 깊이 있는 '면접기법'을 연구하고 있다. 즉, '네', '아니요' 식으로 끝나는 '즉답 반응'으로 끝내지 않는 면접방법을 찾고 있다. 그리고 또 인재를 파악하기 위해서는 지원자의 의견과 감춰진 사고를 끌어낼 수 있는 질문 방법을 연구하지 않으면 안 된다. 그러기 위해서는 면접관이 연예인처럼 일방적으로 이야기해서도 안 된다. 지원자들에게 보다 많은 이야기를 하도록 유도하는 것과 틀에 박힌 답변이 아니라 지원자들의 내면의 세계에 대해 다양한 내용의 답변을 할 수 있게끔 하는 질문방법을 추구하고 있다. 이러한 기법으로 면접을 반복하면 각 기업이 원하는 인재상을 보다 정확하게 알아낼 수 있을 것이다.

💬 감춰진 본심을 알아낸다

지원자들의 입장에서는 자신이 지원한 회사에 어떻게 해서든 입사하고 싶다면, 자기의 능력과 성격 등이 그 기업이 바라는 수준에 부합되지 못할 경우 자신의 결점을 위장하려는 마음이 앞설 것이다. 심리학에서는 인간의 마음을 흔히 빙산에 비유하고 있다. 인간의 행동 중에서, 의식하고 있는 세계는 빙산의 일각에 지나지 않는다는 것이다. 즉, '인간의 행동은, 수면하에 있어서, 의식되지 않는 전의식과 무의식에 의해 좌우되는 측면이 많다'라는 것이다. 예를 들면, 인간은 이성과 지성을 겸비한 '자신'이 행동하는 측면이 있는 반면에 본능과 욕망에 지배되는 또 다른 '나'에 의해서 행동하는 경우가 있다. 인간은 이렇게 여러 가지 측면이 잠재해 있음을 면접관들은 알고 있어야만 한다. 이러한 양 측면은, 지원자들이 처한 환경과 면접관의 자극에 대응하고, 그 장면의 변화와 반응에 대응한다. 하지만 이러한 여러 가지 변화와 자극에 의해 반응하는 행동경향을 한정된 짧은 시간 동안 면접으로 정확히 관찰한다는 것은 매우 어렵다. 이처럼 인간은 무의식 속에 여러 가지 장점과 단점의 특징이 잠재해 있다. 따라서, 어느 한 측면만을 보고 그 사람의 전체인 양 잘못 판단하는 오류를 범해서는 절대 안 된다.

지원자들의 숨겨진 진실을 찾아내기 위해서는 여러 가지 생활 장면을 설정하고, 다면적인 관찰과 질문을 반복하고, 반응을 관찰하는 것이 바람직하다. 그러나 현실적으로 면접을 오랜 시간을 투자하며 하는 것은 매우 어렵다. 그렇기 때문에 미리 준비한 이력서나 입사지원서, 질문지 등을 잘 활용하여 여러 각도에서 질문하고, 다면적인 관찰을 통해서, 감추어진 본심을 끌어내는 것이 현실적이고 효율적이라고 할 수 있다.

💬 감춰진 본심을 드러내게 한다

지원자들의 감추어진 측면을 발견하기 위해, 가장 효과적인 면접기법의 한 예를 살펴보도록 하겠다. 인사채용담당자들의 입장에서 면접 시 알고 싶은 포인트는 다음 두 가지이다. 한 가지는 앞에서도 말한 것처럼 '귀사에 적합한 인재인지의 여부를 알아본다'라는 것이고, 또 하나는 '귀사의 여러 상황을 종합적으로 고려해 볼 때 과연 입사해 줄 수 있는 우수인재인지의 여부를 확인한다'라는 것이다. 짧은 시간 내에 지원자들의 본심을 들으려고 생각하고 있으면, '당사에 왜 입사하고 싶은가?'라고 묻기보다, 귀사와 비슷한 회사의 예를 들어

질문하는 것이 좋다. 예를 들면, '그 회사에 대해서 어떻게 생각하는가?'라는 식으로 질문하고, 상대에게 자유롭게 이야기하도록 하는 것이다.

이 경우의 질문 방법으로써, "○○회사의 어떤 점이 마음에 드십니까?", "○○회사의 어디가 문제라고 생각합니까?", "○○회사에 대해서, 당신은 어떻게 생각합니까?" 등으로, 물어보는 것이 좋다. 이런 식으로 물으면, 상대는 별 의식을 하지 않고 자연스럽게 답변할 것이다. 그것이 곧 귀사에 대한 대답이 되는 것이다. 즉, 상대의 무의식 속에 있는 동기부여에 호소하고, 숨겨져 있는 감정과 사고를 알아내는 것이다.

면접평가표 작성은 왜 중요한가

귀하의 회사는 면접 시에 면접평가표를 사용하고 있는가? 만일 그렇지 않다면 인재 채용을 운으로 하는 것과 같은 것이다. 적합한 인재를 채용하고 싶다면 올바른 전형으로 인재를 판별하지 않으면 안 된다. 올바른 전형을 하기 위해서는, 올바른 방식으로 진행해야 하며 올바른 방식의 항목 중에 하나가 '면접평가표 작성'이다. 면접평가표는 채용의 정밀도를 크게 올린다. 필자의 고객인 중소기업을 대상으로 통계를 내본 결과 65%는 면접평가표를 사용하여 면접을 실시하고, 20%는 면접평가표를 사용하고 있지만 그 내용의 충실도가 떨어지며 나머지 15%는 면접평가표를 사용하지 않는다. 그렇지만 대기업의 경우 면접평가표를 사용하지 않는 곳은 한 곳도 없다. 정규직은 물론이거니와 계약직, 파견직 등 비정규직 그리고 하다못해 아르바이트 채용 시에도 직종을 불문하고 반드시 면접평가표를 사용한다.

면접평가표를 사용하지 않는 면접이 왜 위험한가?

1 기억에 의지한 면접으로 질문 내용을 빼먹거나 잊어버리는 경우가 발생한다.

면접에서는 반드시 물어봐야 할 질문이라는 것이 존재한다. 또 회사 업종이나 직종에 따라 물어보고 싶은 질문은 반드시 있다. 면접평가표를 이용하지 않을 경우 면접관들은 질문 내용들을 모두 기억해 두어야 한다. 질문사항을 한 가지도 빼먹지 않고 질문하는 경우도 있겠지만 면접에 임하다 보면 필수 질문을 빼먹거나 잊어버리는 경우도 많이 있다.

2 감과 경험에 의지한 면접이 된다.

몇 번이나 말하지만 머리가 좋은 것 같아서, 성실한 것 같아서, 좋은 학교를 나와서 등 막연히 감이나 경험으로 평가를 해서 합격 여부를 판단해서는 안 된다. 모처럼 만든 채용기준을 면접과 연동시키기 위해서는 면접평가표를 작성해야 한다.

3 면접관마다 면접의 내용이 차이가 있다.

1차 면접, 2차 면접, 최종 면접 등 각각의 전형마다로 질문 내용에 차이가 없는 것이 이상적이다. 예를 들어 같은 1차 면접을 보고 있는 상황에서 지원자들에게 서로 상이한 질문을 해서는 안 된다. 면접관은 혼자보다는 복수의 눈으로 평가하는 것이 중요하다. 그런데 복수로 면접관을 진행하면 면접관 A는 매회 어느 질문을 하는데 면접관 A가 없을 때는 아무도 그 질문을 하지 않는 일도 발생이 된다. 질문의 내용을 통일하는 것으로 정확한 판단을 할 수 있어 면접의 정밀도가 올라간다. 이 때문에 면접평가표가 필요하다.

4 면접 내용의 전부를 기억할 수 없다.

인간은 기억력에 한계가 있기 때문이다. 일반적으로 사람의 머릿속은 한 번에 3개까지는 이해할 수 있는 구조가 되어 있다. 면접의 경우 세 명까지는 내용을 기억할 수 있다. 네 명 이상이 되면 각각이 어떤 사람이었는지 정확하게 기억하는 것이 어려워진다. 게다가 날이 지나면 기억이 희미해져 오기 때문에 일주일 전, 2주일 전의 면접 내용을 잊는 일이 발생하곤 한다.

5 면접 경험이 없는 사람은 면접을 할 수 없다.

면접관도 긴장한다. 특히 처음의 경우에는 지원자보다 더 긴장하고 있는 일이 있다. 아무것도 보지 말고 갑자기 면접 진행할 수 있을까?

채용활동에 있어서의 기록은 실제로 채용한 사람의 결과를 확인하는 것이다. 지원자를 채용 후 생각했던 것보다 좋은 인물은 아니었다고 치자. 즉, 채용에 실패했을 경우 그때에 해야 할 일은 왜 채용에 실패했는지를 되돌아보는 것이다. 그때에 사용해야 할 자료는 당연히 면접평가표이다. 지원자가 입사 후, 2개월 후 아니라고 깨달았을 때 3개월 전의 면접을 정확하게 기억하고 있는 것은 불가능하다.

💬 면접평가표가 있다고 모든 것이 해결되는 것은 아니다

면접평가표는 채용을 성공시키기 위한 하나의 툴에 지나지 않는다. 잘 만들어진 면접평가표가 있다고 하더라도 그것을 사용하는 면접관의 기술skill이 낮다든가 충분한 교육을 받지 않았을 경우 면접평가표의 목적을 이룰 수 없으므로 유의해야 한다. 면접평가표는 하나의 툴이다. 툴이라는 것은 그것을 잘 다루는 스킬이 있는 사람이 사용해야 그 목적에 부합하는 것이다. 다음은 면접평가표 Note Taking 방법으로, 기록내용은 다음의 조건을 충족시켜야 한다.

1 구체적일 것

- 성격을 기술하지 말고, 행동을 기술할 것

2 사실적일 것

- 추측이나 생각을 기술하지 말고, 행동을 기술할 것

3 채점 가이드라인

- 면접이 끝날 때까지 기다린다.
- 자신의 기록내용을 모두 읽어 본다.
- 평가표에 제시되어 있는 평가지표와 수집한 정보를 비교한다.
- 평가척도를 참고해서 해당 항목에 대해 지원자를 평가한다.
- 이력서나 평가표를 바인더 등에 두어 지원자에게 보이지 않도록 한다.

표 7-16 ATOM 기반 면접평가표 A type

지원자 정보	지원자			평가자 정보	평가자			(서명)
	분야				소속			
면접 일시	20 년 월 일 시작 00:00 ~ 종료 00:00			평가 결과	적극채용	채용	보류	불합격

	Attitude(비중%) 1)			Technical(비중%)			Organization(비중%)			Motivation(비중%)		
측정지표	상사, 동료, 고객으로부터 받은 피드백을 수용하고 실행하는 태도를 확인한다.			지원자가 직무를 수행하기 위해 필요한 지식, 기술, 능력을 어느 정도 갖추고 있는지 확인한다.			조직의 문화와 개인의 특성이 서로 유사하거나 합치되는 가치들을 지니고 있는지 관찰한다.			직무로부터 기대하거나 바라는 요인과 실제로 그 내용이 얼마나 일치하는지 파악한다.		
	항목	준거	확인	항목	준거	확인	항목	준거	확인	항목	준거	확인
평가요소	코칭 수용	상사평가 관계능력		직무 전문	직무이해 전문성		가치 적합	회사분석 산업분석		동기 적합	동기부여 적합성	
	인정 포용	자기평가 자기이해		직무 경험	유관 경험 및 경력		의사 소통	언어 및 논리소통		지원 동기	입사를 위한 노력	
	충성 만족	조직평가 조직지향		직무 관심	자기개발 학습흔적		관계 지향	타인 감수성		성취 동기	성과달성 지향	
2) 도입질문	이전 직장 상사는 어떤 분이었나요. 그리고 긍정적 영향력과 부정적 영향은 무엇인가요?			지원한 분야에서 다른 지원자와 차별화되는 귀하만의 노하우나 전문성은 무엇입니까?			우리 회사가 가진 가장 탁월한 경쟁력은 무엇이라고 여기십니까? 이와 반대로 취약점은?			지원한 분야에 입사하면 어떤 일을 할 것 같습니까? 해당 분야에서 좋아하는 일은?		
	그 상사는 지원자의 장점을 무엇이라 할까요? 반대로 부족한 점은 무엇이라 할 것 같나요.			이번에 지원한 분야와 관련된 경험이나 경력이 있다면 소개해 주십시오.			우리 회사가 지원자를 선발해야 되는 이유를 논리적으로 설명해 주십시오.			우리 회사에 입사하기 위해 어떤 준비를 하셨는지 구체적으로 말씀해 주십시오.		
	이전에 일한 회사를 추천한다면 어떤 이유에서인가요. 이와 반대로 비추천한다면 그 이유는 무엇입니까?			지원자는 직무 관련 전문 지식을 어떻게 최신으로 유지합니까. 최근 학습한 내용을 말씀해 주세요.			어떤 사람에게 또는 상황에 의해 부당한 대우를 받았던 경험이 있다면 말씀해 주세요.			지원한 직무와 관련하여 최근 무언가를 성취했다면 무엇인가요? 왜 그것을 했나요.		
평정근거	Positive * * *			Positive * * *			Positive * * *			Positive * * *		
	Negative * * *			Negative * * *			Negative * * *			Negative * * *		
3) 평정	S 25	A 20	B 15 C 10	S 25	A 20	B 15 C 10	S 25	A 20	B 15 C 10	S 25	A 20	B 15 C 10

1) 비중은 면접 전 주관부서 및 직무전문가 회의를 통하여 설정한다.
2) 면접질문은 휴먼에러를 방지하기 위해 반드시 구조화된 면접질문지를 활용한다.
3) 평정 점수는 비중 × 척도등급, 중도화 경향 및 면접관 오류를 배제하기 위해 4점 척도를 사용한다.

표 7-17 ATOM 기반 면접평가표 B type

지원자 정보		지원자				평가자 정보	평가자			(서명)
		분야					소속			
면접 일시		20 년 월 일 시작 00:00 ~ 종료 00:00				평가 결과 3)	적극채용	채용	보류	불합격
단계	영역	평가요소 및 도입질문 1)					비중 2)	평정 3)		점수 4)
질문 단계	A	**코칭수용**: 이전 직장 상사는 어떤 분이었나요. 그리고 긍정적 영향력과 부정적 영향은 무엇인가요?						Ⓢ Ⓐ Ⓑ Ⓒ		
		인정포용: 그 상사는 지원자의 장점을 무엇이라 할까요? 부족한 점은 무엇이라 할 것 같나요?						Ⓢ Ⓐ Ⓑ Ⓒ		
		충성만족: 이전에 일한 회사를 추천한다면, 어떤 이유에서인가요. 이와 반대로 비추천한다면.						Ⓢ Ⓐ Ⓑ Ⓒ		
	T	**직무전문**: 지원한 분야에서 다른 지원자와 차별화되는 귀하만의 노하우나 전문성은 무엇입니까?						Ⓢ Ⓐ Ⓑ Ⓒ		
		직무경험: 이번에 지원한 분야와 관련된 경험이나 경력이 있다면 소개해 주십시오.						Ⓢ Ⓐ Ⓑ Ⓒ		
		직무관심: 직무관련 전문지식을 어떻게 최신으로 유지합니까? 최근 학습한 내용을 말씀해 주세요.						Ⓢ Ⓐ Ⓑ Ⓒ		
	O	**사업이해**: 우리 회사가 가진 가장 탁월한 경쟁력은 무엇이라고 여기십니까? 이와 반대로 취약점은?						Ⓢ Ⓐ Ⓑ Ⓒ		
		의사소통: 우리 회사가 지원자를 선발해야 되는 이유를 논리적으로 설명해 주십시오.						Ⓢ Ⓐ Ⓑ Ⓒ		
		관계지향: 어떤 사람 또는 상황에 의해 부당한 대우를 받았던 경험에 대해 말씀해 주세요.						Ⓢ Ⓐ Ⓑ Ⓒ		
	M	**동기적합**: 지원한 분야에 입사하면 어떤 일을 할 것 같습니까? 해당 분야에서 좋아하는 일은?						Ⓢ Ⓐ Ⓑ Ⓒ		
		지원동기: 우리 회사에 입사하기 위해 어떤 준비를 하셨는지 구체적으로 말씀해 주십시오.						Ⓢ Ⓐ Ⓑ Ⓒ		
		성취동기: 지원한 직무와 관련하여 최근 무언가를 성취했다면 무엇인가요? 왜 그것을 했나요.						Ⓢ Ⓐ Ⓑ Ⓒ		
근거 기록	긍정 요소	*A *T *O *M								
	부정 요소	*A *T *O *M								

1) 면접질문은 휴먼에러를 방지하기 위해 반드시 구조화된 면접질문지를 활용한다.
2) 비중은 면접 전 주관부서 및 직무전문가 회의를 통하여 설정한다.
3) 중도화 경향 및 면접관 오류를 배제하기 위해 4점 척도를 사용한다.
4) 평정 점수는 비중 × 척도등급

💬 4점짜리 척도를 이용하는 이유는 무엇인가?

많은 사람들이 우리 점수 척도를 보고는 "어? 왜 4점짜리 척도를 쓰죠?"라고 종종 묻는다. 과도한 통계학적 설명을 빼고 말하자면 4점짜리 척도가 더 나은 자료를 제공하기 때문이다. 아래의 [표 7-17]은 4점 척도의 한 예이다.

표 7-18 **4점 척도 평가표**

4 (S)	3 (A)	2 (B)	1 (C)
적극채용	채용	보류	불합격

이것을 쓰는 이유는 다음과 있다. 첫째는 더 한정된 척도를 쓰게 되면(3점이나 5점 같은) 점수가 중간 점수로(우리는 이것을 중심화 경향이라고 부른다.) 치우치게 된다. 사람들은 일반적으로 '이 사람 형편없음'을 나타내는 칸에 표기하고 싶어 하지 않는다. 면접관도 예외는 아니다. 특히 처음 본 상황에서 그 사람에 대해 중대한 결정을 할 때 함부로 비판하는 것 같다는 느낌이 들 수도 있다. 많은 면접관이 좋은 사람은 타인을 비판적으로 평가를 하지 않는다는 잘못된 생각을 가지고 있다. 그래서 "나는 좋은 사람이고 남을 함부로 판단하지 않아."라는 것을 보여 주기 위해 중심화 경향을 보이거나 정당한 점수보다 더 많은 점수를 주는 관대화 경향이 있다.

이런 태도의 위험성은 명확하지만, 실제 면접에서 종종 볼 수 있다. 4점 척도를 쓰게 되면, 면접관의 중심화, 관대화 경향이 사라지며 죄책감 없이 낮은 점수를(2점이나 1점 같은) 주게 된다.

💬 단어그림

이것은 진짜 재미있는 부분이다. 우리 회사에서는 고성과자와 저성과자가 사용하는 언어의 차이를 평가하기 위해 정교한 답변 분석 연구에 집중하였다. 예를 들어 고성과자가 대답할 때 과거시제 혹은 미래시제를 쓰는지, 저성과자들은 어떤 종류의 관사와 부사를 쓰는지 등을 연구했다. 이 연구는 우리 업계에서 거의 누구도 다뤄 본 적이 없는 거의 혁신적인 연구이다. 그리고 아직 우리 회사의 연구 수준에 필적하는 회사는 본 적이 없다.

그럼 우리가 발견한 '혁신 답변'을 공개하겠다. 우리는 좋은 답변과 나쁜 답변을 구성하는 것이 무엇인지 알고 있다. 이것이 '답변 가이드라인'이 필요한 이유이다. 우리는 수많은 답변들을 구조적, 문법적으로 분석하고, 고성과자와 저성과자의 답변이 어떻게 다른지 비교해 보았다.

다음의 통계에서는 5% 이하의 수치는 올림으로 하였다. 이렇게 한 이유는 항상 분석 결과에 더 많은 자료를 추가하여 수치가 수시로 변했기 때문이다. 우리 책의 긴 수명을 고려해 봤을 때 독자들은 초판을 발행한 다음 해에도 이 책을 읽을 것이고, 그사이에 더 많은 자료가 추가될 것이다. 우선은 나와 있는 숫자를 이용하라. 대명사, 시제, 감정, 수식어의 4가지 카테고리에 중점을 두어 답변 분석을 하였다. 다음은 그 결과이다.

표 7-19 단어그림

관사	
1인칭 대명사 단수	고성과자는 ('긍정적 신호') 저성과자보다 ('경고 신호') 거의 60% 많은 1인칭 대명사 단수를 (나, 나를, 나의) 썼다.
1인칭 대명사 복수	저성과자는 고성과자보다 300% 많은 1인칭 대명사 복수 (우리, 그들)를 사용했다.
2인칭 대명사	저성과자는 고성과자보다 400% 많은 2인칭 대명사 (당신, 당신의)를 사용했다.
3인칭 대명사	저성과자는 고성과자보다 400% 많은 3인칭 대명사 (그는, 그녀는, 그들은)를 사용했다.
중성 대명사	저성과자는 고성과자보다 70% 많은 중성대명사 (그것, 그 자체로)를 사용했다.
	간단히 말해서 고성과자들은 자신에 대해, 자신이 한 일을 말하는 반면 전형적인 저성과자들은 2인칭과 3인칭 대명사를 많이 쓴다는 의미이다. 고성과자들은 "화요일에 고객에게 전화해서 고민을 함께 나누자고 말했습니다."와 같은 말을 한다. 저성과자들은 "고객의 얘기를 듣기 위해서는 고객과 연락할 필요가 있습니다."라고 말하거나 "우리는 항상 고객에게 전화해서 고민을 함께 나누자고 말해야 합니다."라고 할 것이다. 고성과자들은 좋은 경험이 많으므로 스스로에 대해 얘기를 하며 어떻게 좋은 태도를 가지게 되었는지 말한다. 1인칭 대명사를 쓰는 것을 부끄러워하지 않는다. 하지만 저성과자들은 이런 훌륭한 태도를 보여 준 경험이 없기에 '우리'가 문제를 어떻게 다뤄야 하는지와 같은 추상적인 대답을 하기 쉽다. 이것은 가정일 뿐이다. 이런 답변은 실제 상황에서 어떻게 행동할지를 보여 주지 못한다. 게다가 사람들은 거짓말을 할 때 무의식중에 자신을 거짓말과 분리시키려 하기 때문에 2인칭과 3인칭 대명사를 더 많이 쓰게 된다는 연구 결과가 있다. 여기서 중요한 것은 사람들이 '나'에 대해 말하는지(좋은 답변) 아니면 '우리/그/그것/그들'에 대해 말하는지(나쁜 답변) 주의해야 한다는 것이다.

동사 시제		
과거시제	고성과자들은 저성과들에 비해 과거시제를 40% 더 많이 썼다.	
현재시제	저성과자들의 답에는 고성과자들보다 현재시제가 120% 더 들어 있었다.	
미래시제	저성과자들은 고성과자에 비해 미래시제를 70% 더 많이 사용했다.	
	간단히 정리하자면, 고성과자에게 과거 경험을 얘기해 보라고 하면 실제 자신의 과거 경험을 얘기할 것이다. 필연적으로 과거시제를 사용한다. 반대로 저성과자는 과거 경험에 대해 말해 달라고 하면 자신이 무엇을 하고 있는지(현재시제), 그리고 무엇을 할지(미래시제)를 멋지게 지어내 답변할 것이다. 고성과자들과 달리 저성과자들은 실제 과거 경험이 없기 때문에 이런 자세한 얘기를 할 수 없다. 따라서 까다로운 손님을 만났던 경험을 얘기해 보라고 하면 고성과자들은 과거시제를 사용한 예를 들 것이다. "저는 서버에 문제가 생겨 마감 시간을 놓칠 뻔한 고객을 만났습니다." 그러나 저성과자들은 현재시제나 미래시제로 대답할 가능성이 많다. "화난 고객을 대하는 첫 번째 원칙은 해결책을 모르겠다고 시인해서는 안 된다는 것입니다." 혹은 "비이성적인 고객을 만난다면 고객보다 제가 그 분야에 대해 잘 안다는 사실을 강조하여 고객의 흥분을 가라앉히겠습니다." 여기서 현재시제와 미래시제는 2인칭이나 3인칭 대명사와, 과거시제는 1인칭 대명사와 함께 쓰이는 걸 볼 수 있다.	

감정		
긍정적 감정	고성과자의 답변에는 저성과자보다 긍정적인(기쁜, 신나는, 설레는) 감정이 25% 정도 더 많았다.	
부정적 감정	저성과자의 답변에는 고성과자보다 부정적인(화난, 걱정스러운, 초조한, 회의적인) 감정이 90% 정도 더 많았다.	
	감정적 문제는 이해하기 쉽다. 고성과자는 저성과자에 비해 신났던 일에 대해 더 많은 얘기를 할 것이다. 그러나 실제 이들 간 차이점은 고성과자는 저성과자에 비해 부정적인 감정 표현을 덜 한다는 것이다. 우리의 모든 연구 결과를 보면 고성과자들은 저성과자들만큼 화내지 않는다. 이들이 화를 내거나 답답해하지 않는다는 의미가 아니다. 이들도 화를 낸다. (저성과자들 때문에 화낼 때가 많다.) 하지만 고성과자들은 부정적인 감정을 해결할 건설적인 배출구를 가지고 있었다. 성격적 특징을 고려해 봤을 때 고성과자들은 본능적으로 흥분하지 않으며, 그다지 긴장하는 편이 아니므로 감정을 잘 조절할 줄 알았고, 면접에서 이런 부정적인 감정을 잘 드러내지 않았다.	

수식어		
부사	저성과자의 답변은 고성과자들보다 부사를 40% 더 많이 사용한다.	
	고성과자들은 저성과자에(저성과자들에) 비해 수식어 없는 대답을 할 가능성이 많다. 이들의 답변은 직설적이고, 사실적이고, 과거시제를 쓰며, 개인적이다. 반면 저성과자들은 자신의 답변에 수식어를 쓸 가능성이 많다. 이들은 자신의 답변에 강한 느낌을 주기 위해 수식어를 사용한다. 사실 내용만으로는 자신의 장점을 표현하지 못하기 때문이다. 저성과자들은 기발한 아이디어가 떠올랐던 상황을 말하기보다는 "저는 꾸준히·항상·종종·평소에(모두 부사) 좋은 아이디어를 냅니다." (혹은) "매우·가장·빨리 해결하였습니다."라고 말할 것이다.	
부정어	저성과자는 고성과자에 비해 부정어를(아닌, 어느 것도 아닌) 130% 더 많이 썼다.	
	일부는 부정적 성향 때문에 또 다른 일부는 자신의 말을 수식할 필요성 때문에 부정어를 많이 쓴다. 저성과자들로부터 "뭘 해야 할지 몰랐습니다." 혹은 "우리 부서에서 그 사람이 무슨 일을 하는지 아는 사람은 정말 아무도 없었어요."와 같은 말을 듣는 건 어렵지 않다.	

이제 우리는 지원자가 사용하는 언어를 보면 이 사람이 고성과자인지 저성과자인지 감이 오기 시작한다. 답변 분석은 정말 혁명적인 아이디어이며 지금 우리는 많은 부분 중 일부만을 겉핥기식으로 본 것에 불과하다.

제7장의 정리

① 면접은 실무형 인재를 채용하고자 하는 목적에 가장 부합하는 전형방법이다.
② 면접은 가장 널리 사용하는 채용 기업이다. 하지만 적절히 활용하지 못하면 인재人災를 고용하고 인재人材는 놓치는 실수가 빈번히 일어난다.
③ 면접의 5가지 목적을 이해함으로써 적합한 인재를 채용할 수 있다.
④ 적합한 인재란 조직 적응력과 가치를 창출하는 사람이다.
⑤ 기존 면접이 효과적이지 못한 이유는 면접의 목적을 타당성 있게 설정하지 못하고, 사전 준비를 철저히 하지 않으며, 면접을 체계화하여 지원자로부터 유용한 답변을 이끌어 낼 질문 목록을 작성하지 않았기 때문이다.
⑥ 정교하게 설계되지 않은 면접은 예측할 수 없는 오류와 편견을 가져온다.
⑦ 면접 방법은 유행을 따르지 말고 귀사에 맞은 면접 체계를 선택하자.
⑧ 면접평가표의 중요성을 이해하고 귀사에 도입하는 것으로 인재 채용의 정밀도는 현격히 높아진다. 면접평가표가 없으면 면접을 실시하여서는 안 된다.
⑨ 면접평가표를 사용하지 않으면 인재 채용을 운에 맡기는 것과 같다.
⑩ 면접평가표가 없으면 그만큼 채용의 리스크를 가진다.
⑪ 지원자의 앞에서 실수할 수는 없다. 예습이 중요하다. Role play를 통해 사전에 연습해 본다.

APPENDIX

부록

1. OVERVIEW 238
2. CAPABILITY 240
3. METHODOLOGY 242
4. SOLUTION 243
   ① 인재상 설계 244
   ② 채용 전형 설계 247
   ③ 평가과제·문항개발 250
   ④ 전문면접관 파견 253
   ⑤ 채용 프로세스 대행 255
   ⑥ EXECUTIVE SEARCH 258
   ⑦ 채용대행·적합인재 추천 261
   ⑧ 평판조회 264
   ⑨ TEMP to PERM 266
   ⑩ 면접관 교육 270

OVERVIEW
사람을 최고의 자산으로 만드는 비법을 전수하여
고객의 위대한 성공을 돕습니다.

오늘날처럼 끝없는 변화가 일어나고, 세계화되고, 기술발전에 대한 지속적 적응이 요구되는 경영환경에서는 인재를 확보하고 유지하는 일이 기업 경쟁력 확보의 관건이 되고 있습니다.

스포츠 팀이 최고의 선수를 영입하기 위해 매우 적극적인 활동을 펼치는 것과 마찬가지로, 기업도 최적의 인재를 확보하고 유지하기 위해 적극적으로 경쟁해야만 하는 시대가 도래한 것입니다.

새로운 경쟁현실의 주요 특징은 제품과 원가 면에서의 경쟁력은 큰 차이가 없는 반면, 경쟁기업보다 지속적으로 더 나은 성과를 내는 조직을 창출하는 것으로부터 경쟁우위가 발생한다는 것입니다.

앞으로 지속성장이 가능하고, 가장 인기 있는 기업 또는 경영자는 전 세계를 대상으로 제품과 서비스를 창출하고 유통시키는 데 필요한 인적자본을 보유한 조직이 될 것입니다.

인사전문가 그룹 시너지는 기업이 성공적인 사업을 펼치는 데 충분한 역량과 태도 그리고 경험을 갖춘 인재들을 확보·개발·유지하는 것을 지원하여 고객의 위대한 성공을 돕기 위해 일하고 있습니다.

우리는 지난 20여 년간 1,750여 기업의 조직문화·조직분석·인사 정량분석·평가제도·인재 채용·인재 유지·동기관리·보상제도·리더십 개발·커뮤니케이션 등에 대한 크고 작은 과제들을 효과적으로 해결해 왔습니다.

인사전문가 그룹 시너지는「사람을 최고의 자산으로 만드는 비법을 전수하여 고객의 위대한 성공을 돕는 전문 파트너」로서, 경영자들이 보다 더 경쟁력 있는 인재경영 프로세스를 만들어 내는 데 도움을 제공하고, 사람을 최고의 자산으로 만드는 비결을 전수하여 귀사의 경영비전 실현을 돕겠습니다.

우리의 서비스는 정형화된 것이 아니라 고객의 요구에 유연하게 대응할 수 있는 맞춤형 고부가가치 서비스를 제공합니다. 이 같은 서비스는 고객으로부터 절대적인 신뢰를 얻어 현재 90% 이상의 재계약률을 유지하고 있으며, 우리는 이것에 강한 자부심과 책임감을 느끼고 있습니다.

- 운영적인 것에서 전략적인 것으로
- 양적인 것에서 질적인 것으로
- 단기에서 장기로
- 행정 위주에서 실행 위주로
- 기능 중심에서 사업 중심으로
- 내부 중심에서 외부 및 고객 중심으로
- 수동적 역할에서 주도적 역할로
- 활동 중심에서 해결책 중심으로

BY THE NUMBERS

history	consultants	client	solution
20+ Years Read about Our history	78 Consultants Meet Our People	1,750+ Client Meet our client	48+ Methodology Meet Our Solution

CAPABILITY
고객가치 실현을 위한 우리의 약속

Partnership
시너지컨설팅의 서비스는 단순한 업무 대행이 아닌, 경험과 지식을 갖춘 전략적 파트너가 될 것을 약속합니다.

사람 문제에 대해 20년간 1,750여 기업의 인사과제 해결의 경험과 지식을 갖춘 전문가의 도움을 받음으로써 효과적인 인사업무 수행이 가능합니다. 시너지컨설팅의 서비스는 단순한 업무 대행이 아니고, 경험과 지식을 갖춘 전략적 파트너를 두는 것과 같습니다. 이를 통해 기업은 질과 양, 모든 측면에서 경영비전 실현의 가능성을 높일 수 있으며, 프로의 노하우를 얻어 상승효과를 얻을 수 있습니다.

Expertise
업계 최고의 경험과 신뢰할 수 있는 사람들로 팀을 구성할 것을 약속합니다.

시너지컨설팅은 세계 유수의 컨설팅 회사에서 다양한 경력을 쌓은 우수한 전문 경력자로 구성되어 있으며, 매년 180여 기업의 인사과제를 성공적으로 수행하고 있습니다. 이러한 전문성을 바탕으로 고객마다 상이한 인사과제에 대한 면밀한 진단을 통하여, 기업의 니즈를 충족시켜 드립니다. 업무의 전문성, 연속성, 빠른 피드백 제공을 약속합니다.

Insight
과제를 예리한 관찰력으로 분석하고, 새로운 시각으로 인사과제의 의미를 재조직화할 것을 약속합니다.

통찰력이란 생산과 공급이 충분해졌기 때문에 그 속에서 더 가치 있는 것을 찾기 위해서 필요한 능력, 즉 과제의 진정한 본질을 판단할 수 있는 능력을 말합니다. 시너지컨설팅은 조직이 해결해야 할 과제에 직면했을 때 과제와 관련한 전체적인 상황을 파악하여 문제를 해결해 나가고 있습니다. 우리는 기업의 조직문화·인재 채용·교육훈련·동기유발·리더십·커뮤니케이션·조직화 방식 등 사람경쟁력과 관련된 과제들을 예리한 관찰력으로 분석하고, 새로운 시각으로 인사과제의 의미를 재조직화함으로써 통찰력 있는 해결책을 제시할 것을 약속합니다.

Excellence

정확하고 안전하며 신뢰할 수 있는 솔루션 및 탁월한 서비스를 제공할 것을 약속합니다.
최적의 인재를 확보하여 적절한 역할에 매치시키고, 그들의 역량을 평가하고 잠재력을 개발하기 위한 업계 유일의 독보적인 서비스를 개발하여 활용하고 있습니다. ATOM HIRING™, 평가센터, 공공기관 NCS 기반 능력 중심 채용 프로세스, 채용의 교과서, 면접의 교과서, 성공하는 채용면접 매뉴얼, 면접관 트레이닝 DVD, INTERVIEW IQ test™, 블라인드 채용 프로세스 가이드북 개발, TALENT-A™, 상황판단 평가 프로그램, Real Change Leadership Styles 등 솔루션 중심의 도구 및 분석을 통해 신뢰할 수 있고 통찰력 있는 조언을 제공할 것을 약속합니다.

Customization

사업의 특수성에 알맞은 적합한 해결책을 설계하기 위해 모든 고객과 밀접하게 협업할 것을 약속합니다.
사업영역이 비슷하다고 해도 각각의 회사는 특수하며, 각각의 회사가 요구하는 인사문제 해결에 대한 니즈 또한 특수합니다. 전문화된 컨설턴트들은 사업의 특수성에 알맞은 적합한 해결책을 설계하기 위해 모든 고객과 밀접하게 협업합니다. 시너지컨설팅이 추구하는 바는 고객들의 인사과제 해결을 도와주어 성공을 돕는 최고의 파트너가 되는 것입니다.

Quality & Stability

체계적인 대응체계 및 관리방법론을 통하여 컨설팅 진행 과정의 효율성을 높이고 프로젝트 성과목표 달성의 극대화를 약속합니다.
시너지컨설팅의 프로젝트 관리체계는 프로젝트 진행 과정에서 발생 가능성이 있는 문제에 대한 체계적인 대응체계 및 관리방법론을 통하여 컨설팅 진행 과정의 효율성을 높이고 프로젝트 성과목표 달성의 극대화를 기하고 있습니다. 시너지컨설팅이 제공하는 업무 품질 및 안정성은 프로젝트의 성공적인 수행을 실현하여 고객의 경영비전 실현을 돕습니다.

METHODOLOGY

조직의 중장기 전략을 달성할 수 있으면서도 실제 현장에서
세세히 반영될 수 있는 현실성을 갖춘 계획Plan을 수립할 수 있어
확인Check을 기점으로 컨설팅을 수행합니다.

시너지컨설팅의 서비스 방법론은 컨설팅 효과성의 극대화를 위해 아래와 같이 CPDA Method Check - Plan - Do - Action(특허출원41-2012-0033292)를 근거로 하고 있습니다. 미국의 통계학자 W. Edwards Deming이 체계화한 이론 PDCA Cycle 계획(P) - 실행(D) - 확인(C) - 개선(A)의 순서가 아닌 확인Check 기능을 먼저 두는 이유는 고객의 현상 파악을 먼저 실시해야 단순히 과제의 해결 방안을 계획하는 소극적인 계획Plan이 아닌, 향후 조직의 중장기 전략을 달성할 수 있으면서도 실제 현장에서 세세히 반영될 수 있는 현실성을 갖춘 계획Plan을 수립할 수 있어 확인Check을 기점으로 진행되는 컨설팅 방법론을 활용합니다.

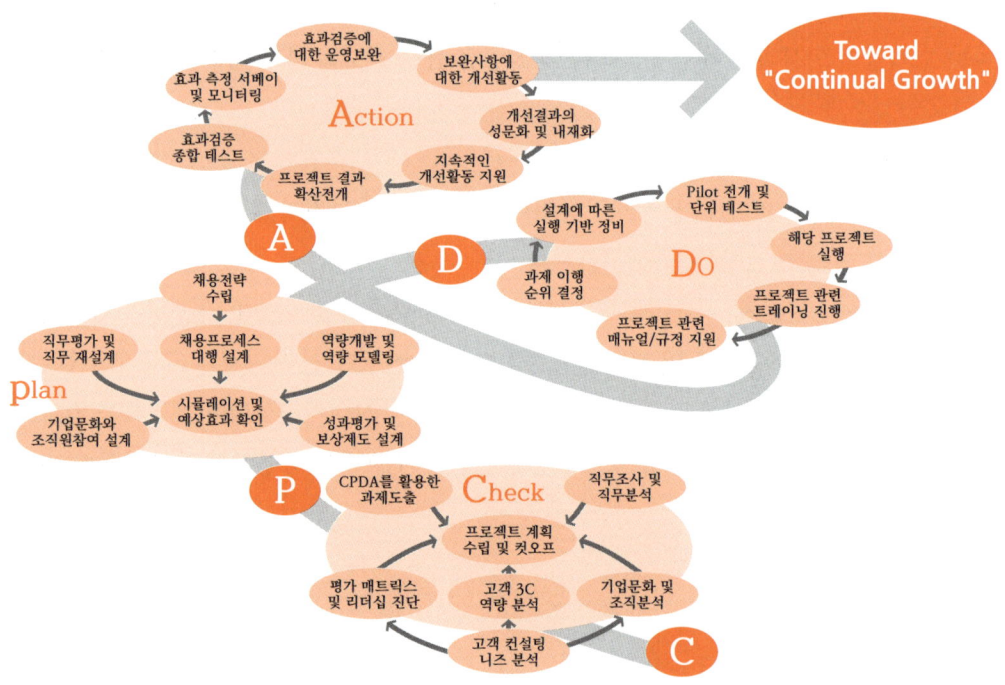

SOLUTION
인재를 「수단」으로 보지 않고
인재가 가져다줄 수 있는 「성과」 중심으로

인적자원 영역은 기업이 건전한 경영을 위해 필요한 인적자원 제도의 정비와 그 확보, 육성을 말합니다. 이에 대한 우리의 시각은 인재를 수단으로 보지 않고, 조직의 성과를 창출하는 원천으로 보고 있습니다.

시너지그룹의 인적자원 서비스는 알기 쉽게 패키지화된 상품이나 시스템적으로 정리된 서비스 등의 접근하기 쉬운 방법을 사용하지 않습니다. 고객의 요구에 대해서 유연하게 대응해 가려는 자세를 견지해 왔습니다.

담당 컨설턴트가 고객의 소리를 최대한 이해하면서 목표를 공유해 마치 우리의 일을 하는 것처럼 진지하게 과제를 해결해 나갑니다. 효과성을 높여 고객이 만족하는 진정한 결과를 도출해 낸다는 것을 확신하고 있습니다.

① SOLUTION 인재상 설계

	ORGANIZATION	ASSESSMENT	RECRUITMENT	TALENT ACQUISITION	MOTIVATION	REWARD
HR TECH	인사데이터 정량분석	인재 예측 솔루션 TALENT-A	채용평가관리 솔루션 @WORK	채용대행 솔루션 @WORK	평가능력 테스트 HIST	
CONSULTING FRAMEWORK	조직진단	성과평가	인재상 설계	채용 프로세스 대행	동기부여 관리	전략적 보상 제도
	인사 정량분석	역량평가	채용 프로세스 설계	공공기관 공정채용 프로세스 대행	사내 커뮤니케이션	인센티브 제도
	직무관리	리더십 평가	평가과제 문항 개발	EXECUTIVE SEARCH	워크바이탈 관리	임원보상 제도
	인사제도	상황판단능력	채용 성과분석	PROFESSIONAL SEARCH	워크 라이프 밸런스	
	인재개발	선발능력평가	전문 면접관 파견	REFERENCE CHECK	일하는 방식 개혁	
	인재유지	ASSESSMENT INSIGHT TALENT	인사 전문가 파견	TEMP to PERM	리더십 트레이닝	
트레이닝	진단결과를 반영한 조직몰입 강화	평가능력 강화 트레이닝	면접관 트레이닝	신입사원 역량강화 트레이닝	동기부여 트레이닝	성과코칭 트레이닝
	탤런트 매니지먼트	성과평가 제도 설계 워크숍	채용 프로세스 설계 워크숍	비즈니스 마인드셋	조직 내 소통기술 커뮤니케이션 스킬	인센티브제도 설계 워크숍
	인사제도 설계 워크숍		평가과제 문항 개발 워크숍			
자격증 과정	민간자격 전문면접관(Professional Interviewer) 1급, 2급					

서비스의 장점

자사에 적합한 인재 이미지를 미리 설정하라!

기업은 채용 활동을 시작하기 전, 기업의 성과를 내고, 이익을 창출하고, 목표하는 방향으로 성장해 가기 위해서 어떠한 인재가 필요한가를 정의할 필요가 있습니다. 시너지의 인재상 설계 컨설팅은, 각 계층별 인터뷰 및 기업 가치 정보를 수집, 분석하고, 기업의 다양한 인재확보 및 개발의 "공통 요건"을 데이터화하는 서비스입니다.

인재상 및 공통역량 설계 기본 단계

1. 경영 계획과 채용 목적을 명확하게 하고, 인원 계획과 채용 계획을 세운다.
2. 구성원의 업무 방식을 명확화한다.
3. 장래의 사업 계획과 업무 방식의 변화를 예측한다.

경청을 통한 내용 정리 MUST / WANT / NEGATIVE

MUST(필수 조건), WANT(충분 요건), NEGATIVE(불필요 요건)의 3개의 요건을 기준으로 히어링을 실시합니다.

인재상 도출과정

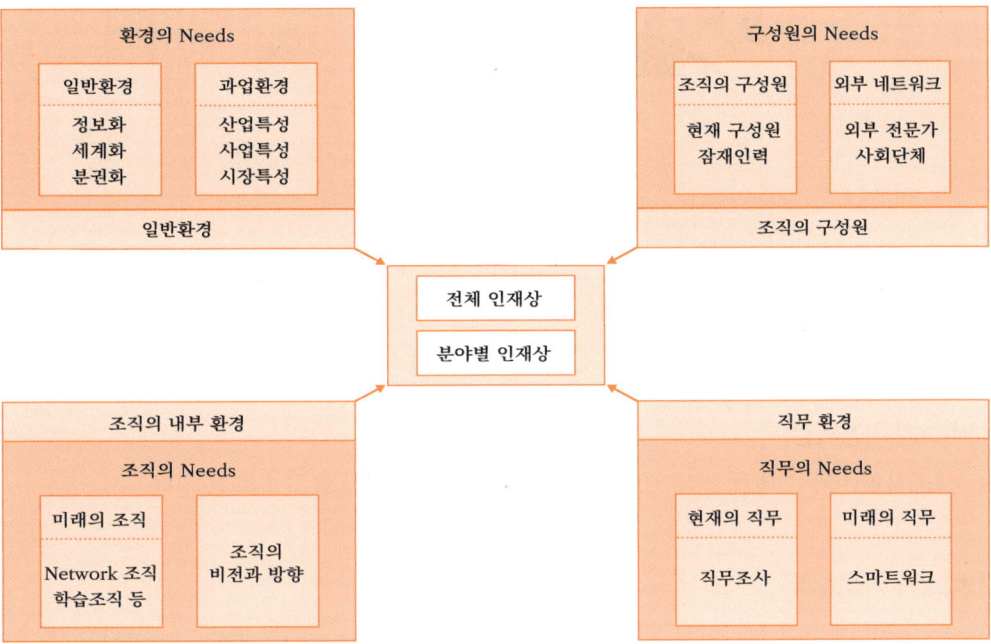

서비스의 개요

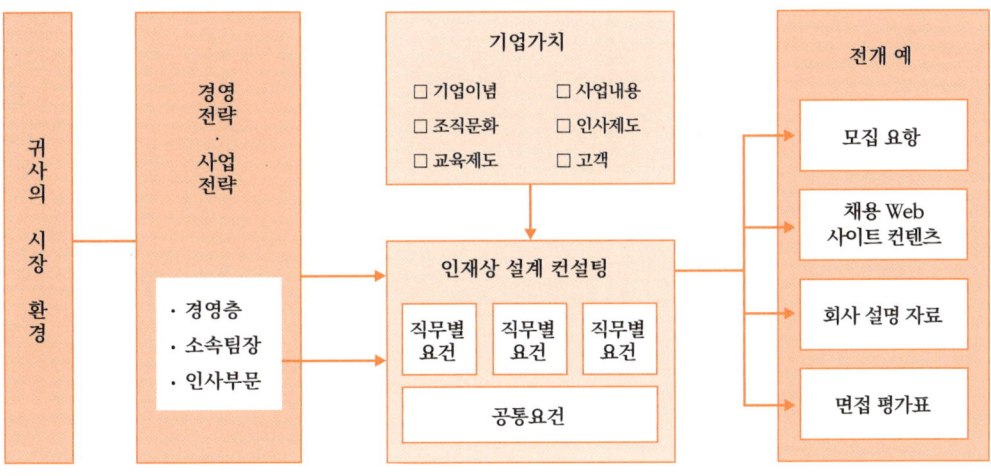

서비스의 흐름

Vision/Mission Core Value	요구되는 인재상 및 공통역량 Pool 도출	인재상 및 공통역량 검증 작업	인재상 및 공통역량 선정	인재상 및 공통역량 Profile 작성
 기업 Vision/Mission Core Value 도출		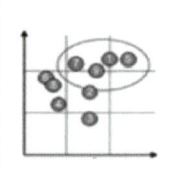	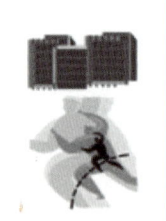	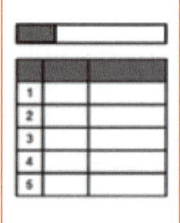

• 기초 자료 분석
  - 기업 경영 이념
  - 윤리 행동강령
  - Vision, CEO Message 등
	• 기업의 비전을 달성하기 위해 요구되거나 관련이 되는 Competency를 나열하여 Pool를 구성함
	• Benchmark Study를 통해 다른 사례 검토 및 비교
		• 임원/팀장 및 SME 설문조사 실시
		• 중요도와 적용범위를 기준으로 Competency Pool을 검증
			• 기업의 비전달성을 위해 높은 중요도와 적용범위를 가지는 예비 Competency를 도출
			• 예비 Competency를 검토하여 최종 Foundation Competency를 선정
				• 행동 지표개발
				• 최종 공통역량을 명칭, 정의, 행동지표, Key words 등으로 구성된 Profile.

서비스의 이용배경

- 성공적인 직무수행을 위해 요구되고 관찰 가능한 인재상을 도출하고 싶다.

서비스의 이용효과

- 조직이나 개인의 성과향상, 성공적인 직무수행을 위해 요구되는 관찰 가능하고 개발 가능한 지식, 기술, 자질/동인 및 행동양식을 도출할 수 있습니다.

② SOLUTION 채용 전형 설계

서비스의 장점
채용광고를 준비하는 것이 아니라 사내 채용 시스템을 정비한다.

우수한 인재를 채용하고 싶다면 우선 사내 채용 프로세스를 정비합니다. 대단한 일 같지만 사실 그렇게 많은 일도 아니고, 이것이 채용을 실패하지 않기 위한 최단 루트이기 때문입니다. 자사에 지원한 지원자 중에서, 귀사가 요구하는 인재가 누구인가 "정확하게" 고르기 위해, 전문적 지식과 경험을 바탕으로, 전형 프로세스를 전략적으로 설계합니다.

채용 기준과 연동한 전형 프로세스를 수립한다.
채용을 할 때 우선 자사의 채용기준을 만들고 그것을 간파하기 위한 전형 프로세스를 만듭니다. 시너지에서 제안하는 채용의 올바른 순서는 다음과 같습니다.

1. 채용하고 싶은 인재의 명확화
2. 어떤 전형과 평가 요소를 선정할 것인지
3. 어떤 순서로 전형을 배치할 것인지
4. 채용하고 싶은 인재 & 채용하고 싶지 않은 인재를 간파하는 전형 프로세스의 도입 및 교육
5. 채용하고 싶은 인재에게 영향을 주는 구인 방법의 도입

시너지 채용 전형 프로세스 설계는 기업에서 정한 "적합한 인재상"을 선별하기 위해 전형 프로세스를 제대로 설계합니다. 시너지 전형 프로세스 설계는 크게 3개의 단계로 나눌 수 있습니다.

1. 평가 항목의 선정
2. 전형 기법 결정
3. 전형 기법의 순서 설정

서비스의 내용

프로세스	단계	내용
채용계획 수립	신규 채용인원 파악	• 부서별 채용 수요조사 등을 통해 채용 직무와 인원을 확정 • 기업(기관) 내부 자연결원(자연퇴직, 자발적 퇴직)조사
	채용일정 및 예산	• 준비 일정과 실제 선발기간을 고려하여 결정 • 기업의 상황에 따라 적정 예산을 편성
	채용하고 싶은 인재의 명확화	• 직무기술서 상의 필요 조건을 MUST와 WANT 항목으로 우선 순위를 명확하게 선정 • 필요 역량, 기술, 자격, 태도를 도출하여 채용대상 직무 능력(역량) 결정
채용전형 설계	전형 및 평가 요소 결정	• 서류전형, 필기전형, 면접전형 전형단계별 선발기준 결정 • 적합인재 요건을 파악하기 위한 전형기법을 설계 • 채용 전형 설계 매트릭스 활용
	채용 절차 설계	• 1차 전형, 2차 전형, 3차 전형 등 인재상 및 채용 직군의 특성에 따른 채용 절차 설계
채용전형 개발	지원자 중심이 채용공고 개발	• 채용분야, 형태, 전형 절차, 일정, 우대사항, 제출 서류 • 채용일자, 급여수준, 복리후생, 문의사항
	입사지원서 개발	• 지원자의 적합성을 파악할 수 있는 입사자원서 개발 • 상호작용이 불가능한 자기소개서의 특성을 고려하여 질문 개발
	서류전형 개발	• 직무에 요구되는 "역량·지식·기술" 중심으로 평가요소 설정 • 대량지원 시대에 적합한 평가자 기준의 정량적인 서류전형 개발
	필기전형 개발	• 인성, 적성, 지식, 직업기초, 직무수행 능력 등 기업(기관)의 특성에 부합하는 인재를 선발하는 전형 개발 • 동일한 환경에서 동일한 평가 문항으로 측정하는 전형으로서 지원자들에게 공정한 기회라는 자각을 갖게 함.
	면접전형 개발	• 1차: 직무역량 중심의 구조화된 면접기법 개발 • 2차: 태도, 조직적합성, 동기부여적합성을 측정할 수 있는 면접기법 개발

서비스의 이용배경

- 기업에 필요한 인재상을 정의하고 싶다
- 인재상에 맞는 지원자를 선발할 수 있는 전형을 하고 싶다.
- 특정 분야의 전문가가 부족하다.

서비스의 이용효과
- 기업에 맞는 적합한 전형 프로세스를 구축할 수 있습니다.
- 평가자들이 쉽게 활용할 수 있는 채용의 기준을 제공하여 올바른 선별과 선발과정을 통해 적합인재를 확보할 수 있습니다.
- 좋은 기업에 좋은 사람들이 들어오고, 좋은 사람들이 좋은 기업을 만드는 이상적인 순환 구조를 만들 수 있습니다.

③ SOLUTION 평가과제·문항개발

서비스의 장점

채용원칙으로 일관성 높이기
서류전형, 필기전형, 면접전형 등 채용 과정에 참여하는 사람이 여러 명이면 일관성을 유지하기 어렵습니다. 이에 기업에서 처음 채용 원칙을 수립할 때 좋은 보기가 될 만한 원칙을 제시하려고 합니다.

일관성 없는 채용원칙이 타당도가 낮은 이유
측정지표나 채용원칙이 일관성 있게 다루어지지 않습니다. 즉 평가자는 각 지원자에게 다른 질문을 하거나 지원자의 동일한 응답을 다르게 평가할 가능성이 있습니다.

"채용원칙" 선발에서 측정하고 하는 것은 무엇인가?
인사전문가 그룹 시너지에서는 개인의 동기와 태도 그리고 적합성을 중시하는 새로운 방식인 채용기법을 개발하여, 귀사의 채용프로세스를 개선하거나 채용·선발의 타당도와 신뢰도를 높이는 방법으로 활용하고 있습니다.

서비스의 내용

평가과제(문항) 어떻게 개발할 것인가?

측정지표	지표 내용
성격적 특징	각 개인의 독특하고 안정적인 일련의 특성과 행동 등의 성격 특질을 측정
훈련과 경험	근무 경험 및 경력, 학교교육, 기타교육, 자격 등의 훈련과 경험을 평가
직무 역량	직무수행에 필요한 지식, 스킬, 능력을 평가하며 해당 직무 관련 자기개발
사회적 역량	개인이 현재의 환경에 적응하거나 현재에 속한 환경을 개인의 기술
조직적합성	지원자의 가치관이나 성격 등이 조직의 가치관이나 문화가 얼마나 부합하는가
지원 동기	회사에 대한 이해, 직무에 대한 열정, 직무로부터 기대하는 내용 등을 평가

* Buckley와 Weitzel(1989)

ATOM HIRING®	
Attitude	상사, 동료, 고객으로부터 받은 피드백을 수용하고 실행하는 태도가 어느 정도인지를 관찰한다.
Technical	지원자가 직무를 수행하기 위해 필요한 지식, 기술, 능력을 어느 정도 갖추고 있는지 확인한다.
Organization	조직의 문화와 개인의 특성이 서로 유사하거나 합치되는 가치들을 지니고 있는지 관찰한다.
Motivation	회사 또는 직무로부터 기대하거나 바라는 요인과 실제로 그 내용이 얼마나 일치하는지 파악한다.

* synergy consulting

평가문항 개발 단계

평가 과제 · 면접 문항개발 컨설팅 활용(기간 2~4주)

- **채용 직무 파악**: 개발된 직무분석 자료, 직무기술서를 활용한 채용 직무 능력 단위 파악
- **직무별 KSA 파악**: 채용 직무별 수행 직무, 자격요건, 능력 단위, 수행 준거, KSA 파악
- **평가 과제 개발**: 과제 유형 결정→측정 역량 결정→과제 개발→평가 기준 결정→모범답안 결정
- **과제 검증 공유**: 과제의 타당성 검증, 신뢰성 검증, 측정 역량 검증, 난이도 검증

평가 과제 · 면접 문항개발 워크숍(8시간) / 문제은행 활용 의뢰(1주~2주)

- **자사의 역량 분석**: 인재상, 가치, 비전, 채용 직무별 평가요소 확인 수행 준거, KSA 파악
- **과제 개발 기법 워크숍**: 채용 직무별 수행 직무, 자격요건, 능력 단위, 수행 준거, KSA 파악
- **과제 개발 실습**: 조별 과제 개발 실습, 도출 결과 발표/토론, 과제에 대한 피드백, 검증
- **과제 검증 공유**: 평가 척도 개발, 답변 가이드라인 개발, 최종 활용할 과제 결정

필기/면접전형 평가문항 개발 평가문항 출제 문항 출제 문항 개발 워크숍 평가 실기 대행 평가 결과 보고

평가문항 개발 프로세스

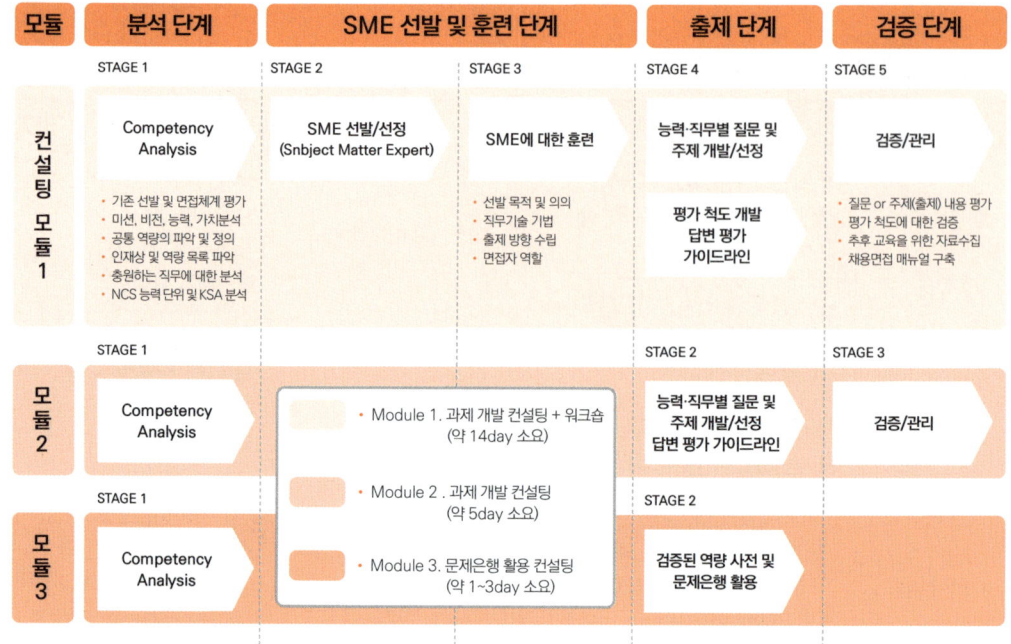

서비스의 이용배경

- 측정지표나 채용원칙이 일관성 있게 다루어지지 않는다.
- 평가자의 태도와 성향 등 개인적 차이가 지원자의 반응을 평가하는 데 영향을 미친다.

서비스의 이용효과

- 평가대상에 대한 직무, 평가요소, 수행 준거가 반영된 평가과제 개발 및 기술을 습득할 수 있습니다.
- 원칙 중심의 채용으로 면접 및 선발도구의 신뢰성과 공정성을 동시에 확보할 수 있습니다.

④ SOLUTION 전문면접관 파견

서비스의 장점
귀사의 인사담당자를 대신해, 시너지컨설팅의 전문 면접관이 지원자의 면접을 대행합니다. NCS기반 블라인드채용, 신입사원공채·경력사원·수시채용·아르바이트 등 모든 면접대상에 대해서 여러 가지 면접의 방법을 활용해 시너지컨설팅의 면접경험 풍부한 컨설턴트가 귀사의 평가 기준을 충분히 이해한 다음 프로의 눈으로 객관적으로 후보자들 판단합니다.

시너지컨설팅 전문면접관은?
등록민간자격인(등록번호 2013-2300) 전문면접관 1급(SPI) 및 2급(PI)의 자격을 취득한 전문가로서 다음과 같은 자격을 기반으로 육성된 전문면접관입니다.

서비스의 내용

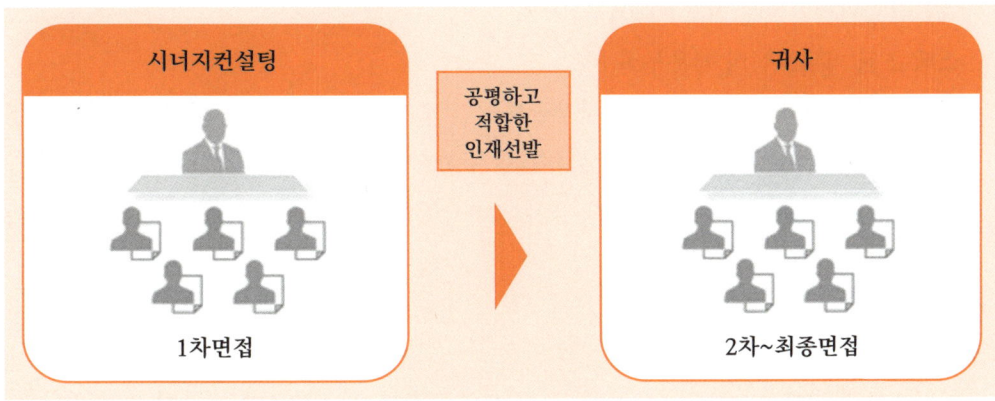

Interview Types	Interview Formats	Assessment Center
Screening Interview	Behavioral Interview	Written Case Analysis
Telephone Interview	Situational Interview	Oral Presentation
Video Conferencing	Structured Interview	Leaderless Group Disscussion
One-on-One Interview	Unstructured Interview	Interview Simulation

Interview Types	Interview Formats	Assessment Center
Panel Interview	Semi-Structured Interview	Role-Play
Group Interview	Case Interview	In-Basket, In Box
General Group Interview	Testing	Oral Fact Finding
Information Session	Assessment	Assigned-Leader Group Task
Sequential	Competency Based Interview	Business Games
Serial Interview	Lunch and Dinner Interview	Integrated Exercises
	Mock Interview	
	Interviews in a Public Place	

서비스 이용 근거

전문면접관 왜 필요한가?
- 공기업·준정부기관의 인사운영에 관한 지침[시행2016.4.11]
- 국민권익위원회 의안번호 제2014-101호
- 스펙 초월 직무중심의 채용문화 지향
- 공기업 인사운영규정에 따르면 "지방공사·공단의 장은 채용을 위한 필기시험의 과목별 출제·채점 및 면접시험 시(필요시 서류전형 포함) 채용규모, 심사기준의 구체성 등을 감안하여 외부 전문위원을 절반 이상 참여시켜 시험의 공정성이 확보될 수 있도록 하여야 한다"라고 규정

서비스의 이용배경
- 평가대상에 대한 직무, 평가요소, 수행 준거가 반영된 면접 기술을 활용하고 싶다. 인사관리에 합리적, 과학적 시점이 부족하다.

서비스의 이용효과
- 평가대상에 대한 직무, 평가요소, 수행 준거가 반영된 면접 활용 및 기술을 습득할 수 있습니다.

⑤ SOLUTION 채용 프로세스 대행

서비스의 장점

시너지컨설팅의 채용프로세스 개선 컨설팅은 고객의 비전을 실현하기 위한 원동력이 되는 적합한 인재를 얼마나 채용할 수 있는지에 포커스를 맞추고 있습니다. 컨설팅 방법론으로는 효과성의 극대화를 위해 아래와 같이 PDCA Method_{Plan-Do-Check-Action}를 근거로 하고 있습니다. 다만 계획(P)-실행(D)-확인(C)-개선(A)의 순서보다는 고객의 현상파악을 먼저 실시해야 올바른 계획을 수립할 수 있어 확인(C)을 기점으로 진행되는 컨설팅 방법론을 활용합니다. (특허41-2012-0033292)

Synergy Consulting의 채용컨설팅 서비스는 귀사에 적합한 인재를 확실히 채용할 수 있도록 프로세스를 설계·제공하고 있습니다.

시너지컨설팅만의 차별성

1. 시너지컨설팅은 세계 유수의 프로젝트 회사에서 다양한 경력을 쌓은 우수한 전문 이력으로 이루어져 있으며 매년 180여 회 이상의 채용 컨설팅을 성공적으로 수행
2. 2014년~2018년 고용노동부, 산업인력공단 지정 공공기관 채용 컨설팅 전문 기관
3. 공공기관 및 대기업 등 연간 180여 개의 크고 작은 기업의 채용 프로젝트 진행 경험으로 다양한 기업 특성 및 채용 직무에 대한 높은 이해도 보유
4. 채용의 교과서, 면접의 교과서, 면접관 트레이닝 DVD, 면접관 선발능력 테스트 등 국내 유일 채용 관련 서적 및 진단프로그램 개발
5. 공공기관 인사담당자 대상 NCS 기반 능력중심 채용 교육 교재 개발 및 교육 수행 기관으로 참여
6. NCS 기반 능력중심 채용 여부 평가에 대한 모니터링 및 가이드 개발 자문 기관으로 참여
7. 국내 최초 채용컨설팅 전문기관으로서의 전문성 보유
8. 강사 수준의 컨설턴트가 아닌 CMC국제공인경영컨설턴트 및 경영지도사로 구성된 전문 컨설턴트
9. 다양하고 입체적인 검증된 컨설팅 TOOL KIT 활용
10. 제도 도입에 대한 기관 및 기업의 내부저항을 최소화하는 커뮤니케이션 및 공감 능력 보유
11. 프로젝트 품질 및 유지보수에 대한 프로세스 보증 체계 구축
12. 컨설팅 결과물인 채용프로세스 개선안의 성공적인 도입을 위한 실무적 지원

서비스의 내용

CPDA	STAGE	THEME	ACTIVITY
C H E C K	1. 분석단계	고객니즈 분석 및 컨설팅 비전 수립	CAN&TNA를 통한 고객의 니즈에 대한 이해 컨설팅 목적공유 및 결과 범위 확인 컨설팅 마스터플랜 및 아웃풋 이미지 공유 및 확인 컨설팅 역할과 책임·소통 채널 정의
		고객 채용 프로세스에 대한 분석 및 이해	현 채용 과정에 대한 (정책/관행) 분석 및 이해 기존 채용·선발·승진·승급·평가 프로세스 분석 및 이해 3C(역량·공유가치·조직문화)분석 및 이해 직무분석·직무평가·직무 프로파일링 분석 및 이해
		가치 및 역량기반 적합인재에 대한 정의	인재상, 자격요건 등 적합인재에 대한 명확한 정의 채용대상자가 갖추어야 할 공통/직무 역량 정의 지식이나 스킬 등의 직무전문 역량과 성격 특성 및 태도 등에 기초한 행동 역량 정의
		채용 대상 직무 역량 확인	정의된 역량별 중요도를 고려한 KSAO 요소 조사 채용 시 신입직원 평가에 반드시 요구되는 능력을 감안하여 지식, 기술, 태도, 기타요소 KSAO 선정 채용 대상 직무 직무분석 및 직무 프로파일링
P L A N	2. 설계단계	채용전략 설계	현재 채용의 문제점 및 취약점 분석 조직의 예산 및 전략을 고려하여 채용전략 수립 신규 충원 인원 파악, 채용 수요 조사, 채용 인원 산정 확정된 직무 및 규모에 대한 전형 절차, 시기, 비용 등 세부 전략 수립
		채용프로세스 설계	인재상, 비전, 핵심가치와 역량 중심 평가 준거 확인 확인된 평가 준거 및 역량을 선발 기법과 Matrix화 능력별 선발기법 선정을 위한 Matrix 설계 Assessment mix 구조화 및 선발기법의 적용단계 결정
		채용프로세스별 선발기준 설정	직무수행에 필요한 최소 자격 요건과 적격, 부적격 기준 설정 직무 관련 교육사항 경험/경력사항, 자격사항 등 서류평가기준 설정 필기전형 평가항목별 평가대상, 평가기준, 결과 활용 기준 설정 면접전형 면접기법, 평가자 및 평가 기준, 결과 활용 기준 설정
D O	3. 개발단계	채용공고 프로세스 개발	직무능력주임 분류정보 기반 채용공고문 구성항목 개발 적절한 수의 적합한 지원자 유인 전략 개발 채용공고 사실을 알리는 올바른 수단 선택 및 채용 브랜드관리 직무능력 중심 기반 RJP(채용직무 설명자료) 개발
		서류전형 프로세스 개발	선별 도구로서의 입사지원서 설계 및 평가항목 개발 대량 지원에 대응할 수 있는 역량 중심 입사지원서 개발 조직문화 및 동기부여 적합성 평가가 가능한 지원서 개발 전문 지식과 기술에 대한 객관적 평가가 가능한 지원서 개발

CPDA	STAGE	THEME	ACTIVITY
DO	3. 개발단계	필기전형 프로세스 개발	필기전형 문항개발의 프로세스 설계 평가 영역(평가요소, 수행준거, 평가기준 등) 개발 평가 문항(문항 유형, 난이도, 평가척도 등) 개발 인성, 적성, 논술, 전공, 상식, 인문학 등의 필기문항 개발
		면접전형 프로세스 개발	기업에 적합한 면접기법(역량/인성/기술/직무/AC 등) 개발 면접 기법별 면접문항 및 시뮬레이션 과제 개발 면접 기법별 프로세스 개발 면접관 오류를 최소화한 역량기반 면접평가표 개발
		면접관 교육	채용의 목적과 면접의 중요성 이해 서류·면접 등 전형별 질문, 관찰, 판단, 결정 스킬 트레이닝 면접질문 스크립트 및 답변가이드라인 개발 인터렉티브 스타일의 모의 면접 실시
ACTION	4. 실행단계	서류전형 대행	대량 지원에 대응 가능한 역량/태도 기반 지원서 설계 채용공고 게재를 위한 온라인 입사지원 솔루션 구축 대행 기업 조건에 맞는 정량 및 정성적 배점 기준안 도출 20년 이상 평가 전문가가 태도 또는 역량 중심 서류평가 대행
		필기전형 대행	인성, 적성, 논술, 전공, 인문학적 소양 관련 출제, 평가 및 결과보고 출제방법, 출제범위, 진행방식, 검사시간, 응시인원 등 사전 협의 출제위원 선정, 문제출제, 문제검수, 보안, 편집, 예비조사, 관리감독 감독관교육, 시험운영, 채점, 결과보고, 합격자 보고 및 발표 대행
		전문 면접관 파견	면접전형의 투명성, 공정성 확보를 위한 외부평가 고려 전문면접관 시험 운영 기관으로서의 다수의 선발 전문가 확보 20년 이상의 면접 경험 보유 전문가로 이뤄진 높은 수준의 전문가 파견 전문적인 면접기법 전수로 귀사의 면접운영 노하우 및 선발 능력 상승
		합격자 선정	역량 및 수행 준거나 공인된 등급에 근거하여 합격자 선정 채용결정 기법 전수(개별질문 별 평정, 요소별 평정, 종합 평정) 채용 의사결정 기법 전수(다중회귀모형, 주관적 비중, 컷오프 방식, 동일 비중 모형, 결합방식 등)
	5. 평가단계	컨설팅효과 측정	채용프로세스 개선에 대한 성과 평가 지원자 반응, 비용, 소요시간, 채용 우수성 평가 인적자원 결과에 대한 영향력 서베이 경과에 대한 영향력 서베이 피드백을 통한 지속적인 개선활동
		제도정착	제도정착 변화관리, Change mgmt, 트레이닝 시너지 빚진 상태 리더십(인재확보·유지전략) 트레이닝 새로운 제도에 대한 의사소통과 공감 컨설팅 단계별 Manual 작성 및 공유

⑥ SOLUTION EXECUTIVE SEARCH

서비스의 장점

시너지컨설팅은 실용성을 추구합니다. 고객사의 문화와 역량에 관계없이 획일적인 인재를 추천하거나 검증되지 않는 후보자는 추천하지 않습니다. 시너지컨설팅은 고객의 니즈를 이해하는 데 탁월합니다. 고객사의 조직문화와 인사운영전략을 충분히 감안하여 고객 조직에 가장 적합한 인재를 찾고 추천합니다.

서비스의 내용

1. 고객니즈 분석	2. 계약	3. 서치 계획수립	4. 후보자 서치
- 포지션검토 - 포지션프로필 - 채용절차	- 조건협의 - 지불조건결정 - 기간협의	- 자체 DB검색 - 잠재적 후보자 개발	- 네트워킹 - 리크루팅 - 타깃 서치
5. 후보자 보고	6. 후보자 확정	7. 후보자 면접	8. 경력/학력 조회
- 적합후보자 명단보고 - PM	- 후보자명단 중 관심후보자 확정	- 관심후보자 사전면접 - 스펙검증	- 경력조회 - 학력조회 - 신용조회
9. 고객사면접	10. 고용조건조율	11. 전직지원	12. 사후관리
- 스케줄조정 - 관심후보자 고객사면접	- 후보자 및 고객사 조건 조율	- 전직과정에서 발생하는 업무지원	- 포지션에 대한 만족을 유지 - 다양한 지원

서비스의 이용배경

- 전문성이 높은 모집 직종에서 채용의 어려움
- 인사의 공정성, 객관성, 투명성, 보안유지, 불필요한 잡음 제거 (전통적인 학연, 혈연, 지연배제, 객관성 확보)
- 개방형 인사관리 제도의 보편화, 외부 인사에 대한 문호 개방 (내부 후보자와 외부 인사를 비교 평가하여 최적임자 선발)
- 핵심역량부서 전문가 그룹 채용 시 비효율성 제거
- 평생 직장에서 평생직업 시대 도래, 경력자 채용 추세 증가
- 외부 전문 컨설팅 회사 이용 시 시간과 경비 절약

서비스의 이용효과(채용회사 측면)

- 전문성이 높은 직종에서도 적합한 인재 채용 가능
- 광범위한 인재 탐색 및 선발 과정의 비밀유지
- 신규 사업 전개 시 신속한 인재확보 및 동종기업 간의 마찰 방지
- 잦은 전직으로 인한 회사 대외 이미지 실추 방지 및 조직의 안정성 확보
- 동종업종의 유능한 인재 접근 용이성 및 초기 단계 의사소통의 원활화
- 철저한 사후 관리에 의한 인재의 평생 관리 및 직업의 안전성 유지

[Performance Index]

- Average days to complete as assignment - 30day
- Client re-order rate - 90%
- Average days to present the shortlist - 10Day
- Average Success ratio - 85%

서비스의 이용효과(후보자 측면)

헤드헌터가 고용주와의 사이에서 중재 역할을 함으로써 기업문화와 조직을 쉽게 이해하고, 연봉이나 각종 복리후생제도 등 직접 챙기기 어려운 변수들을 해결해 줌으로써 고용주와 수평적 관계에서 취업을 할 수 있다.

시너지컨설팅 헤드헌팅 서비스레벨 보증 Service Level Agreement

항목	서비스 레벨(목표치)
Staffing	Client의 Brand Image를 향상하기 위해서, 실무 경험 5년 이상의 Consultant를 배치한다. Client와 동일한 Recruit & Selection 정보를 확보한다. 예측되는 Trouble에 대응할 수 있는 Infra를 정비한다.
지원자 전화 응답	월~금요일: 09:00~21:30 문의에는 원칙으로서 그 자리에서 대답한다. 업무 담당자가 대응할 수 없는 문의는, Leader에게 보고해 4시간 이내에 대답한다. Client에게 확인이 필요한 것은, 원칙으로서 24시간 이내에 대답한다.
지원자 메일 대응	문의는 원칙으로서 당일 중에 대답한다. Client에게 확인이 필요한 것은, 원칙으로서 24시간 이내에 대답한다.

항목	서비스 레벨(목표치)

처리 미스·
트러블 보고
	영향의 경미한 것은 Leader를 경유해 매주 Report한다.
	전형 결과나 Brand Image에 영향이 있는 것에 대해서는
	  (1) 2시간 이내에 구두 혹은 mail로 Report한다.
	  (2) Leader는 원인과 대책을 다음 날 중에 Report한다.
	Project 종료 시 Review를 해 Project Manager가 Report한다.

상황평가	Client의 Data에 Access할 수 있는 Consultant를 실명으로 보고한다. 개인정보보호정책은 물론 e-mail 송수신관리, 인쇄작업의 제약 관리를 실시한다.

⑦ SOLUTION 채용대행·적합인재 추천

귀사의 채용 니즈에 맞는 최적의 인재를 인선해 드립니다.
전문가가 맡은 고객의 채용정보를 바탕으로 채용포지션에 적합한 전직 희망자를 엄선하여 추천합니다.

- 완전 성공 보수형 채용대행 서비스 귀사의 다양한 채용 문제를 해결합니다.

- 초기 비용이 필요 없는 완전 성공보수형

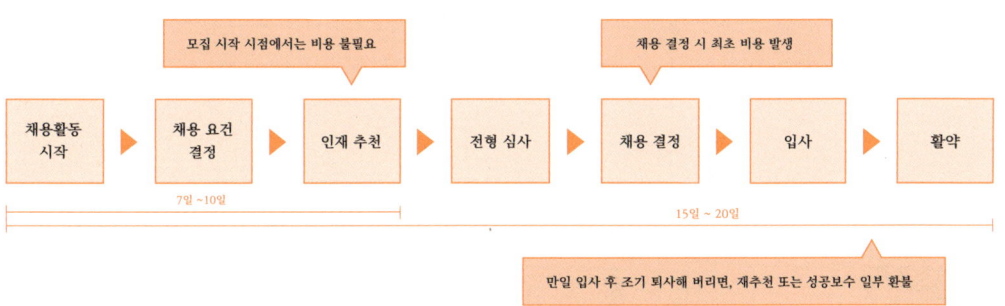

Point 1 채용 결정 때까지 요금이 부과되지 않습니다.
인재 추천 서비스는 모집 시작-인선-면접까지의 비용이 무료입니다. 그렇기 때문에 리스크 없이 효율적으로 원하는 인재를 채용할 수 있습니다. 성공보수 비용은 채용을 결정한 후 보증기간, 채용포지션, 경력에 따라 컨설팅 수수료로 지불해야 합니다.

Point 2 조기 퇴사한 경우, 만족하실 때까지 재추천해 드립니다.
시너지 인재 추천 서비스를 통해 입사한 인재가 만일 조기에 퇴사해 버린 경우, 보증기간 이내 만족하실 때까지 재추천해 드리거나 컨설팅 수수료의 일부를 환불해 드립니다.

※성공보수 및 환불에 대한 자세한 내용은 문의 주시기 바랍니다.

업계 최고의 규모를 자랑하는 인재 데이터베이스

폭넓은 업종·직종 커버, 다양한 채용 니즈에 대응 가능!!

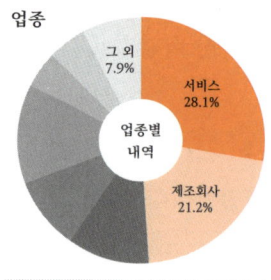

업종 - 업종별 내역
- 서비스 28.1%
- 제조회사 21.2%
- 그 외 7.9%

IT·인터넷·게임	10.0%
판매·유통	9.4%
금융	6.3%
미디어·광고	6.7%
의료·제약	5.3%
교육·전문	5.1%

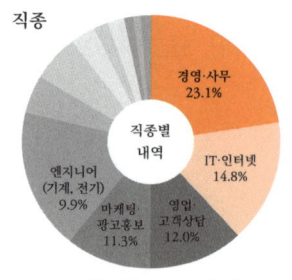

직종 - 직종별 내역
- 경영·사무 23.1%
- IT·인터넷 14.8%
- 영업 고객상담 12.0%
- 마케팅 광고홍보 11.3%
- 엔지니어(기계, 전기) 9.9%

엔지니어(SE, 인프라, 웹)	8.0%
엔지니어(건설, 건축, 플랜트, 공장)	6.1%
디자인, 크리에이터	4.1%
엔지니어(화학, 소재, 화장품)	2.3%
서비스, 판매직	2.6%
생산관리, 품질관리	1.9%
엔지니어(식품, 향료, 사료)	1.7%
전문직(컨설팅펌, 전문사무소, 감사법인)	1.0%
교육, 미디어	0.6%
금융계 전문직	0.6%

젊은 중간층에 강하다!!

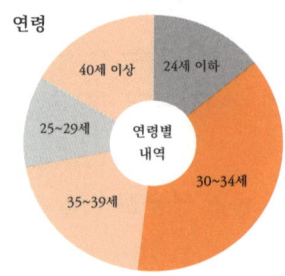

연령 - 연령별 내역
- 24세 이하
- 30~34세
- 35~39세
- 25~29세
- 40세 이상

24세 이하	14.8%
25~29세	12.4%
30~34세	36.4%
35~39세	21.6%
40세 이상	14.7%

고품질 매칭으로 채용 공수를 대폭 절감

전문 지식을 갖춘 전문가가 성공적인 모집단 형성 전략부터 후보자의 1차 심사, 일정 조정 등의 업무를 대행합니다. 채용 요건에 맞는 전직 희망자만 선별하여 후보자를 추천하므로 고객은 핵심 업무에 집중할 수 있습니다.

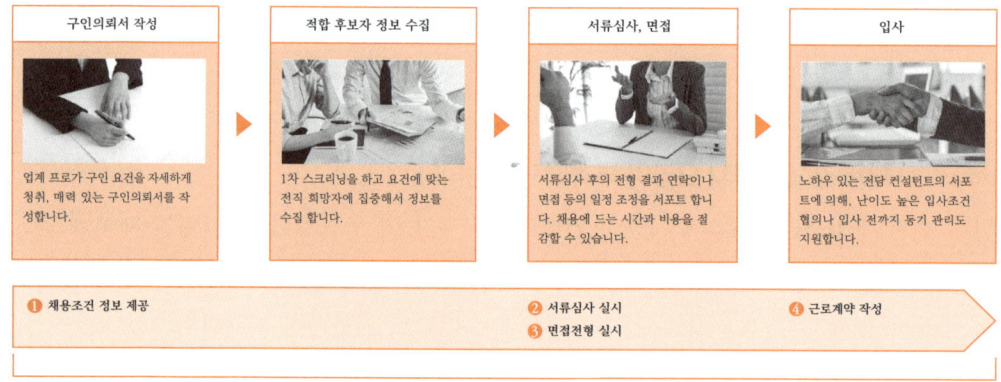

고객이 할 일은 단 4가지

Performance Index

Average days to complete as assignment - 15day

Client re-order rate - 85%

Average days to present the shortlist - 7 Days

Average Success ratio - 90%

서비스 품질보증

항목	서비스 레벨(목표치)
Staffing	Client의 Brand Image를 향상하기 위해서, 실무 경험 5년 이상의 Consultant를 배치한다. Client와 동일한 Recruit & Selection 정보를 확보한다. 예측되는 Trouble에 대응할 수 있는 Infra를 정비한다.
지원자 전화 응답	월~금요일: 09:00~21:30 문의에는 원칙으로서 그 자리에서 대답한다. 업무 담당자가 대응할 수 없는 문의는, Leader에게 보고해 4시간 이내에 대답한다. Client에게 확인이 필요한 것은, 원칙으로서 24시간 이내에 대답한다.
지원자 메일 대응	문의는 원칙으로서 당일 중에 대답한다. Client에게 확인이 필요한 것은, 원칙으로서 24시간 이내에 대답한다.

처리 미스·
트러블 보고
	영향의 경미한 것은 Leader를 경유해 매주 Report한다.
	전형 결과나 Brand Image에 영향이 있는 것에 대해서는
	  (1) 2시간 이내에 구두 혹은 mail로 Report한다.
	  (2) Leader는 원인과 대책을 다음 날 중에 Report한다.
	Project 종료 시 Review를 해 Project Manager가 Report한다.

상황평가	Client의 Data에 Access할 수 있는 Consultant를 실명으로 보고한다. 개인정보보호정책은 물론 e-mail 송수신관리, 인쇄작업의 제약 관리를 실시한다.

인재추천에 대한 윤리규범

우리는 고객이 개별적으로 가지고 있는 조건과 상관없이, 고객이 목표를 달성할 수 있도록 전문적인 서비스를 제공한다.

우리는 고객의 Needs를 정확히 이해하고, 우리가 해당 역량을 보유하고 있다고 판단할 경우에만 고객과 서비스 계약을 체결한다.

우리는 전문적인 서비스 제공에 있어서 모든 법규를 준수한다.

⑧ SOLUTION 평판조회 REFERENCE CHECK

서비스의 장점

평판조회(사전채용심사)는 직원과 채용예정자의 이면을 철저히 검증하고, 제대로 된 인재를 뽑기 위한 필수 조건으로 평판조회 서비스에 대한 수요가 급속히 높아지고 있습니다. 그러나, 자칫 잘못하면 평판 조회를 당하는 개인은 물론 기업 역시 피해를 볼 수 있기 때문에, 각별한 주의가 요구되고 있습니다. 평판조회에서 가장 유념해야 할 핵심은 조회결과의 신뢰성입니다.

시너지컨설팅은 잘못된 평가를 배제하고 신뢰성 있는 결과를 얻기 위해 오랜 경험을 통해 정립된 Background Screening Program을 활용하여 고객에게 Best Practice를 제공하여 고객만족을 실현하고 있습니다.

서비스의 내용

평판조회(사전채용심사)

시너지컨설팅은 직원과 채용예정자에 관련하여 리스크 완화를 위해 설계된 다양한 사전채용심사 Background Screening Program를 제공합니다.

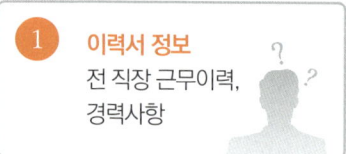

- 이력서에 기재된 전 직장의 근무기간/직위/업적/연봉 수준 등의 확인 및 이직/퇴직원인 파악
- 이력서에 기재된 과거 경력, 학력, 보유 자격증에 대한 확인

- 해당 직무를 수행하는 데 필요한 능력(역량, 스킬) 수준 검증
- 전 직장에서의 업무성과 및 그 과정에서 개인적 공헌 포인트

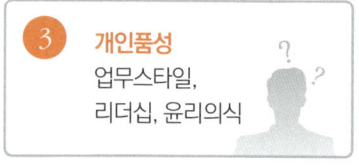

- 업무태도, 갈등해결 스타일, 팀워크, 장/단점
- 조직관리역량, 대인관계역량, 책임감 등 리더로서 필요한 자질
- 회사의 지적재산유출, 자금유용, 뇌물 등 비윤리적 행동 이력

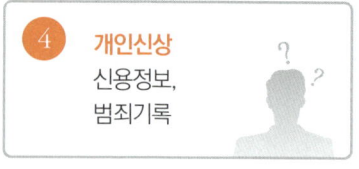

- 재산 및 채무상황에 대한 신용조회(재무분야 지원자 중심)
- 폭력, 성추행 등 범죄 기록 조회

서비스의 이용배경

- 학력·경력·특기 등 화려한 포장으로 진위여부 판단이 어려운 이력서 증가
- 면접후기 및 노하우를 공유하는 면접의 달인 증가
- 신입사원과 달리 경력사원은 입사와 동시에 중간관리자 이상이 되면서 회사에 미치는 영향력 증가
- 지원자의 업무 능력을 100% 끌어내기
- Discrepancy percentage(지원자가 제공한 데이터에서 발견되는 불일치 비율)

서비스의 이용효과

- 자신을 비싼 값에 팔기 위해 화려한 이력으로 포장한 후보자에 대한 진위여부를 판단할 수 있습니다.
- 서류심사를 제대로 했다 하더라도, 면접의 노하우를 충분히 습득한 지원자를 식별하기 어려운 상황을 극복할 수 있습니다.
- 신입사원과 달리 경력사원은 입사와 동시에 중간관리자 이상이 되면서 회사에 미치는 영향력이 큽니다. 즉, 관리직, 고위직 임원 등을 잘못 영입하면 회사의 수익, 이미지 훼손 등 부정적인 효과가 커져 평판조회를 통한 검증을 할 필요가 있습니다.
- 지원자를 영입하면서 얻게 되는 리스크를 미리 알고 있어야 대비할 수 있습니다. 예를 들어서 업무 능력과 성과 창출이 탁월한 후보지만, 대인 관계가 원만하지 못하면 업무 파트너로 이 부분을 보완해 줄 수 있는 사람을 붙여서 이를 보완할 수 있습니다.

⑨ SOLUTION TEMP to PERM

서비스의 장점
「필요한 스킬·경험을 가진 인재」, 「즉시 활용 가능한 인재」를 기업이 「필요한 때」에 「필요한 기간」만큼 「필요한 인원수」를 활용할 수 있습니다.
시너지컨설팅은 사무직부터 고도의 스킬을 갖춘 엔지니어까지, 올해 졸업자부터 수준 높은 경력자까지 모든 업종, 직종에 솔루션을 제공하고 있습니다.

채용예정 파견 서비스란?

인재파견 서비스의 이해
시너지컨설팅은 풍부한 사전등록 스태프 중에서 기업이 요구하는 인재를 선출하여 요구 즉시 파견하여 드립니다.

사내와 사외의 노동력 사용구분이 사업성공의 열쇠
저성장 시대에 접어든 지금 기업활동에 필요한 노동력을 모두 사내에서 조달하는 것은 극히 리스크가 높은 일이 되고있습니다. 이제부터는 일의 양이나 질에 대해 사내와 사외의 노동력을 전략적으로 조합할 필요가 있습니다.

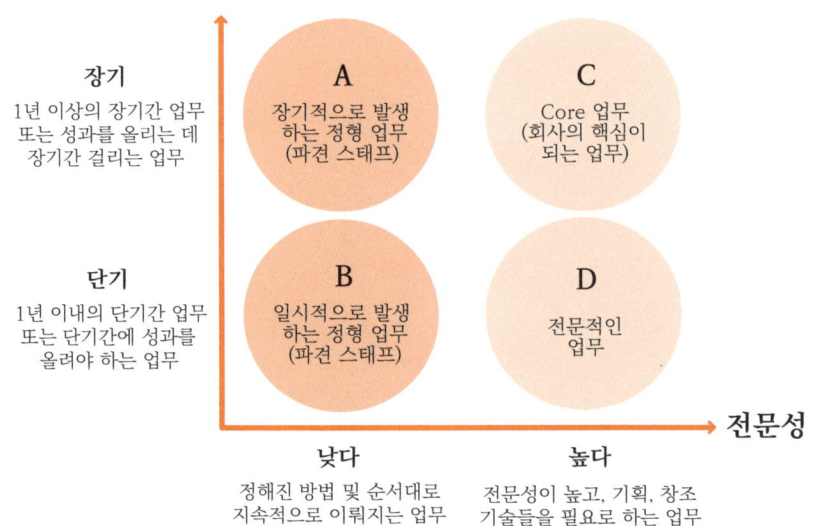

위 그림의 『계속적 정형 업무』와 『시기적 정형 업무』를 파견 스태프에게 맡겨 정사원은 핵심업무 혹은 전문업무에 전념을 다한다는 것이 전략적 인재 매니지먼트의 방법으로서 인식되고 있습니다.

채용예정 파견 서비스 흐름도

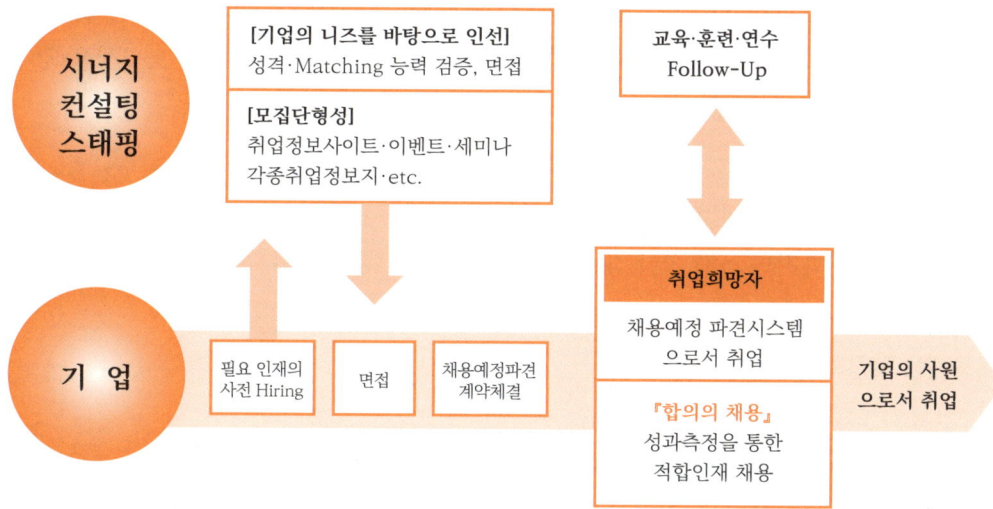

채용(소개)예정 파견 서비스

(1) 고용 미스매치의 감소

일정기간 파견사원으로 근무하는 것을 지켜봐 사람의 스킬이나 업무능력, 조직문화에 대한 적정성 등을 실무를 통해 판단할 수 있습니다. 구직자도 그사이에 일의 내용이나 자신의 적성, 커리어 형성 등을 확인할 수 있습니다. 그 때문에 쌍방이 납득해 합의 후에 채용·취직을 실현할 수 있기 때문에 입사 후의 미스매치를 크게 줄일 수 있습니다.

(2) 채용 실무의 효율화

채용(소개)예정 파견 서비스는 시너지컨설팅이 조건에 맞은 인재를 찾기 때문에, 기업에서는 크게 노고를 들이지 않고, 효율적으로 채용 활동을 실시할 수가 있습니다.

(3) 모집 코스트의 삭감
「사람은 채용하고 싶지만 채용 광고비를 들이고 싶지 않다」 소수의 인재를 채용하고 싶은 경우 채용 광고비를 들이지 않아도 인재를 채용할 수가 있습니다.

(4) 지금까지 만날 수 없었던 인재의 채용
「채용공고를 내도 채용하고 싶은 인재층이 오지 않는다」 풍부한 등록자 중에서 시너지컨설팅의 채용코디네이터가 기업에게 맞은 인재를 찾아내므로 기업이 직접 모집했을 경우 지원이 없었던 인재층에 어프로치 할 수가 있습니다.

(5) 채용(소개)예정 파견의 파견기간
채용(소개)예정 파견의 파견 기간(채용을 판단하는 기간)은 최장 6개월까지 가능합니다.

채용예정 파견의 Q&A

(1) 「채용 시에 면접이나 평가를 할 수 있습니까?」
채용예정 파견 도입 전에 이력서 및 각종 서류요청, 채용면접, 각종평가를 실시할 수가 있습니다.

(2) 「채용 예정 파견의 파견 기간은 어느 정도까지 가능합니까?」
소개 예정 파견의 기간의 상한은 12개월(1회 연장 가능)로 정해져 있습니다. 기업마다 그 기한은 다르게 판단하여 결정을 내리고 있습니다.

(3) 「채용 예정 파견을 이용해 고용했을 경우, 수습기간을 마련할 수 있습니까?」
채용 예정 파견은 파견기간을 능력, 기술, 조직적응력, 근무상황 등의 판단기간으로서 이용하는 것입니다. 일반적인 채용의 경우에 수습기간을 마련하고 판단하는 것을 파견기간을 이용해 실시하는 것이기 때문에 수습기간을 별도로 두시는 것은 권장하지 않습니다.

(4) 「어느 시점에서 급여, 대우 등의 근무조건을 제시하면 좋을까요?」
파견 전, 파견기간 중, 파견 종료 후에 직접고용에 대한 근무조건을 제시할 수가 있습니다.

(5)「채용예정 파견 서비스에는 어떤 비용이 듭니까?」
파견 기간 중에는 통상의 파견 요금을 청구하게 됩니다. 파견 종료 후, 사원으로서 채용하는 것이 정해졌을 경우에는, 소정의 수수료를 청구하게 됩니다.

서비스의 이용효과
- 인적자원의 효율적인 활용이 가능하여 비용을 절감할 수 있습니다.
- 인턴(수습)기간 중에는 회사소속이 다르기 때문에 채용결정 평가에 대한 객관성, 타당성을 기반으로 한 정규 채용이 가능합니다.

서비스의 이용배경
- 제대로 수습사원을 평가하여 부적합자는 탈락시키고 싶다
- 업무의 성질상 일시적 간헐적 업무가 자주 발생한다.

⑩ SOLUTION 면접관 교육

교육의 필요성

지난 20년간 1,750여 기업의 87,500명이 넘는 면접관과 3,250명의 인사담당자가 선택한 면접관 교육!!!
지금 귀사의 채용면접관의 「변별력」을 트레이닝하십시오!

- 응시자의 지원의지를 저하시키는 것은 면접관이다!?

  지원자의 입사를 결정하는 과정에도 면접은 큰 영향을 줍니다. 또 채용의 프로가 아닌 현업 담당자의 조심성 없는 태도나 행동으로 악평을 사는 케이스도 증가하고 있습니다. 근래에는 인터넷 게시판이나 블로그 등 SNS를 통해서 악평이 퍼져 기업 이미지를 해치는 사태로 발전하는 사례까지 발생하고 있습니다.

  면접관의 인상이 기업 지원의사에 영향을 미치는가? **89.8%**
  나빴던 면접
  - 면접관의 질문내용에서 인재에 대한 회사의 본심을 알아 환멸을 느꼈다.
  - 면접관이 의자를 돌리면서 거만한 태도로 질문하여 수준이 의심스러웠다.

- 면접스킬의 강화는 타사와의 차별화 요인이 된다.

  한 취업사이트의 설문조사에 의하면 면접관에 대해서 「아무런 교육도 실시하지 않고 있다」라고 답변한 기업은 약 79.3%에 달한다고 합니다.

  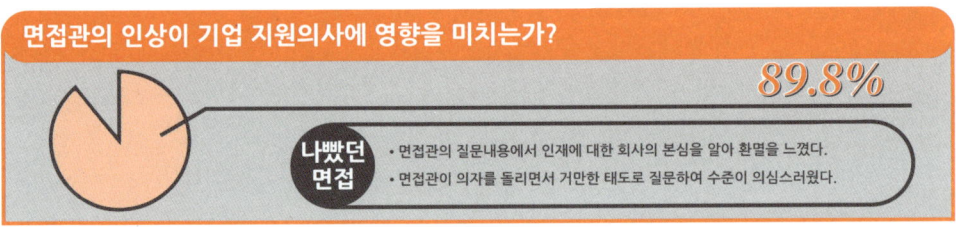
  기업의 면접관에 대해 어떤 교육을? 아무것도 하지 않는다. **79.3%**

  면접 스킬을 강화하는 것은 타사와의 차별화 요인이 됩니다. 우수한 인재를 확보하고 싶은 기업은 반드시 면접에 타사와의 차별화 전략을 활용하는 것을 추천합니다.

■ **시너지컨설팅의 면접관 교육의 특징**

시너지컨설팅의 면접관 트레이닝은 면접의 기본 매너부터 전문적인 면접수행기술을 비롯해 인성, 태도, 심층역량면접, AC평가센터(PT면접, 집단토론, 롤플레이, 인바스켓 등)의 질문, 관찰, 판단, 평가, 결정에 이르기까지 면접수행에 필요한 실제적이고 다양한 기법을 전문 인터뷰코치가 귀사로 파견되어 맞춤 학습을 실시합니다. 시너지컨설팅의 컨설턴트들은 20여 년간 채용업무를 경험한 역량 있는 전문가로 구성되어 있습니다. 이들의 전문적인 지식과 경험을 바탕으로 귀사에 적합한 인재(Right People) 채용방법을 전수합니다. 단순히 지식의 전달자가 아니라 채용 시스템에 대한 변화를 통해 조직의 지속적인 성장을 돕습니다. 면접(선발)역량을 강화하고 싶은 기업, 객관적이고 공정한 평가시스템을 구축하고 싶은 기업, 우수한 면접관을 육성하여 조직에 적합한 인재를 선발하고 싶으시다면 지금 신청하십시오.

■ **면접관 트레이닝의 필요성**

- 다양한 형태(인성, 태도, 역량, PT, GD, AC, 합숙면접 등)의 면접 질문개발, 관찰, 판단, 평가, 결정 스킬을 제대로 배우고 싶다.
- 그동안 실행해 온 자사의 방식이 정말로 올바른 것인지 불안하다.
- 현업 관리자에게 면접을 의뢰하고 싶지만 가르칠 교재나 시간이 없다.
- 상사나 임원의 면접 태도를 바로잡고 싶지만 직급 때문에 직접 말하기가 어렵다.
- 사업부 또는 현업 중심으로 면접이 진행되어 면접관의 기본 자세, Mind 조성, 면접기본 이해가 필요하다.
- 이직률이 높고 우수 인재 응시율이 저조하며, 입사 포기자가 늘어나고 있어 그 이유를 찾고 싶다.
- 진단을 통해 면접관 평가오류 검증과 도출된 오류에 대한 적합한 해결책을 찾아 면접(선발)역량을 강화하고 싶다.
- 면접관 평가 오류 조정과 검증 기법을 위한 System이 필요하다.
- 타사 사례를 비교한 사례중심의 채용프로세스, 면접평가항목, 최적의 면접평가표 등이 필요하다.
- 면접이 구조화되지 않아 단순면접에 의한 서술 형식이나 단순 합의로 선발을 하고 있다.
- 객관적이고 공정한 평가시스템을 구축하고 싶다.
- 핵심 인재선발(신입·경력직)과 유지를 위해 인성면접기법에 의한 성품과 인성 판단 가이드가 필요하다.

- 성과창출을 위한 역량중심의 성과주의 시스템과 면접구조화 연계가 필요하거나, 제도 개선이 필요하다.
- 사내 전문면접관을 육성하여 면접관 POOL을 구축하고 싶다.

면접관 트레이닝의 기대효과	
트레이닝의 목적	최적의 인재확보전략과 최상의 인재유지전략을 수립하기 조직의 효율과 개인실행력이 극대화되는 최고의 퍼포먼스 조직을 구축한다.

대상	트레이닝 내용	기대효과
면접관	• 채용의 목적과 면접의 중요성 인식 및 공유 • 면접관의 기본 자질, 필요역량, Do&Don't • 면접관의 선발능력 진단을 통한 오류 도출 및 개선 • 면접 질문개발, 관찰, 판단, 평가, 결정 스킬 • 면접 질문도출 워크숍 및 답변 가이드라인 개발 실습 • 대화형 인터렉티브 스타일의 모의 면접 실습	• 면접의 중요성 인식 및 책임감 증대 • 면접 오류 인식 및 제거 • 면접 형태별 선발능력 향상 • 선발에 대한 자신감 증대 • 조직에 대한 기여감 고취
조직	• 자사의 미션, 비전, 가치, 인재상의 이해 및 공유 • 공통역량 및 부서별 필요 직무역량분석 및 이해 • 평가 단계별 Assessment Mix Matrix 구축 및 이해 • 면접구조화, 면접관 구성, 지원서, 평가표, 질문개발 • Application, Screening, Assessment Process 이해 • 면접관 교육 및 테스트를 통한 전문면접관 POOL 구축	• 가치 체계 이해 및 공감 형성 • Right People에 대한 이해 • 역량 이해 및 역량 중심의 면접 설계 • 전략적 채용선발 시스템 구축 • 검증된 전문면접관 POOL 확보
지원자	• CS기반의 채용프로세스 수립 기법 • 스펙 초월 인문학적 소양 기반의 채용 프로세스 • 지원자 입장에서의 지피지기 면접관 이해 • 구직자 시장과 구인자 시장 중심의 채용전략 • 기업문화를 판단할 수 있는 사무실 및 분위기 조성법 • 전형 중도 포기 방지를 위한 면접 준비	• 기업이미지 제고 • 우수인재 지원 증가 및 POOL 확보 • 기업 또는 상품이미지 동반 상승 • CS 및 인문학적 소양 면접 프로세스 • 면접 중도 포기 방지

최적의 솔루션

국내 유일 독창적인 콘텐츠와 대화형 인터렉티브 스타일 강의를 통해 트레이닝의 효과성을 극대화합니다.

■ 머리로 「이해」하는 것뿐만 아니라 롤플레잉을 통한 「체화된 지식」도 함께 제공합니다.

채용 면접관 트레이닝 "ATOM HIRING"은 일방적인 강의 스타일이 아니라 CPDA방법론(특허41-2012-0033292)을 기반으로 대화형 인터렉티브와 롤플레이 스타일로 트레이닝을 진행합니다. 교육과 훈련에 있어서 사람들이 착각하는 것이 하나 있습니다. 그것은 바로 '이해'와 '체화'의 차이입니다. 쉽게 말해 과거 여러분이 학창시절에 영어든, 수학이든 수업시간에 선생님 설명을 들으면 잘 이해되는데, 막상 시험문제를 접하면 까막눈이 되었던 기억이 한 번쯤은 있었을 것입니다. 그 이유는 바로 머릿속에 들어온 지식이 덜 숙달되었기 때문입니다.

쉽게 말해, 완전히 자기 것으로 스며들지 않았다는 얘기입니다. 태권도 할 때도, 요가 할 때도, 심지어 축구 할 때도 그러합니다. 본능적으로 그 동작과 자세를 완벽하게 취할 수 있어야 비로소 자신의 실력이 됩니다. 그러기 위해서는 같은 동작을 많이 반복해야 합니다. 면접 상황에서는 누구의 도움도 없이 자기 스스로의 힘으로 조직에 적합한 인재를 찾고 선발해야 합니다. 자기 것으로 완전히 '체화'된 지식만이 비로소 실전에 적용할 수 있는 지식이 됩니다. 대충 익힌 지식은 절대로 실전에서 적용할 수 없습니다. 따라서 시너지컨설팅의 "ATOM HIRING" 면접관트레이닝은 Check(면접관 선발능력 테스트를 통해 자신의 선발역량 진단) → Plan(면접의 중요성 및 면접 질문, 관찰, 판단, 평가, 결정 등의 채용프로세스에 대한 이해 및 실습) → Do(면접질문 도출 및 답변 가이드라인작성 실습) → Action(인터렉티브 스타일의 360° 피드백3:3:3모의면접 롤플레잉)기반의 트레이닝을 통해 머리로 이해하는 것은 물론 어떤 상황에서도 지식을 활용할 수 있는 체화된 지식 Embodied Knowledge을 상승시켜 드립니다.

■ 국내 유일의 콘텐츠와 CPDA 기반의 트레이닝 흐름

STEP 1 Check(사전 확인단계)

면접관 선발능력 테스트 - 활용도구 및 교재
『BOOST YOUR INTERVIEW IQ』&『Hiring IQ Test®』&『Hiring Style Test®』

면접관 선발능력 테스트는 면접관이 지원자에게서 되도록 많은 정보를 이끌어 내고 지원자가 그 포지션에 적합한 인재인지 아닌지를 객관적으로 결정할 수 있는 선발능력이 어느 정도인가를 테스트하는 과정입니다. 또한, 사전에 훈련을 통해 '바람직한 모범답안을 미리 준비해 온 지원자의 답변'을 듣게 되었을 때 거기에서 '진정한 답'을 찾아내는 능력도 함께 확인하실 수 있습니다.

「면접관 선발능력 테스트」
자세히보기
시너지컨설팅 발행 도서(교재)

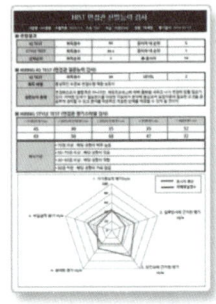
면접관 선발능력 테스트 진단결과표

진단은 크게 두 가지로 나뉘는데 질문을 통해 지원자를 파악하는 면접관 질문능력테스트®와 면접관으로서 자신의 오류를 얼마나 인식하고 면접을 진행하는지 파악하는 선발스타일 테스트®로 구성되어 있습니다. 이 테스트는 퀴즈형식의 문제를 풀고 나면 진단결과와 함께 바람직한 답변과 해설을 포함하고 있어 진단 후 자신의 평가능력 및 스타일 파악은 물론 면접에 대한 불안이 불식되어 효과적인 질문방식을 알게 되고, 정해진 시간 안에 가능한 한 많은 정보를 얻을 수 있는 역량을 함양할 수 있게 됩니다.

면접관 선발능력 향상 기초과정 - 활용도구 및 교재 『면접관 트레이닝 DVD』

「면접관 트레이닝 DVD」 기초편은 면접의 기본 매너부터 전문적인 면접수행기술을 비롯해 면접의 질문, 관찰, 판단, 평가, 결정에 이르기까지 면접수행에 필요한 실제적이고 다양한 기법을 담고 있습니다. 면접관 트레이닝의 사전학습 단계로서 훈련의 효과성을 향상시키기 위해 만든 본 DVD는 20여 년간 채용업무를 수행한 역량 있는 전문가들의 경험과 지식을 기반으로 하여 실제 면접상황에 맞게 제작되었습니다.

「면접관 트레이닝 DVD」
자세히보기
시너지컨설팅 발행 DVD

면접관 트레이닝 DVD 기초편 내용

결과적으로 트레이닝 이전 본 기초편을 시청하면, 면접관들의 레벨이 일정 부분 향상되어 이후 진행되는 교육훈련에서는 롤플레잉 위주의 깊이 있는 트레이닝을 진행할 수 있어 효과성을 극대화할 수 있습니다. 사전 시청이 곤란한 기업을 위해 트레이닝 커리큘럼에 포함하여 진행되는 경우도 있습니다. 또한 예산, 일정 등이 어려운 중소기업의 경우에는 『면접관 트레이닝 DVD』 기초편을 시청만 하더라도 기본적인 면접을 수행할 수 있도록 구성되어 있습니다.

STEP 2 Plan(대화형 Interactive 방식의 이론 학습, 업·직종별 사례연구)

면접관의 자세 및 면접 준비, 수행, 평가하기
- 활용도구 및 교재 『채용의 교과서』

본 단계에서는 CS기반의 채용프로세스, 면접관의 자세, 면접 준비하기, 수행하기, 평가하기 등에 관한 인터렉티브 방식의 이론과 사례연구를 통해 면접의 기본을 익히는 코스입니다. 채용의 목적과 중요성, 회사를 변화시키는 첫걸음 채용, 회사의 미래를 책임지는 채용 면접관 등 면접관들의 마인드 셋에 관련된 과정과 면접에서의 스

시너지컨설팅 발행 도서(교재)

인터렉티브 스타일 강의

크립트 만들기, 지원자와의 관계형성, 면접형태별 질문, 관찰, 판단, 평가, 결정 스킬을 학습합니다.

또한 업·직종별 사례연구를 통해 자사의 채용경쟁력을 확인하실 수 있습니다. 시너지컨설팅의 「채용의 교과서」는 말 그대로 채용의 가장 기본이 되는 내용들로 구성된 책입니다. 본 교재는 단순히 결원인원을 보충하는 모집과정이 아닌 우수한 인재를 뽑을 수 있는 채용 전반의 과정을 담은 책(교재)입니다. 회사가 채용에 임하는 자세부터 면접관 교육, 전형준비, 인재모집, 서류전형, 면접전형 등 체계적인 채용프로세스를 구축하는 방법을 알려 줍니다.

스펙 중심의 채용방식에서 개인의 의지 역량 인문학적 소양 중심의 채용으로
- 활용도구 및 교재 『태도면접의 교과서』

본 단계는 최고의 기술과 최상의 태도를 갖춘 《갈색 반바지》 채용에 관한 혁신적인 접근법을 트레이닝합니다. 한 조직이 성공하기 위해서 가장 필요한 것은 바로 적합한 인재입니다. 그런데 적합한 인재를 뽑기 위한 모든 표준적인 접근 방법들이 사실상 잘못되어 있습니다. 보통 기업의 관리자들이 적합한 인재를 뽑겠다는 말은 '고도로 숙련된' 인재를 채용하겠다는 의미였기 때문입니다.

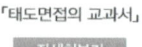
「태도면접의 교과서」
자세히보기
시너지컨설팅 발행 도서(교재)

면접 '스펙'이 아니라 '태도'이다

경영자에게 있어 재능 있는 인재를 뽑기 위한 전쟁이란 곧 기술적으로 가장 숙련된 인재를 뽑는 경쟁을 의미했습니다. 그러나 이런 전쟁은 잘못된 것입니다. 당사의 연구에 따르면, 신입사원이 입사 후 18개월 내의 실패 확률이 46%나 되고 이 중 89%의 신입사원이 능력 부족이 아닌 태도의 문제로 실패했다는 것입니다. 면접 시 태도를 평가하는 것은 기술능력을 평가하는 것보다 훨씬 어려운 일입니다. 비록 태도평가가 기술평가보다 훨씬 더 어려운 일이라 할지라도 최우선적으로 중점을 두어야 할 것은 바로 지원자의 태도입니다.

STEP 3 Do(면접질문(문제)개발하기, 답변 평가 가이드라인 만들기, 구조화된 면접평가표 만들기 워크숍)

통찰력 있는 면접질문법을 아는 것은 훌륭한 기술이다.
그러나 이 질문에 대한 답변을 정확하게 측정할 줄 아는 것이 더 나은 기술이다.
- 활용도구 및 교재 『태도면접의 교과서』, 『성공하는 채용면접 매뉴얼』

채용 과정의 한 부분으로 「답변 평가 가이드라인」을 사용한다는 것은 채용업계에서 획기적인 개념입니다. 국내에서 이 기술을 가르치는 곳은 아마 시너지컨설팅이 유일한 기관일 것입니다. 채용에는 정확한 인재의 정의와 조직에 적합한 인재를 구분할 수 있는 면접질문이 필요합니다. 하지만 이 모든 것이 효과를 보려면 「답변 평가

「성공하는 채용면접 매뉴얼」
시너지컨설팅 발행 교재

면접질문개발 워크숍

가이드라인」이 필요합니다. 이것이 있어야 면접을 할 때 어떤 답변을 찾아야 하고 그 답변을 들었을 때 어떻게 반응할지 정확하게 알 수 있습니다.

또한 당사에서는 고성과자와 저성과자가 답변을 할 때 사용하는 언어의 차이를 평가하기 위해「단어그림」이라는 정교한 답변분석 연구에 집중하였습니다. 이러한 연구결과를 통해 귀사의 조직원들을 긍정적 신호와 경고신호를 명확히 구분하여 역량 있는 인재를 선발할 수 있는 능력 있는 면접관으로 성장시켜 드립니다.

STEP 4 Action(대화형 인터렉티브 스타일의 360° 피드백 3:3:3 모의면접 롤플레잉)

롤플레잉을 통해 자기 것으로 완전히 '체화'된 지식만이 비로소
실전에 적용할 수 있는 지식이 된다.
- 활용 도구 및 교재 『Situational Judgment Test』, 『성공하는 채용면접 매뉴얼』

Stage 1. 모의면접 롤플레잉

우선 3:3:3 모의면접 롤플레잉을 실시합니다. 이때 면접관 역할 3명, 관찰자A 역할 3명(면접관의 운영능력을 평가), 관찰자B 역할 3명(면접관의 질문스킬을 평가)로 역할을 나누어 모의면접을 실시합니다. 또한 여기에 추후 확인 및 평가를 위해 동영상 촬영도 합니다. 지원자는 실제 취업을 원하는 모의지원자가 역할을 수행합니다.

롤플레잉 형태는 귀사 선발기법에 따라 구조화, 비구조화, 역량, 인성, 태도, 직무 수행 시뮬레이션, 전문 지식과 기술에 대한 평가, 조직문화와 가치에 대한 적합성 평가, 평가센터 Assessment Center, 적합성 면접기법 중 귀사에 가장 적합한 방법을 선택하여 실시합니다.

Stage 2. 지원자 평가

STEP 2. Plan에서 학습한 면접관의 자세 및 오류예방, 채용흐름의 이해, 우리 회사에 적합한 인터뷰 방법, 인터뷰 준비하기, 수행하기, 평가하기를 기반으로 개인의 의지·역량·인문학적 소양 중심의 면접을 실시합니다. 이때 STEP 3. Do에서 개발한 면접질문(문제), 긍

정적 신호와 경고신호가 들어간 답변 평가 가이드라인, 상황판단 능력테스트, 평가지표 및 답변에 대한 레벨링이 되어 있는 구조화된 면접평가표를 활용하여 오류를 최소화합니다. 마지막으로 이미 학습한 면접에 있어서의 평가와 통합 및 평정방식을 활용하여 지원자에 대한 평가를 함으로써 모의면접 롤플레잉이 종료됩니다.

Stage 3. 360° 피드백 면접관 평가(면접 장면을 되돌아본다)

모의면접 롤플레잉이 종료되면 관찰자A와 B, 지원자, 컨설턴트, 동영상에 의한 360° 피드백이 이뤄집니다. 초기친밀감 조성, 인터뷰동기부여, 면접질문스킬, 면접관 행동평가, 면접마무리, 면접에 있어서의 평가와 통합과정 등을 제공된 평가시트에 의거 평가 후 각각
발표하게 됩니다. 이 과정을 통해 면접관들은 면접의 구조와 면접 스크립트에 대한 이해와 체화를 동시에 얻게 됩니다.

자신들의 면접진행 프로세스에 대한 타인의 평가, 지원자가 느끼는 감정, 컨설턴트의 피드백 그리고 동영상 속의 자신을 되돌아보며 이제껏 느끼지 못했던 자신의 면접진행, 평가스타일, 질문 능력에 대해 강력한 피드백을 받습니다. 이를 통해 머리로「이해」하는 것뿐만 아니라「체화된 지식」도 함께 쌓이게 됩니다.

Stage 4. 역할 바꾸기

3:3:3 모의면접 롤플레잉은 총 3회 진행됩니다. 면접관 역할, 관찰자A 역할, 관찰자B 역할을 순차적으로 돌아가며 반복 훈련을 하게 됩니다. 타인을 평가했던 위치에서 자신이 직접 타인에게 평가를 받는 과정을 반복합니다. 이 과정을 통해 머릿속에 들어온 지식이 온전히 자기 것이 됩니다.

같은 상황을 많이 반복함으로써 실제 면접상황에서 누구의 도움도 없이 자기 스스로의 힘으로 조직에 적합한 인재를 찾고 선발할 수 있는 능력이 배양됩니다. 자기 것으로 완전히 '체화'된 지식만이 비로소 실전에 적용할 수 있는 지식이 됩니다. 대충 익힌 지식은 절대로 실전에서 적용할 수 없습니다.

참고문헌

이병철. (2020). 「태도를 보고 채용하라(HIRING FOR ATTITUDE)」. 북메이드.
이병철. (2019). 「면접관 선발능력 테스트 II(Boost Your Interview IQ II)」. 시너지컨설팅.
이병철. (2016). 「채용과 면접의 기술」. 진성북스.
이병철. (2015). 「NCS 기반 능력중심 취업 가이드북」. 에듀크라운
이병철. (2014). 「면접의 교과서」. 북메이드.
이병철. (2012). 「면접관 선발능력 테스트 (Boost Your Interview IQ)」. 시너지컨설팅.
이병철. (2011). 「채용의 교과서」. 북메이드.
황규대. (2010). 「고용면접의 구조와 과정」. 오래.
Adler, L. (2013). *The Essential Guide for Hiring and Getting Hired*. The Jeff Herman Literary Agency.
Arthur, D. (2006). *Recruiting, Interviewing, Selecting & Orienting New Employees* (4th ed.). New York: AMACOM.
Ball, F. W., & Ball, B. B. (2000). *Impact Hiring: The Secrets of Hiring a Superstar*. Upper Saddle River, NJ: Prentice Hall.
Camp, R., Vielhaber, M. E., & Simoneth, J. S. (2001). S*trategic Interview: How to Hire Good People*. University of Michigan Business School Management Series, Jossy-Bass.
Camp, R. R., Vielhaber, M. E., & Simonetti, J. L. (2001). *Strategic Interviewing*. San Francisco: Jossey-Bass.
Campbell, A., & Luchs, K. S. (1997). *Core Competency-Based Strategy*. Stamford, CT: International Thomson Business Press.
Cohen, D. S. (2001). *The Talent Edge: A Behavioral Approach to Hiring, Developing, and Keeping Top Performers*. New York: John Wiley & Sons.
Deems, R. S. (1995). *Interviewing: More Than a Gut Feeling*. Franklin Lakes, NJ: Career Press.
Dipboye, R. L. (1994). Structured and unstructured selection interviews: Beyond the job-fit model. In G. R. Ferris (Ed.), *Research in Personnel and Human Resources Management* (Vol. 12). Greenwich, CT: JAI Press.
Falcone, P. (1997). *96 Great Interview Questions to Ask Before You Hire*. New York: AMACOM.
Falcone, P. (2002). *The Hiring and Firing Question and Answer Book*. New York: AMACOM.
Fear, R. A., & Chiron, B. (2002). *The Evaluation Interview: How to Probe Deeply, Get Candid Answers, and Predict the Performance of Job Candidates*. New York: McGraw-Hill.
Fry, R. (2000). *Ask the Right Questions, Hire the Best People*. Franklin Lakes, NJ: Career Press.
Hoevemeyer, V. A. (2006). *High-Impact Interview Questions*. AMACOM.
Kador, J. (1997). *The Manager's Book of Questions: 751 Great Interview Questions for Hiring the Best Person*. New York: McGraw-Hill.
Klinvex, K. C., et al. (1999). *Hiring Great People*. The McGraw-Hill Companies, Inc.
Landis, S. (2011). *Transform How You Hire Software Professionals Agile Hiring*. ITC Publishing Co.
Martin, C. (2012). *Boost Your Interview IQ*. McGraw-Hill Companies, Inc.

Murphy, M. (2012). *Hiring for Attitude*. The McGraw-Hill Companies, Inc.

Patterson, N., & Durivage, A. (2008). *The Structured Interview: Enhancing Staff Selection*. Presses de l'Universite du Quebec.

Ryan, A. M., McFarland, L., Baron, H., & Page, R. (1999). An international look at selection practices: Nation and culture as explanations for variability in practice. *Personnel Psychology,* 52(2), 359-391.

Sachs, R. T. (1994). *How to Become a Skillful Interviewer*. New York: AMACOM.

Schuler, H., Farr, J. I., & Smith, M. (Eds.). (1993). *Personnel Selection and Assessment: Individual and Organizational Perspectives*. Hillside, N.J.: Lawrence Erlbaum Associates.

Smart, B. D. (1999). *Topgrading*. Prentice Hall, Inc.

Spencer, L. M., & Spencer, M. S. (1993). *Competence at Work: Models for Superior Performance*. New York: John Wiley & Sons.

Wendover, R. W. (1998). *Smart Hiring: The Complete Guide to Finding and Hiring the Best Employees* (2nd ed.). Naperville, IL: Sourcebooks.

Wood, R., & Payne, T. (1998). *Competency Based Recruitment and Selection: A Practical Guide*. Chichester, UK: John Wiley & Sons.

Wood, R., & Payne, T. (2002). *Competency-based Recruitment and Selection*. John Wiley & Sons Ltd.